I0140188

INTERPRETE SUS SUEÑOS

por Ann Ree Colton

Un libro de referencia y una llave
maestra para todos los iniciados del alma,
la mente, y el corazón

Ann Ree Colton Foundation
Apartado 2057
Glendale, California 91209

Titulo Original:
Watch Your Dreams

TRADUCCION
por
David Olán Lee

Copyright 1973 por Ann Ree Colton
Tarjeta del catálogo de la Biblioteca del Congreso #72-90911

Primera Edición en Español

Primera Impresión 2012

ISBN: 978-0-917189-31-9

Impreso en los Estados Unidos de América

Dedicado a Todos
los
Soñadores Entendidos
del Mundo

INDICE DE MATERIAS

Capítulo

INTRODUCCION
Por
Jonathan Murró

Un sueño protegió el matrimonio del patriarca Abraham y su esposa Sara. Un sueño libró a Jacobo de Labán. Un sueño guió a Jacobo. A causa de un sueño José, el hijo de Jacobo, fue llevado como esclavo a la tierra de Egipto. Por un sueño José pudo lograr un puesto de prominencia y con el tiempo pudo salvar a su propio pueblo y a los egipcios de perecer en la escasez. Por un sueño Gedeón tuvo el valor de librar a su pueblo de los opresores. Un sueño comprobó que Salomón merecía recibir sabiduría y grandes poderes. A causa de un sueño Daniel pudo librar a su pueblo de la destrucción. Un sueño le indicó a José que se casara con María y que le diera a su hijo el nombre de Jesús. Un sueño le indicó a José que partiera de Belén y así le salvó la vida a su pequeño hijo. Un sueño protegió a los Reyes Magos contra el Rey Herodes. Por un sueño José supo cuándo debía salir de Egipto y volver a Israel con su esposa y su pequeño hijo.

En la Biblia Sagrada se anotan estos y otros sueños importantes que han contribuido directamente a la supervivencia y el desarrollo de un pueblo, desde la época de Abraham hasta la época de Jesús.

¿Cuál será el gran y extraño poder de los sueños? Se pueden encontrar los primeros indicios del misterio de los sueños en la Biblia. Al investigar los sueños anotados en la Biblia, se descubre que la mayoría de los sueños bíblicos se refieren a profecías o a consejos. Sin embargo, la Biblia también contiene sueños que advierten, que instruyen y que evaluan.

Aunque la Biblia está llena de sueños, visiones y revelaciones, los pueblos que han basado sus culturas en las verdades y la sabiduría de la Biblia no ofrecen respuesta sobre las experiencias interiores y espirituales. Las mismas instituciones religiosas ofrecen poca o ninguna instrucción sobre estas experiencias; sin embargo, a veces los sueños contienen una importancia y un sentido profundamente religiosos.

Este importante libro escrito por Ann Ree Colton llega al mundo cuando en algunos de los más importantes hospitales y universidades de la ciencia están logrando descubrimientos benéficos sobre el sueño y los sueños. Estos descubrimientos no tienen relación con la interpretación espiritual de los sueños; sin embargo, son interesantes desde un punto de vista fisiológico y psicológico ya que tales investigaciones revelan como el cuerpo, las emociones y la mente son afectados por el sueño, la falta de sueño, el soñar y el no soñar.

La investigación científica sobre los sueños y el sueño comenzó formalmente en 1953 cuando un científico observador notó que los ojos de un niño se movían por largos períodos de tiempo mientras dormía. En ese mismo año Ann Ree Colton estableció una fundación no lucrativa que combina la religión, la filosofía, la ciencia y las artes creativas. Un departamento de esta fundación se dedica a la compilación y la interpretación de los sueños. Ann Ree Colton fue por muchos años maestra y consejera espiritual y le interpretó miles de sueños a los demás. Hoy en día es única su investigación de los sueños, ya que trata de los sueños de aquellos que aspiran a llevar una vida creativa y espiritual. Por lo tanto el conocimiento que da el programa que diseñó Ann Ree para su fundación es de inestimable valor. Mientras más y más personas hacen el esfuerzo de incorporar en sus vidas principios de ética, el conocimiento de los sueños revelado por Ann Ree Colton les aumentará enormemente el desarrollo, la comprensión espiritual y la tranquilidad mental.

Los científicos han descubierto que el sueño tiene cuatro etapas. Un ritmo alfa, estado de reposo sereno, sin pensamiento alguno, precede la primera etapa del sueño. En la primera etapa uno se despierta fácilmente y pudiera creer que no había estado dormido.

Después de unos cuantos minutos la persona entra en la segunda etapa, un plano de sueño más profundo, del cual no es fácil despertar. La tercera etapa causa un reposo completo, pulso más lento, temperatura más baja y un descenso en la presión arterial.

Después de haber dormido durante veinte o treinta minutos, se llega al plano de sueño más profundo o sea la cuarta etapa, en la que no se sueña. Sin embargo, después de unos veinte minutos en este plano, el durmiente se transporta a otros planos. Después de unos noventa minutos de haberse dormido, sus ojos se mueven espasmódicamente tras los párpados cerrados como si estuviera mirando algo. Ahora se encuentra en una variedad especial de la primera etapa que se conoce como sueño MRO. (MRO quiere decir "Movimiento Rápido de Ojo.") Si la persona se despierta estando en esta etapa, casi siempre recordará haber soñado, probablemente con lujo de detalles. Por lo tanto, aquel que dice, "Yo nunca sueño" sí sueña, aunque no recuerde sus sueños.

Después de unos diez minutos en el estado MRO, es posible que el durmiente se dé vuelta en la cama y se sumerja de nuevo en los niveles del sueño hasta el plano más profundo, y después de aproximadamente una hora volverá para tener un sueño MRO más largo. Cada noche se repite el ciclo unas cuatro o cinco veces.

El sueño restaurativo profundo, que se llama sueño delta, predomina durante la primera etapa de la noche. El sueño delta y el sueño MRO tienen un interés especial para los que estudian el sueño.

Cuando una persona es privada del sueño MRO (donde ocurren los sueños), tratará en las noches siguientes de reponer el tiempo que no soñó, soñando con más. Cuando despiertan a una persona cada vez que empieza a soñar, después de unos días pierde la calma emocional y mental y a veces se pone histérica. Este hecho ha llevado a los investigadores científicos a darse cuenta de que los sueños son terapéuticos, y que ayudan a mantener el equilibrio mental y emocional.

Los ciegos también tienen el movimiento rápido de los ojos durante el sueño, pero sus sueños no tienen imágenes visuales; suenan en términos de tacto y sonido.

En un bebé de un día de nacido, el tiempo MRO es aproximadamente el 50% del tiempo total que duerme. Los movimientos activos de sus ojos durante el sueño MRO es igual al de los adultos. Los científicos que estudian los sueños no entienden esto; no comprenden qué puede soñar un bebé ya que no ha tenido previa experiencia visual.

También han descubierto que el bebé que se amamanta con la leche materna sueña a la misma vez que su madre, pero el que no es amamantado no sueña junto con su madre.

Algunos creen que mientras la criatura está dentro del vientre está en el sueño MRO porque los cuerpos de los niños y de los adultos casi no se mueven durante la etapa MRO. Parece que durante el sueño MRO el bebé se mantiene quieto y crece en el vientre de su madre.

Mientras la ciencia continua acumulando valiosos datos acerca del sueño y los sueños, Ann Ree Colton continua con sus brillantes revelaciones acerca de los sueños y los símbolos. Los numerosos símbolos en este libro serán de un valor incalculable para muchas personas que desean saber lo que sus sueños tratan de revelarles.

El plan maravilloso de Dios continuamente manifiesta sus prodigios, y los sueños son parte del plan de Dios para el hombre. Ann Ree Colton dice: *"En el plan de Dios nada se desperdicia"*. Por lo tanto uno debe respetar los sueños, sabiendo que no son proyecciones sin inteligencia ni valor de los campos vacíos del subconsciente. Uno debe saber que los símbolos de los sueños son parte vital de una lengua viviente, una lengua que el alma y el cielo utilizan para instruir, para prevenir, guiar y preparar a mejor realizar el plan glorioso de Dios.

Los sueños pueden ser dramas pictóricos o pueden ser pasajeros, veloces, volando por el sueño nocturno como alegres colibríes o coloridas mariposas. Los sueños pueden ser proyectados desde el fondo de la mente menor y la consciencia, o desde las alturas del ego alto o eterno. Los sueños pueden agitar las emociones bajas, causando inquietud y temor o pueden causar una paz bendita.

Durante los últimos cincuenta años de su vida Ann Ree Colton interpretó numerosos sueños para sus estudiantes y otras personas. Por medio de sus enseñanzas se han dado cuenta del Ministerio Nocturno durante el cual uno puede ayudar a otros a investigar los mundos elevados, saber de vidas pasadas y lograr una perspicacia profética sobre los días y los años futuros. Ella dice: *"Los símbolos son el lenguaje del alma. Los símbolos de los sueños especialmente son el lenguaje del alma. La poesía es un lenguaje del alma. Los Querubines dirigen toda la poesía, y los sueños tienen cierta esencia poética. Los sueños tienen una voz que avisa cuando uno se equivoca o cuándo va a pasarle algo maravilloso. A veces los sueños tienen un tema profético o tal vez un tema correctivo. Los sueños nos recuerdan que hay algo que uno debe hacer"*.

El hombre ha recibido ideas ingeniosas por medio de los sueños; por suerte esos hombres han retenido y han grabado el recuerdo de sus sueños reveladores. Se cuenta que un compositor famoso dormía con papel y lápiz en el pecho. A ratos se despertaba y anotaba la bella música que escuchaba mientras dormía.

Una persona puede tener la gracia de soñar algo que le da una instrucción clara y le muestra un fin significativo que le lleva comprensión y paz mental. Se puede ser lo que Ann Ree llama un "soñador con gracia". Esto es verídico tanto hoy como lo fue en el tiempo de la Biblia: los que son receptivos a sueños que ofrecen dirección o instrucción pueden recibir esta clase de sueños.

Han sido anotados algunos de los sueños de hombres famosos de la historia. Al leer de estos sueños se comprueba el papel prominente que un sueño puede desempeñar en la vida de una persona. Abrahám Lincoln tuvo un sueño profético en el cual vió su muerte cercana. Sin embargo, no hizo caso al aviso y a los pocos días la bala del asesino hizo cumplir la profecía.

Al estudiar los sueños de la Biblia se encuentran sueños de profecía, de dirección, de avisos, de instrucción y de evaluación. Algunos de estos sueños significaron la diferencia entre la vida y la muerte para una persona o para miles.

El mundo de los sueños ha intrigado y desconcertado al hombre por miles de años. En la antiguedad se reconocía que los sueños tenían gran importancia, especialmente los sueños de los reyes, gobernantes y sacerdotes. Los profetas antiguos reconocían a los sueños como fuente de conocimientos, sabiduría e instrucción; también sabían que la habilidad de interpretar los sueños era un don espiritual. Se decía que Daniel *"tenía comprensión en todas las visiones y los sueños".* (Daniel 1:17) Así eran todos los otros grandes sabios de la época de la Biblia y en todos los tiempos.

En los tiempos modernos el mundo del sueño y de los sueños revelan gradualmente algunos de sus misterios a ciertas mentes científicas y observadoras que cuidadosamente analizan la importancia de los sueños con respecto al bienestar del hombre. Sin embargo, el conocimiento de los sueños a niveles superiores o nivel del alma se escapa cuando es estudiado desde el punto estrictamente científico.

Con sus dones de revelación Ann Ree Colton estudió los varios niveles de los sueños, especialmente los sueños que expresan la voz del alma. Ella observó que es más probable que las personas que desean vivir según los principios espirituales tengan este tipo de sueños.

Ann Ree vió que algunos sueños son purificadores y proporcionan un escape para los deseos reprimidos, las emociones hostiles, las frustraciones y la curiosidad. Tal como la marea rítmica limpia las playas de la tierra, así las mareas de los sueños tratan de limpiar los escombros que de otra manera pondrían en desorden la mente y las emociones. Estos sueños son purificadores nocturnos que sirven a la salud mental y emocional. Uno encuentra la acción benéfica al levantarse a un nuevo día con nuevas fuerzas, listo para enfrentarse con los desafíos de la vida.

El que quiere vivir según los Diez Mandamientos y el Mandamiento de Amor hace esfuerzos por pensar y sentir en los niveles superiores de la pureza, el amor y la paz. Por lo tanto, la acción purificadora en los sueños de esa persona llega a ser menos necesaria, ya que dedica sus horas despiertas a la purificación y elevación de sus emociones y pensamientos. Esto afecta sus sueños y su acción insistente de forzar un punto moral o ético es gradualmente disminuída.

La sinceridad con que uno acepta la vida venerando a Dios y amando a su prójimo determina su curso en el mundo despierto y en el mundo de los sueños. Las oraciones, la meditación, el arrepentimiento, el perdón, la reverencia, la dedicación, la devoción y el amor purifican un espiritu manchado y dan una vida nueva y esperanza a un espiritu triste. Esto todo se refleja en los sueños de la persona.

Para hacer la transición de una vida amoral a una vida bella y virtuosa se necesita saldar cada acto negativo. Ciertos sueños son parte del proceso para resolver estos actos. Para lograr realizaciones creativas y espirituales se tiene una serie de dramas en los sueños. Algunos de estos sueños son desagradables e inquietantes, especialmente cuando se trata de corrección o reproches de la consciencia.

Cada victoria sobre la obscuridad interior o exterior produce una ascensión mayor o menor hacia la luz inmortal del alma; cuanto más grande sea la victoria, tanto más grande será la ascensión. Con frecuencia el poder revelador en los sueños contribuye a esta victoria y resurrección. Por lo tanto, se debe tomar los sueños muy en serio.

Durante sus años de investigación de los sueños, Ann Ree Colton descubrió siete niveles de sueño; tres niveles menores que tienen reflejadas las acciones del día, y cuatro niveles superiores que contienen la pura realidad de los dramas espirituales. Ann Ree tuvo fama de interpretar el aspecto profético que tienen ciertos sueños y recobrar los recuerdos akásicos, o de vidas pasadas, por medio de los sueños. Ella observó que existe un proceso progresivo en los sueños y una secuencia comunicable como acción iniciatoria en la vida. Vió con frecuencia el aspecto secuencial de instrucción y corrección de los sueños. Tambien vió la diferencia entre los sueños de la psique inferior y los sueños de la psique superior, al igual que los aspectos de drama o mito en un sueño.

Ann Ree creyó que ciertos sueños contienen oro espiritual. Para una persona conocedora y alerta los símbolos en los sueños son preciosas pepitas de oro que pueden ser de gran valor para el que sueña, para su familia y para el mundo. Los sueños son de valor para el que sueña porque tratan de ayudarlo a realizar su destino físico y espiritual; son de valor para su familia porque algunos sueños contienen avisos, como los sueños de José, el padre de Jesús; gracias a esos sueños José pudo salvar a su familia y protegerla contra la adversidad. Los sueños son de valor para el mundo porque a veces revelan secretos del alma o profecías relacionadas con invenciones o ideas benéficas para el mundo.

Cuanto más perceptivo y honesto sea un individuo, tanto más probable es que pueda calcular la profundidad de su sueño y comprender su significado. Pero antes debería reconocer el sueño como parte de un sistema de instrucción oportuna, supervisado por inteligencias Divinas que ven por su bien como criatura de Dios.

La ciencia de la simbología de los sueños incluye numerosos símbolos o combinación de símbolos. El que tenga el don de la interpretación de sueños podrá comprender estos símbolos. Aunque pocas personas tienen este don, es posible que ciertas personas perceptivas obtengan grandes beneficios de sus sueños por medio de una comprensión consabida de los diferentes niveles y sutilezas que se encuentran en los símbolos de sus sueños. Para ellos este libro será un caudal de información que les ayudará a comprender mejor sus sueños, visiones, inspiraciones creadoras y sus experiencias espirituales.

A través de los años se ha comprobado que Ann Ree Colton posee la bendición de poder interpretar las visiones y los sueños. Sus amplios archivos de investigación de los sueños están repletos de sueños de personas que desean llevar una vida tranquila, reverente y dedicada. En esta investigación especializada de los sueños, ella hace una contribución sumamente importante al mundo, ya que los sueños de las personas dedicadas y reverentes no son como los de las personas intolerantes e irreverentes. Las personas reverentes y espirituales siempre quieren unirse con la Voluntad de Dios. Dormidas o despiertas siempre pueden escuchar la voz de su alma, y su corazón recibe el Amor de Dios, que las protege y las guía.

REINO
ARQUETIPO

TERCER CIELO

REINO DE LUZ

SEGUNDO CIELO

ESFERAS DE LUZ O
SALA DE SABIDURIA

PRIMER CIELO

MUNDO SUPERIOR
ASTRAL

ISLA DE LUZ

ABISMO

MUNDO INFERIOR ASTRAL

MUNDO FISICO

Capítulo 1

EL ALMA Y LOS SUEÑOS*

A través de la Vía Láctea he venido — ada estrella es un hogar perdido de un tiempo lejano. Fijo en mi corazón hay un espejo reflejante, recordándome que soy un viajero del espíritu centrado en el reino del alma.

Soñar es poder del alma. El alma ha venido de otros sistemas de eternidades. Bajo la voluntad de Dios el alma busca ampliar los territorios del espíritu. La Voluntad de Dios rige suprema en los ires y veneres del alma, ya en vida o en muerte en el destino espiral de los eternales. La promesa del alma es su eternalidad, promesa incesante, indefectible, revelada por Dios.

La travesía del alma es canción de júbilo. En música de cosmos el alma se encuentra en su hogar. Cuando el consciente se fija en la eternalidad del alma, comienza internamente la paz del cosmos. Tener videncia de la paz del cosmos es tener maestría sobre los tumultos de los alternados o acción de dualidad en este sistema de eternidad. El tercer atributo del alma — videncia, ver a través y dentro de la paz del cosmos — permite al iniciado caminar sobre las aguas del caos con espíritu inalterado. La promesa del alma es: el hombre es un recipiente de Dios en todos. Al ser creador vidente los abismos de la profundidad se le convierten en puentes de luz sobre los cuales podrá saltar con el sagrado abandono de alma y del espíritu.

Por medio del arte-maestro en la interpretación de las claves de los sueños e iniciaciones simbólicas el hombre viene acercándose a Dios. Las claves de los sueños y los símbolos arquetípicos se originan en la esfera de acción del alma. Muchísimo antes que el hombre hablase o usara la palabra escrita, los símbolos eran su medio de comunicación. En el mundo del hombre los lenguajes pueden aparecer y desaparecer; el poder dentro de los símbolos se mantiene igual de edad en edad. Cada edad deja registrada la acción del hombre por medio de sus símbolos.

Todos los símbolos se correlacionan con los arquetipos mayores y son de origen etérico. Todos los símbolos son vórtices energetizados conteniendo éter de vida y éter de luz. La energía y el éter de vida moldean y perfilan la forma del símbolo y el éter de luz es responsable de dar sustento a la inteligencia que habla dentro del símbolo.

Los símbolos son parte necesaria de la instrucción espiritual; son el *vocabulario logos* en las experiencias de los sueños y en las experiencias meditativas. Muchas personas experimentan sueños de naturaleza rara y descomunal, pero debido a que están poco familiarizadas con las claves etéricas de símbolos etéricos contenidas en sus sueños, no perciben lo que los sueños les quieren decir. Dar interpretación a las claves etéricas de símbolos sin entrenamiento espiritual es recoger de los sueños interpretaciones psíquicas o psicológicas en vez de interpretaciones espirituales.

* Al final de este libro hay un glosario que define términos y palabras que no son familiares.

Para el iniciado la clave oculta dentro de los sueños y las visiones es una ventaja verbal y tangible. Aquél que domina la ciencia de los símbolos celestiales será un servidor responsable para Dios. No tendrá dificultad para expresar y crear; ya que su palabra llegará a ser un instrumento diestro y poderoso conmoviendo los corazones y mentes de los que saben, y a veces hasta de los que no saben, los cuales escucharán y llegarán a saber.

Se adquiere el arte de *ver* en símbolos durante muchas vidas de dedicación y aplicación espiritual. Solo unos pocos reciben la ciencia de hablar simbólicamente. El hablar simbólicamente expresado en forma parabólica es un poderoso método de curar, disipando el dolor de abuso por medio de promesas y afirmaciones incorrectas.

La cultura de los símbolos por la música interior y el oído interior es un poderoso medio de paz para las emociones y un calmante para los órganos del cuerpo.

Si no fuera por los símbolos que dejan los hombres, la historia y el recuerdo de tribus, razas y sociedad se borrarían. En realidad, todos los símbolos son núcleos vivientes inmortales. En el centro de cada símbolo hay una clave etérica e inteligible. En cada eternidad los símbolos ayudan para que todos los seres conscientes puedan conocer los planes arquetípicos y la intención de Dios.

Sin importar cual idioma se hable, los símbolos cósmicos en esta eternidad permiten que los hombres retengan algo de una comunicación interior e inteligible. El sentido oculto dentro de los símbolos tiene la llave de la comprensión interior entre los hombres.

Todos los eventos humanos contienen indicios simbólicos. Por medio de los símbolos ocultos en la historia el historiador puede descubrir el propósito moral y la edad espiritual de un pueblo. Si el historiador está sumamente desarrollado puede tocar las capas más profundas de sensibilidades en interpretación simbólica, y así hacer a la humanidad un servicio espiritual en vez de un servicio patriótico.

La investigación de la simbología por medio de la arqueología puede literalmente librar la gracia o la karma de un pueblo desaparecido. En el caso de la geología, el geólogo dedicado, si está sumamente desarrollado, puede percibir y también revelar los poderes ocultos, creativos y poco comprendidos de una época o de una era.

Cuando los arqueólogos desentierran antiguos sitios o ciudades, se despiertan aquellos símbolos que han estado latentes en la consciencia humana y se derraman dentro de mentes receptivas y preparadas. Ciudades antiguas vuelven a la vida para enseñar al hombre del presente a recobrar ciertos poderes míticos y simbólicos que se usaron en vidas anteriores.

En no muy lejana historia cuando los arqueólogos modernos abrieron las tumbas de los reyes Egipcios, el mundo occidental heredó una simbología viril que se necesitó en una nueva era de civilizaciones.

Por todo el mundo se puede ver que los hombres del mundo occidental están enterados interior y exteriormente de los símbolos de los mundos antiguos. El dominio de Inglaterra en la India abrió la puerta en el mundo occidental a las corrientes míticas de consciencia de los Rishis y la Upanishad. Este evento tuvo lugar en el momento preciso, permitiendo así al hombre del mundo occidental hacer uso de la virilidad esencial del conocimiento de los mitos recogidos de las técnicas antiguas de salvación.

El ego del mundo occidental que hace tanto énfasis en la expresión externa materialista, durante siglos ha aislado la corriente subconsciente o Quelle de la memoria simbólica. Así, el mundo occidental llegó a depender de los sentidos materialmente en el aspecto externo o exterior.

Por todas partes hay evidencia de que ciertos hombres están reaccionando a los mitos verdaderos y básicos del pasado y también de que toda la humanidad se está preparando para desarrollar una nueva o virginal simbología de mito para el futuro.

COMO EMPEZARON LOS SIMBOLOS

En los primeros cuatro grandes intervalos de este sistema de eternidad, Nuestro Señor, trabajando con la Jerarquía de Elohim y las presencias arcangelicas, formó y moldeó todas las cosas. El Padre estableció los planos o los arquetipos para cada cosa que formó. Dentro de cada arquetipo Dios implantó una *imagen maestra* que contenía múltiples símbolos.

Cuando terminaron los cuatro grandes intervalos, o el período *formativo* para esta eternidad o sistema terrenal, Dios entregó la tierra y su contenido a las facultades creativas del hombre. Así comenzó la etapa *informativa*, que comprendería los tres grandes intervalos restantes del mundo. En la etapa informativa el hombre es informado o instruído.

Aunque uno puede ser el receptor continuo de formas creativas y símbolos arquetípicos, debe ganar el derecho, por medio de ciertas pruebas iniciatorias, a interpretarlos y usarlos éticamente.

LOS SIMBOLOS DE GENESIS

En el comienzo de este sistema terrenal y del proceso evolutivo del hombre, en el período de *génesis tribal* los sacerdotes tribales comprendieron la simbología por medio de poderes atávicos y psíquicos. Ellos transmitieron estos poderes a dependientes tribales con el uso de ciertas imágenes de barro. Utilizaron también piedras y metales para ciertos amuletos protectores, usando un ritual atávico y simbólico para sostener la energía y éter contenidos dentro del amuleto. Los sacerdotes y los jefes de las tribus sabían que los talismanes-amuletos tenían fuertes poderes mágicos. Las creencias en amuletos hoy en día proceden de recuerdos tribales de iniciación primitiva y simbólica transmitida de una generación a otra.

Mientras los hombres de la tierra formaban una identidad de sí mismos como génesis *humana* o *génesis familiar*, los sacerdotes de los cultos religiosos, trabajando en un nivel más elevado de simbología, establecieron los símbolos y los rituales religiosos que se conocen hasta el presente, manteniendo así viva la adoración a Dios dentro de su grey o congregación.

En el nivel de génesis humana y en *del génesis inferior de sí mismo*, se pueden percibir los símbolos de sueños hasta tres niveles: (1) nivel atávico, animístico; (2) nivel religioso; y (3) nivel del alma y el registro sombreado por el ego sobre el murmullo vibratorio del medallón del alma, y en algunos casos de gracia, el registro de gracia reflejado sobre el medallón del alma.

En *el nivel de génesis de sí mismo elevado*, se perciben los símbolos del nivel de gracia del registro del alma, del registro de sí mismo elevado y también de los registros verdaderos de los mundos arquetípicos. La simbología de la palabra del alma habla a la persona que es sumamente elevada por medio de contemplación, meditación y por los niveles elevados de sueños.

Cuando génesis de sí mismo elevado llega a la expresión completa, la simbología instruirá y también revelará. Con sensibilidad espiritual uno puede eventualmente lograr una de las grandes artes simbólicas o espirituales — el poder de la parábola. Tales personas, ya que han usado las artes simbólicas durante muchas vidas de sensitividad, pueden provocar sobre el poder de pensamiento de un oyente atento la imagen actual y viviente dentro de la palabra hablada. Jesucristo usó este poder de imagen de parábola. Sus palabras nunca morirán porque fueron autorizadas directamente por las imágenes maestras dentro de los arquetipos más grandes que moran en el tercer cielo o en el reino de Dios. *"El cielo y la tierra pasarán, mas mis palabras no pasarán".* *(San Mateo 24:35)*

En el tercer cielo hay imágenes maestras que trabajan directamente con los arquetipos más grandes. Estas imágenes maestras se encuentran en el centro o corazón de los arquetipos grandes. Por medio de etapas progresivas de desarrollo espiritual uno puede abrir y tener acceso continuo a las imágenes maestras que se encuentran dentro de los arquetipos grandes. Por medio del contacto con las imágenes maestras un iniciado podrá producir obras únicas e inmortales. La comprensión y el uso de la simbología arquetípica reflejada es el primer paso hacia la imagen maestra.

COMO SE INICIA UNO POR LOS SIMBOLOS

Uno debe someterse a siete grados de iniciación para lograr el uso de la imagen maestra y, por lo tanto, el poder de manifestación de la imagen. Los siete pasos de iniciación en simbología de sueño y meditación son:

1. Primero uno es iniciado en el símbolo animal para aprender correspondencias emocionales y sensitivas. La revelación de los querubines lo ayudan en esto, y abre su consciencia a la asistencia de los querubines. Los angeles querubines son artesanos maestros que dirigen las artes formalistas y ritualistas en el mundo. Con estos símbolos uno se pone en contacto con los planos astrales inferiores y superiores en sueños. El sueño astral inferior se relaciona con la interpretación de Freud; el sueño astral superior, a la memoria del alma.

2. Segundo, uno es iniciado en los doce símbolos prototípicos del zodíaco, relacionándolo con el temperamento y la forma del hombre. Se entera de dualidades, polaridades, colocación y las humanidades. Está de acuerdo con los Angeles Terrestres. Abre el Libro de la Ley o de los Diez Mandamientos. Se une con los Angeles de la Merced y con los Angeles del Registro de las distintas generaciones.

3. Luego es iniciado en los símbolos competidores y atávicos dentro del subconsciente

o memoria de quelle. Como resultado de estas iniciaciones aprende a elevarse sobre los astrales tumultos emocionales, y pone en equilibrio sus poderes mentales, su control mental y su voluntad.

4. Luego se inicia en las energías y los poderes planetarios, psíquicos y cinéticos. Se une con los minerales, metales y joyas de la tierra. Se inicia en los símbolos de la medida del tiempo y del tiempo mismo. Llega a ser profético. También se inicia en los símbolos dentro del drama de la creación. Se une con el Sanat Kumara, o el Anciano de Días; se entera de la la medida de tiempo por simbología.

5. Se inicia en el ritmo y en la simbología de la música. Aprende de los grandes arquetones o de la acción del Espíritu Santo dentro de los arquetipos, y de los orígenes atávicos de la música que afectan la generación y propagación. Le enseñan a recibir la música con más sensibilidad. Vence los sonidos astrales y disonantes y se le suministra aislamiento contra la disonancia. Se une, con la ayuda de los querubines, a la música de los querubines. Se une a la música de las siete esferas planetarias reflejadas alrededor de la tierra y se da cuenta del orden cósmico en el universo.

6. Es iniciado por los símbolos del alma que le revelan los registros y actividades de sus vidas anteriores; aprende su propósito y cómo usar su ética. También recibe la reprobación y el aviso de su Angel de la Guarda por medio de símbolos. Es iniciado por medio de los Santos y los Angeles de la Flora. Llega a ser un rezador profético para Dios; sus oraciones son bien oídas. Los átomos sostenedores dentro del reino de las plantas le son revelados. Los Angeles de la Flora de las plantas usan símbolos para abrir la voz de su alma.

7. Finalmente le es revelado el principio informativo o *Buddhi* de revelación espiritual y es iniciado por medio de la simbología del Bodhisattva. Se une con el yo superior, con el murmullo audible de la corriente de la vida, con la telepatía eterna por medio de las imágenes maestras que se relacionan con los grandes arquetipos. Así, está abierto al Cristo, a Nuestro Señor y Dios.

Con dedicación, diciendo mantrams, contemplando, escuchando y meditando, uno se une con un vocabulario cósmico.

LOS SIMBOLOS ARQUETIPICOS

Todos los iniciados telepáticos están en armonía con una o más de las imágenes maestras. Estas imágenes se sostienen dentro del murmullo de un arquetipo cósmico. En este sistema eterno hay trece arquetipos cósmicos básicos. Dentro de estos arquetipos se queda una imagen maestra por etapas o hasta por siglos. La imagen maestra emana billones de claves o formas etéricas simbólicas. Eventualmente, estas entran en las mentes receptivas de aquellos que interpretan creativamente y las activan.

Mientras hay un interés sólo en expresión física o sensual, se percibe los símbolos de sueños en un nivel astral; se presentan o están vestidos con prendas o símbolos terrenales. Estos símbolos con influencia terrenal se reproducen en sueños y a veces en destellos diurnos de presagios intuitivos y de instinto.

Los símbolos cósmicos del arquetipo entran en los varios niveles del medallón del alma donde se perciben primero en las etapas elevadas de sueño, en meditación pura, en lúcida revelación telepática durante actividades diurnas. Se reciben estos símbolos por intuición en abstracciones parabólicas.

Cuando uno tiene la gracia de aspirar a instrucción espiritual en meditación y en sueños, debe sacar los conceptos infantiles que obscurecen su mente y obstruyen su voluntad elevada. Su instrucción empieza en los niveles de simbología de los querubines. Llegan a estar bajo la dirección y ayuda de los querubines. Los querubines son los constructores maestros perfectos para Dios. Es gracia perfecta cuando uno llega a estar bajo la dirección de los querubines constructores.

Los símbolos de los sueños que se reciben de los querubines evaluan, revelan e instruyen. Los símbolos de sueños con animales que se usan más frecuentemente por los querubines son de las características más elevadas del reino animal. Si el símbolo del animal representa un orden de correspondencia negativo o más bajo, uno debe buscar el defecto oculto que retrasa o disuade su desarrollo espiritual.

PORQUE DEBEMOS SOÑAR

Dios le quitó al hombre el Edén y le dio un cielo. El hombre percibe este cielo en el sueño y en la muerte. Se determina la manera en que percibe este cielo por su creencia en Dios y en su propia eternidad.

No basta explorar y exteriorizar lo difícil que resulta definirla para expresar lo que verdaderamente es el alma del hombre. El alma es el sol del ego, y tiene su ascenso y su descenso. La consciencia física, del día, es la noche del alma. La consciencia dormida, o de la noche, es el día del alma. En el día el hombre debe depender de sus sentidos para determinar lo que percibe y lo que sabe por medio de la percepción. En la consciencia nocturna, uno no es estorbado por la consciencia superimpuesta del pensar colectivo del día ni por los procedimientos conceptuales del pensamiento.

En el mundo del sueño uno no calcula sus conocimientos por la norma con que otros hombres le enseñan o le dicen, ni juzga su conducta por lo que otros hombres en el mundo suponen o piensan. Uno es expuesto en la noche a lo que es realmente, y está iniciado para recibir las sugerencias de la noche para que pueda aguantar y soportar la acción limitada del día de su mundo externo.

¿QUE ES EL SUEÑO?

Para algunas personas el sueño es una forma de anestesia o una manera de escapar y olvidar, pero para otras es una recuperación y un despertar a una esfera de consciencia más grande. El sueño puede llegar a ser una labor creativa en la noche en que uno podría unirse con el plan de la intención que Dios tiene para él.

El alma trabaja sin cansancio para que todas las personas puedan extender y ampliar sus estados de consciencia durante las horas del día y las horas de sueño. El vocabulario o el lenguaje del alma es simbología. Se percibe este lenguaje del alma más frecuentemente en el mundo del sueño de la noche. Cuando se calman los sentidos durante el sueño, el alma trata de reproducir pura instrucción mediadora. Sin embargo, cuando uno está preocupado, ansioso o frustrado, los sentidos se magnifican astralmente en el mundo de los sueños — y la instrucción mediadora elevada del alma se aisla.

SIGNIFICADO ESPIRITUAL DE LOS SUEÑOS

La instrucción espiritual enfatiza el significado de los sueños y la importancia de la acción del alma dentro del mundo de los sueños. Tal instrucción indica la manera como se pueden penetrar los siete velos del sueño, y así interpretar la clave etérica dentro de la simbología de los sueños. Todos los sueños son de importancia vital para las personas que desean desarrollarse espiritualmente. Con el tiempo, uno llega a percibir cada experiencia de sueño como una acción sagrada dirigida por las obras del alma. La comprensión de las fases iniciativas en los sueños, la de la clave etérica en la simbología y la experiencia de ellos, permiten comprender mejor los impulsos físicos, emocionales y mentales y también la causa oculta que dirige y estimula sus actitudes y acciones en el mundo del que sueña.

Cuando una persona está profundamente absorta con asuntos físicos, casi nunca comprende el verdadero significado de los sueños y el papel que representan en relación con el alma. La persona media aún no reconoce la acción del alma en los sueños; los ignora o se inclina hacia la interpretación Freudiana o psicológica de los sueños. La persona supersticiosa tiene miedo a sus sueños. Muy pocos en el mundo se relacionan inteligente y constructivamente con lo que el alma trata de revelar por medio de los sueños. Aún los que por intuición saben que los sueños son trascendentes espiritualmente muy raramente se califican para interpretar completamente las claves etéricas ocultas en la simbología de los sueños. Dedicación reverente, oraciones repetidas y sinceras, armonía pura en meditación, contemplación desinteresada, decir mantrams, y ciertos períodos de ayunos dedicados extenderán y sostendrán el tiempo que se pasa en el reino elevado del mundo de los sueños. Tales prácticas aseguran la retención de memoria de dramas en sueños, descubren el sentido dentro de estos dramas, y con el tiempo, permiten coordinar la acción nocturna del alma con sus labores físicas y obras creativas del día. Para lograr más intimidad con los alcances más elevados de la acción del alma, estando dormido o despierto, se requiere un entrenamiento rítmico y sin interrupción y también una percepción interna que se puede lograr sólo con purificación y dedicación a Dios.

SUEÑOS EN LA BIBLIA

Hay un gran número de referencias a sueños en la Biblia y también a la vida que el hombre tiene cuando está en el estado de sueño. La historia de José en el Antiguo Testamento es la historia de alguien cuyo camino en la vida fué determinado por sueños. Los sueños de José aumentaron la envidia y el odio de sus hermanos hacia él, y por esta razón, ellos lo vendieron a mercaderes, quienes lo llevaron a Egipto. Egipto fué la tierra de sus más grandes hazañas y triunfos porque por su habilidad de interpretar sueños, eventualmente pudo tener gran autoridad y pudo salvar la vida de muchas personas.

Soñó José un sueño, y contólo a sus hermanos; y ellos vinieron a aborrecerle más todavía.

-Génesis 37:5

Y dijo Faraón a José, yo he tenido un sueño, y no hay quien lo declare: mas he oído decir de ti que oyes sueños para declararlos.

-Génesis 41:15

Y dijo Faraón a José, Pues Dios te ha hecho saber todo esto, no hay entendido ni sabio como tú: Tú serás sobre mi casa y por tu dicho se gobernará todo mi pueblo.

-Génesis 41:39,40

Daniel, que tenía el poder de penetrar los siete velos de los sueños, tenía acceso al sexto o velo profético de los sueños. Cuando Nabucodonosor demandó conocer su sueño y saber su interpretación, Daniel pudo contar al rey lo que había soñado y también la interpretación del sueño.

Daniel tuvo entendimiento en toda visión y sueños.

-Daniel 1:17

Entonces el arcano fué revelado a Daniel en visión de noche; por lo cual bendijo Daniel al Dios del cielo.

-Daniel 2:19

Respondió el rey, y dijo a Daniel, al cual llamaban Beltazar: ¿podrás tú hacerme entender el sueño que ví, y su declaración? Daniel respondió delante del rey, y dijo: El misterio que el rey demanda, ni sabios, ni astrólogos, ni magos ni adivinos lo pueden enseñar al rey. Mas hay un Dios en los cielos, el cual revela los misterios, y él ha hecho saber al rey Nabucodonosor lo que ha de acontecer a cabo de días. Tu sueño, y las visiones de tu cabeza sobre tu cama, es esto.

-Daniel 2:26-28

Cuando Jesús era infante, fué salvada Su vida porque los tres Reyes Magos y su padre fueron avisados en sueños.

Y siendo avisados por revelación en sueños que no volviesen a Herodes, se volvieron a su tierra por otro camino. Y partidos ellos he aquí el ángel del Señor aparece en sueños a José, diciendo, Levántate, toma al niño y a su madre, y huye a Egipto y estáte allá hasta que yo te lo diga: porque ha de acontecer, que Herodes buscará al niño para matarlo.

-San Mateo 2:12,13

Jesús volvió a la tierra de Israel después de que su padre tuvo otro sueño.

Mas, muerto Herodes, he aquí que el ángel del Señor aparece en sueños a José en Egipto, diciendo: Levántate y toma al niño y a su madre, y vete a tierra de Israel; que muertos son los que procuraban la muerte del niño.

-San Mateo 2:19,20

Tales sueños que pertenecen al Salvador del mundo, Jesucristo, tuvieron a los Reyes Magos y Su padre, José, en el séptimo velo de sueños, donde los eventos inminentes espirituales se pueden ver. En cada época los personajes sabios o sumamente desarrollados, por medio de sus sueños y visiones, están cerca, sin interrupción, de los mundos más elevados, y por lo tanto, saben de todos los eventos espirituales próximos de la tierra.

EL CORDON PLATEADO Y EL SUEÑO

El cuerpo etérico tiene un aspecto superior y un aspecto inferior. El aspecto superior se llama *el cuerpo etérico superior*; el aspecto inferior se llama *el cuerpo etérico inferior*. Cuando una persona está dormida, el cuerpo etérico inferior se queda con el cuerpo físico, sosteniendo sus funciones regeneradoras vitales. Durante el sueño el cuerpo etérico inferior sirve de lastre para el cuerpo etérico superior. El cordón etérico energético, magnético, eléctrico y como vapor que une el cuerpo etérico superior con el cuerpo etérico inferior se llama el *cordón plateado*. Durante el día el cordón plateado está conectado a los equivalentes del bazo, el hígado, el corazón, la laringe y la corona de la cabeza. Cuando una persona muere, el cordón plateado se desata por completo o se corta del cuerpo etérico inferior y del cuerpo físico y después de la muerte vive en su cuerpo etérico superior o cuerpo eterno. Sin embargo, estando dormido, el cordón se desata solo parcialmente de sus amarras etéricas, quedando atado al cuerpo etérico inferior y al cuerpo físico, así permitiendo que el cuerpo etérico superior viaje y perciba los velos de sueño. Debido al efecto de la gravedad sobre la acción del cordón plateado, un tirón magnético atrae al cordón plateado hacia el cuerpo físico después de los sueños y después de estar dormido. Cuando el interés de uno durante el sueño se enfoca con demasiada intensidad sobre ciertas fantasías invertidas dentro de los velos de sueños inferiores, se agota y se reduce la vitalidad del cordón plateado y el que sueña podría volver de golpe a su cuerpo físico, sobresaltando a su sistema nervioso y muscular. Esto explica el porqué a veces una persona se despierta con un sobresalto violento o con la sensación de estar cayendo o que le están impulsando a la consciencia despierta.

Los siguientes versos Bíblicos en el libro de Eclesiastés, Capítulo 12, se refieren a la experiencia de la muerte en el hombre y del cordón plateado.

El hombre va a la casa de su siglo, y los endechadores andarán en derredor por la plaza; antes de que la cadena de plata se quiebre..y el polvo se torne a la tierra, como era: y el espíritu se vuelve a Dios que lo dió.

-Eclesiastés 12:5-7

LOS VELOS DE SUEÑO

En los tres velos de sueño superiores, o en los primero y segundo cielos, uno toma su responsabilidad espiritual como hijo de Dios, explorando los velos de sueño superiores con madurez mental y emocional. Solamente uno con las manos limpias y el corazón puro puede penetrar los velos de sueño superiores, y que tenga suma reverencia para lo que el alma trata de decir. No siempre se recuerda la experiencia del velo de sueño superior como un sueño, pero se puede manifestar en el día como intuición, impresión, aprensión, inspiración, dirección o visión.

Una persona que vive solo por medio de conceptos materiales y sensuales no puede soltar su cuerpo etérico superior a los velos superiores de los sueños. Su cuerpo etérico superior, ya que está cargado de gravedad y vibraciones sutiles, está limitado a los velos inferiores de los sueños.

En la resaca baja de los velos de sueño grotescos y de fantasía, se percibe la acción de la noche en un estado como matriz de introspección invertida. Uno se relaciona con recuerdos primitivos y con compulsiones ancestrales sin resolver.

En el nivel de deseos de los sueños uno tiene introspecciones exageradas o invertidas. Se imagina lograr sus deseos inmaduros sin ganarlo.

En el aspecto inferior del cuarto velo de sueños uno representa de nuevo compulsiones físicas y externas, magificando su individualidad y su vanidad.

SUEÑOS Y EL CUERPO ETERICO SUPERIOR

El cuerpo etérico superior no tiene piñones ni alas; el vuelo nocturno es percibido como una forma de vuelo espiral. Así, los iniciados frecuentemente se refieren a las experiencias en los velos de sueño superiores como *vuelo nocturno*. Cualquier vehículo en movimiento en un sueño es símbolo del movimiento y acción del cuerpo etérico superior. Si se ve un auto antiguo o un cacharro en sueños, esto indica que el cuerpo etérico superior como vehículo es detenido en los velos de sueño inferiores, igual que un ascensor que se descompone; también indica que uno todavía no entiende la técnica de viaje nocturno.

Soñar con un autobús con mucha gente indica que uno está con un grupo de otras personas quienes también se elevan en la noche con él. Si está en un vehículo más veloz, como un avión, significa que está usando su cuerpo etérico superior en la atmósfera etérica purificada de los velos de sueño más elevados. Si está conduciendo cualquier vehículo indica que está usando su propia voluntad para llegar a su destino para la acción nocturna. Si sueña que otra persona está conduciendo el vehículo, significa que todavía tiene que ganar el poder y el uso de su voluntad para ascender a solas dentro de los velos de sueños superiores.

REGISTROS PRESERVADOS

Estando dormido las radiaciones del cerebro físico se retardan; los procedimientos de pensamiento comunes son parcialmente reposados. Los átomos tríadas, mentales y de la mente superior, trabajando con las cubiertas etéricas superiores del cerebro en la noche, registran los pensamientos dentro de los velos de sueño. Así, una persona que está sumamente desarrollada piensa con sus átomos tríadas mentales en el sueño de la noche. Todos los pensamientos del sueño nocturno están impresos y fotografiados telepáticamente sobre esferas etéricas que son registros preservados dentro del cerebro. Se explica mejor el misterio del recuerdo de los sueños con los *registros preservados* en el centro de las esferas etéricas y sensibles del cerebro. Se puede comparar estos registros preservados con los surcos indentados de discos fonográficos, ya que quedan inactivos hasta que alguna acción externa, interés o estímulo causa una reacción en cadena dentro de las células de memoria del cerebro. Así, no siempre se recuerda un sueño al despertar, pero lo pueden traer a la memoria en raros momentos del día, o hasta de días, semanas o meses después del sueño. Esto sucede porque una persona puede por un momento alinear su memoria con sus esferas etéricas y sus registros preservados y sus átomos tríadas mentales. A veces el alma usa la retrospectiva del recuerdo de sueños en un tiempo oportuno o en una ocasión desesperada. Por ejemplo, se puede recordar tales registros preservados de sueños para avisar de peligro o accidente cuando la persona se acerca a una escena o a un lugar que se vió antes en un sueño.

Hay tres esferas etéricas y registros conservados dentro del cerebro. Una está situada en la base del cráneo; otra está en medio de la frente; y otra está exactamente en la corona de la cabeza. Estas tres esferas determinan que clase de sueño es recordada y también si un sueño es recordado con claridad o en parte. Cuando estas tres esferas están alineadas la una con la otra y están en armonía con los tres átomos tríadas mentales, el resultado es un recuerdo perfecto de sueños y una cognición completa de la acción espiritual en los velos de sueño superiores de la noche. Sin embargo, cuando está activa una de las tres esferas etéricas y de registros preservados, una persona que ha tenido una experiencia de velos superiores de sueños los recordaría solo en parte. Cuando las tres esferas están inactivas, no pueden recordar los sueños dentro de los velos de sueños superiores. Esto explica porqué algunas personas que perciben los velos de sueños superiores no siempre recuerdan sus sueños.

Cuando se registran los sueños sólo en la esfera etérica en el centro de la frente, una persona registraría sólo el velo de sueños del deseo, donde la imaginación tiene el mando completo. Por lo tanto, sus sueños son imaginativos y como quimera; hay una magnificación de las emociones y una exageración en los deseos. En algunos casos podría ver espejismos y quimeras representados como dramas de sus esperanzas y de sus deseos. Por eso en sus sueños podría encontrar oro o dinero, o podría realizar sus deseos ocultos y amorosos, o podría ponerse en contacto con personas atractivas.

Cuando sólo está activa la esfera etérica de registros conservados en la cabeza, se recuerdan los sueños como haciendo o participando, ya que la voluntad del individuo está implicada en tal experiencia de sueños. En sueños de acción, uno sueña que está tocando el piano, conduciendo un automóvil, subiendo una montaña, nadando, cortando leña, demonstrando su fuerza o haciendo otras cosas en que se usa la voluntad.

Cuando sólo la esfera etérica de registros conservados en la base del cráneo es activa, los niveles grotéscos y de fantasía de los sueños son recordados. En tales sueños, a veces las personas retrasan el reloj de las épocas y recuerdan animales prehistóricos y eventos o condiciones primitivos, porque en los velos inferiores de los sueños uno se inspira en la "subconsciencia" del mundo. Tales sueños pueden ser atávicos, primitivos, alucinantes o pueden relacionarse con recuerdos invertidos o negativos.

DAÑINA DISTORCION DE SUEÑOS

Ciertas grabaciones mecánicas, que se tocan cuando uno está dormido, impiden la acción de libertad del alma en la noche. El sueño es una función sagrada. Uno debe hacer que su ambiente de sueño sea lo más quieto posible. La habitación debe estar en orden, agradable, limpia, ventilada apropiadamente. Desorden, malos olores o ventilación, ruidos o cualquier sonido que estorba el sueño, mantienen ocupados los sentidos, impidiendo así que se eleven hasta los velos de sueños superiores y que intervengan con la acción del alma en la noche. Cualquiera que escuche grabaciones mecánicas sugestivas durante el sueño crea una dependencia involuntaria sobre la voluntad de otros. Tal instrucción durante el sueño anula la acción mediativa del alma de reflejar la instrucción de Dios al hombre.

Sin embargo, en una o en dos maneras habla Dios; mas el hombre no entiende. Por sueño de visión nocturna, cuando el sueño cae sobre los hombres, cuando se adormecen sobre el lecho; entonces revela al oído de los hombres, y les señala su consejo.

-Job 33:14-16

TECNICAS PRACTICAS DEL SUEÑO

Por medio de oraciones, contemplación, meditación y diciendo mantrams antes de dormir, uno puede empezar a establecer una armonía entre sus tres átomos tríadas mentales y los tres orbes etéricos y registros conservados de su cerebro. Así, llegará a saber y observar los testimonios más prominentes y sustanciales del mundo de los sueños. Con el tiempo, el estudio de símbolos e interpretaciones de los sueños unirá el significado de los sueños. Si uno lleva un *diario de sueños* con regularidad, será beneficiado con creces. Se recomienda que vuelva a observar sus sueños al fin de cada mes. Adquirirá el don del conocimiento o mentación. Como resultado, comenzará a intuir y observar lo que le está diciendo su alma.

COMO IDENTIFICAR SU EXPERIENCIA DE SUEÑOS

I	II	III	IV	V	VI	VII
GROTESCO	**FANTASIA**	**DESEO**	**REGISTROS AKASICOS**	**INICIATIVO**	**PROFETICO**	**ESPIRITUAL**
	Indisciplinado Emocional	Sueños de Pubertad de Niños	Simbología Tribal	Evaluación de Uno Mismo, Familia, y Otros	Aprensión	Protección
		Sin Desarrollar Emocional	Simbología de Génesis Familiar		Advertencia	Curación
			Kármico	Corrección	Guía	Universal
			Memoria del Mundo	Instrucción		Cósmica
			Registros de Vidas Pasadas	Consciencia		

ATAVISTICO

MINISTERIO DE LA NOCHE E INVESTIGACION
pueden estar en todos los niveles

Capítulo 2

INSTRUCCION NOCTURNA

El ministerio de servicio nocturno mantiene mi ir y venir. Que yo recoja los conocimientos ganados en la noche. Que me inspire mi servicio para el día venidero.

El deseo de aprender en las grandes dimensiones del sueño es inspirado en las universidades del cielo. Estas universidades se llaman las *Salas del Aprendizaje*. Aquí se inscriben todos los iniciados por los grandes gurus o Maestros para que puedan prestar un servicio más eficiente al mundo.

La instrucción nocturna es una experiencia vívida, revitalizante, rejuvenecedora para la mente. El alma está libre en la noche para proyectar su luz dentro de la mente con plena libertad, con el uso de una gran memoria, y con conocimiento de causa; además, el aspecto creativo del porqué el hombre está en el mundo puede ser revelado en la instrucción nocturna.

El procedimiento en la instrucción nocturna es ordenada, razonable, y su propósito es igualar y sincronizar la potencialidad del alma y la mente del hombre para que sea un creador en el mundo de los hombres.

Una parte del estudio en las grandes universidades de la noche es la investigación de los cuerpos físicos, etéricos, emocionales y mentales. Cualquiera que se prepare para rendir un servicio curativo en el mundo debe ser un iniciado de los cuatro cuerpos: el cuerpo físico y sus órganos, sus propósitos y sus funciones; el cuerpo etérico inferior, sus velocidades y sus corrientes psíquicas; el cuerpo emocional, las glándulas y las fuerzas planetarias astrales que trabajan con las emociones; uno también debe aprender del sistema nervioso, de su poder e influencia sobre los procesos del pensamiento del hombre. Para obtener este conocimiento tiene que haber desarrollado en vidas anteriores una facultad intuitiva con relación a estos cuerpos y sus funcionamientos. Tal intuición lo prepara para ingresar a una instrucción específica y así poder rendir al mundo un servicio más significativo en relación con las necesidades de la humanidad.

Sea cual sea el talento específico de una persona, al madurar será reforzada con instrucción interna cuando espiritualmente desea dar o servir.

No importa cuán perfeccionada esté una persona en cuanto a dones espirituales, continuamente tiene que someterse a supervisión y entrenamiento en las Salas de Aprendizaje, y tendrá que mantener su instrucción al tanto de los procesos kármicos de la tierra.

La investigación espiritual en las universidades nocturnas no es obligatoria. Sin embargo, todos los que tienen mentación y cognición sostenida, o sea, intuición de los sueños, comprenden que es necesario mantener al tanto lo que aprenden y lo que logran durante el día y la noche. El que practica las artes curativas y no mantiene su instrucción nocturna a la par de sus acciones diurnas eventualmente pierde la habilidad de emitir el efluvio magnético que acompaña toda instrucción y curación espiritual.

Por medio de la instrucción nocturna en las Salas de Aprendizaje, se reciben poderes superenergéticos y superconscientes relacionados con los planos interiores. Cuando uno hace investigaciones durante la noche se le agrega una memoria extraordinaria a su memoria de consciencia terrenal.

En sueños, la luz lunar contiene un plasma especial que se imprime en las funciones mentales del iniciado y del curador. En la luz lunar de los sueños, la mente se ensancha de una manera única.

Durante la instrucción nocturna se recibe asistencia diagnóstica universal y técnicas curativas. Al iniciado soñante se le identifican causas y orígenes de enfermedades. Se percibe y se comprende la influencia kármica sobre la vida de gérmenes y bacterias. Se descubre el estudio de las antipatías sépticas por medio de las cuales se determina, se considera y se comprende el aspecto psíquico del virus.

La labor del iniciado nocturno es suavizar, mitigar y eventualmente eliminar algo de la miseria del mundo. Aquellos dedicados espiritualmente a curar el cuerpo humano deben aprender acerca de sus propios cuerpos. Dan comienzo aprendiendo primero sobre sus propios cuerpos en planos interiores. Así, el laboratorio de cada curador queda primero dentro de los recintos etéricos y psíquicos de las funciones de su cuerpo.

En los procedimientos etéricos de curación no se pone énfasis en las debilidades estructurales de los distintos cuerpos. En la investigación nocturna se aprende y se sabe, viendo en los *propios cuerpos* el poder de enfermedades y debilidades.

Para aprender cómo dominar la onda longitudinal psíquica de las enfermedades y cómo transformar las corrientes de sufrimiento en buena salud, consiguiendo un cuerpo que pueda servir a Dios, el iniciado debe pasar a una forma especial de instrucción en la Sala del Aprendizaje o universidad de la noche, o sea, el laboratorio de la mente. Aquél que se cree inadecuado físicamente para encontrar la causa de una curación total recibe esta clase de instrucción.

KARMA Y EL SUEÑO

El velo entre el consciente al soñar y al despertar es sumamente fino en las personas de carácter receptivo y sugestible. Las personas que temen confrontar su karma luchan al dormir y en sus sueños; perciben dificultades en la afirmación de su ego.

Cuando se está despierto, uno vive como anestesiado, como hipnotizado por la creencia de que el estar despierto es el único estado de consciencia. Sin embargo, una y otra vez a uno se le hace saber que hay una extensión de la mente y de los sentidos cuando se está dormido.

Aquellos que están abrumados con deseos insatisfechos de una vida anterior, encuentran esos deseos en sus sueños. Están expuestos a esos viejos, enconados deseos y deben avalorarlos junto con los deseos de la vida actual. A tales egos les viene aturdimiento respecto a los sueños.

Si uno ha muerto en una vida anterior con deseos egoistas y bajos que no se manifestaron, y aunque haya tratado de vivir esta vida siendo bueno y puro, siente horror al encontrar en sus sueños estos fuertes reflejos de emociones como las expresadas en una vida anterior.

Hay algún progreso y adelanto en cada vida, sin embargo debe haber alguna manera más rápida y decisiva de evolucionar en cada vida para que el alma pueda alcanzar su máxima expresión.

No importa cuán deseoso esté uno de suprimir las emociones reprimidas y contenidas de una vida anterior, no puede rehusar ni negar su realidad en el mundo de los sueños. También es verdad que lo bueno y lo bello del carácter de uno que es poco comprendido, y que con frecuencia es reprimido por timidez y falsa modestia en la vida externa, reaparecen en los planos internos de los sueños.

Así como algunas personas nacen con gran talento para rezar, otras son soñadores innatos. Aquél que nace soñador sabe que el mundo de los sueños es un atributo natural y cercano al consciente de su vida física. Esto lo sabe porque en muchas vidas ha practicado el arte de la corriente continua entre el despertar y el soñar. Sin embargo, muy pocas de estas personas creen que es importante o necesario averiguar cómo han obtenido el don de soñar. Cuando encuentran un maestro con el don de la interpretación y la iniciación a los sueños, descubren que son iniciados al desarrollo de los sueños. Puesto que a muchas personas sólo les interesa la vida en los niveles físicos, su don de revelación de sueños es don raro e invaluable.

En las escuelas iniciatorias, vórtices, o ambientes donde ciertos egos se unen para ofrecer un servicio espiritual al mundo, se encuentran muchas personas que han dominado el arte de la revelación de los sueños. Algunas pueden entender sus sueños intuitivamente; otras pueden aún guardar reservas en el uso de ese poder por sentirse inciertas.

Para un alma sensitiva, es penoso nacer en una era dogmática con una cultura espiritual limitada. Muchas personas con dones espirituales los encubren para aparecer como los demás. Tarde o temprano su potencial espiritual tiene que salir a la superficie y ser utilizado por los poderes trascendentales en meditación y en sueños.

Todos aquellos con dones espirituales son como joyas hechas por obras de luz en vidas anteriores. Tarde o temprano la luz de Dios los iluminará y revelará el esplendor de sus almas a aquellos en el mundo que necesitan esa luz.

Los que sueñan de noche viajan a corredores y niveles celestiales donde aquellos con mucha karma no podrán ascender libremente. Sin embargo, los que tienen mucha karma podrán observar las gloriosas manifestaciones en sueños; también pueden estar enterados de los corredores celestiales y de las presencias que allí habitan. Podrán viajar a muchos niveles para que se instruyan, se informen y se conforten. Sin embargo, sólo podrán entrar a esos niveles como testigos que observan, no como participantes. Para ser participante en los dramas iniciatorios de los sueños nocturnos, uno debe haber ganado este poder del alma en vidas anteriores.

En los escalones superiores de la erudición se dice que "la mente puede ir hasta donde sabe".

LOS ANGELES GUARDIANES DEL SUEÑO

Los amos supremos que cuidan y vigilan los sueños en la noche son los ángeles. El Angel de la Guarda vigila el vuelo nocturnal de cada hombre y lo acompaña sobre los temibles abismos de la noche. Si tiene la gracia de estar unido con el propio Maestro radiante, está enterado de la influencia del Maestro sobre los vuelos nocturnos. La aura del Maestro ampara a su protegido durante el día y en la noche su forma radiante lo ampara contra los terrores de la intrusión psíquica.

Cuando un hombre encuentra un ángel en sus sueños nocturnos ve y se pone en contacto con la polaridad femenina del ángel. Como el hombre es la consciencia masculina de la tierra, atrae y hace contacto con la polaridad opuesta de la mujer para el equilibrio de la polaridad; así también el ego masculino atrae en la noche su polaridad opuesta, la fase femenina del ángel. En contraste, la mujer de la tierra atrae la polaridad masculina del ángel mientras duerme o sueña.

En sueños uno podrá encontrar muchos ángeles en grupo. Es el caso por ejemplo, cuando alguien percibe ciertos dramas, como ver a una persona entrando en la muerte, un niño muriendo o una persona que sufre un accidente. En un sueño se pueden percibir la compañía de ángeles agrupados alrededor de un alma en el estado de transición o temor durante la muerte o cerca de la muerte. También se puede ver grupos de ángeles cuando alguien sufre suspensión entre la vida y la muerte al tener accidentes graves en el mundo. En los sueños se ven a los ángeles protectores derramando las vitalidades de sus átomos angelicales en el alma atrapada entre la vida y la muerte.

En sueños uno puede ver almas que adquieren la forma del consciente de su ego en las matrices natalicias. Puede ver a los ángeles que examinan estas fuentes de nacimiento y ver también que los ángeles ayudan al que está por nacer para incorporar los poderes del alma a la mente que ha de usar en el mundo; liberando así las impresiones de identidad del ego de su vida anterior. También puede ver cómo el ego acepta o no la corriente de memoria ancestral en que habrá de nacer.

Los iniciados en sueños descubren en la noche que muchas personas nacen en este mundo para iluminar a otros. Además, en la noche se dan cuenta de que el Angel de la Guarda se encuentra siempre como mediador entre el alma del hombre y el gran número de ángeles que sirven a la humanidad.

Ninguna justicia del hombre se puede comparar con la justicia de la ecuación de Dios. Su orden, Su rectitud y Su merced existen en el estado soñante del consciente y se manifiesta no solamente cuando se duerme, sino también durante el día.

El hombre se duerme voluntariamente relajándose para dormir. Ha sabido durante muchísimas eras y épocas que el sueño es una necesidad y un proceso natural, que el soñar es una manera de comunicar y que revive la energía del alma, dándole providencia y opiniones aceptables al estar despierto.

El soñar es una función esencial y vital que Dios nos ha dado para impartir proporción a Su mundo con racionalidad, con aceptación. Para aquellos que no creen en la extensión de la consciencia por medio de los sueños, la vida es tan solo una partícula de la consciencia contenida en las torpezas exteriores de la perplejidad. Los que mueren al mundo físico, sin comprender la extensión de la consciencia en los sueños, tienen que encontrar despúes de la muerte este vacío causado por su propia poca atención.

EL ANGEL PERSPICAZ

Cuando un discípulo o iniciado se prepara para el viaje hacia la luz necesita traspasar las barreras raciales o inclusiones de los controles raciales. Debe descubrir en sí mismo al morador racial o cuerpo sombreado que ha tenido en muchas vidas pasadas. Esta acción del morador racial hace que el iniciado conozca al Angel Perspicaz o ángel representante retribuidor de la raza de donde el discípulo ha venido. El trabajo del Angel Perspicaz aumenta en la raza los tabues que controlan los aspectos más graves de culpabilidad de las razas. Los tabues constantemente se presentan a la mente de todos los profetas, sacerdotes y gobernantes de toda raza. En este tiempo los ángeles protectores de los cuatro cuerpos del iniciado se apartan a un lado, permitiendo al Angel Perspicaz su entrada al subconsciente o a la acción "quelle" de la mente y de la consciencia del iniciado.

El trabajo del Angel Perspicaz es eliminar las posiciones instintivamente firmes, tanto mentales como emocionales de confiar en la raza, desafiando la fortaleza y la debilidad de todos los vínculos humanos. Cuando se haya eliminado el último vestigio de racismo y egoismo, el Angel Perspicaz sale de la esfera áurica del iniciado dejándolo bajo la protección de sus propios amabilísimos ángeles, quienes han estado temporalmente inactivos, para que puedan efectuar el trabajo de limpiar y aclarar. Durante este período el iniciado evalúa, por medio de sus sueños, sus sentimientos y pensamientos acerca de la familia, los parientes, los niños y su cónyugue. Todos estos grupos registran su sentimiento de seguridad en la tribu, la raza y la familia. Todo iniciado tiene que dejar de depender de estos innatos enlaces instintivos para poder vivir según el molde de pensar de Jesús, quien fue "Avatar Mundial" para todos, para que todos puedan llegar a ser uno en Dios.

LA LECTURA DEL REGISTRO AKASICO EN SUEÑOS

El mundo occidental ha reprimido los conocimientos, la investigación y el testimonio de la verdad sobre la reencarnación. Por eso, los archivos del alma o "registro akásico", relacionado con vidas anteriores en el mundo actual se tiene que interpretar o encontrar en los sueños.

Carl Jung, el famoso científico psicoanalista, casi encontró la clave de la reencarnación por medio de sus obras y su investigación sobre los sueños. En sus memorias menciona casi haber descubierto la clave para conocer reencarnaciones pasadas a través de la vida de sueños de uno de sus pacientes.

Todos aquellos que creen en las leyes de la reencarnación y del karma son más propensos a ver el panorama total de la vida tal como es. Por lo general estas personas guardan un diario de sus sueños para poder estar cerca de todas las situaciones, ya sean dormidos o despiertos.

Con frecuencia el ego occidental se llena de un sentido de culpabilidad o de un concepto de pecado con respecto a la creencia en la reencarnación. Es muy interesante ver que estas personas, al ponerse en contacto con, o al ser aceptadas por un Maestro o gurú quien comprende la habilidad superior de la psique en los sueños, perciben en los sueños pruebas poderosas e infalibles de vidas pasadas. Los dramas de los registros akásicos experimentados en sueños por tales egos ya están listos, esperando entrar en la consciencia externa. Hay un principio de coincidencia funcionando en sus almas y en sus vidas que los prepara para una mejor comprensión y una identificación más fácil de su verdadero ser.

Es una gracia encontrar a uno que verdaderamente comprenda e interprete los símbolos claves de los sueños. Hay muy pocas personas en el mundo que pueden entender los símbolos de los arquetipos y liberar en los hombres las energías totales, mentales y emocionales en las capacidades de sus almas.

El aspecto más bajo del subconsciente y el aspecto superior del inconsciente le dan a cada persona el poder de recordar y el poder de olvidar.El aspecto censor bajo del "quelle" provee el poder de recordar. El aspecto superior monitorio del "quelle" o inconsciente superior provee el poder de olvidar o borrar. El inconsciente superior registra todas las fases de la memoria y determina lo que el hombre recuerda conscientemente de sus vidas pasadas.

El aspecto monitorio del inconsciente superior determina cuan mucho una persona puede soportar de sus emociones y pensamientos de su vida pasada. El monitor del inconsciente superior es también el mediador entre la mente objetiva y la mente "quelle" subconsciente.

En los sueños las vidas pasadas desean fluir al inconsciente externo. Aquellos no iniciados en el vuelo nocturno examinan sus sueños hasta el inconsciente externo por medio de una intensa acción emocional en la noche. Los que no comprenden los símbolos de reencarnación cargados de poder en los sueños creen que estos sueños son algún factor peculiar y desconocido en la naturaleza compleja del hombre. Tales egos reciben sus registros simbólicos de la reencarnación en una acción rebajada o transpuesta.

A veces uno que no está iniciado sueña con una vida pasada, apareciéndole el símbolo de una casa amueblada como en un tiempo y período previo. Frecuentemente la ropa que lleva el que sueña le es desconocida comparada con el estilo y moda del presente.

Los sueños de reencarnación son diferentes a los sueños relacionados con instrucción y corrección de la vida actual. En los sueños que van más allá de las corrientes astrales inferiores y afectan las emociones bajas, uno sueña que es de ningún sexo, ni masculino ni femenino. En los sueños de reencarnación uno puede identificar una vida en un tiempo antiguo y saber si era hombre o mujer en esa vida. Por su ropa, por sus actitudes y acciones puede reconocer, con ayuda del factor pictográfico del "quelle", las debilidades o las cualidades de su polaridad.

Los sueños de reencarnación vienen al iniciado precisamente durante el período en que tiene necesidad de incorporar en la vida actual las imágenes y actitudes mentales y emocionales de una o más vidas pasadas.

Cuando una persona llega a los 35 años de edad, comienza a relacionar su consciencia con la consciencia que usó en vidas anteriores. La absorción de sueños de reencarnación es iniciatoria y afecta la vida exterior y vida actual.

Cada siete años después de cumplir los 35, uno debe absorber en la consciencia eterna u objetiva parte de la consciencia que usó en vidas pasadas. Así es como Dios mantiene un equilibrio entre la karma de vidas pasadas y la karma del presente.

De los 35 a los 42 uno debe absorber las actitudes religiosas y espirituales de vidas pasadas. En la vida de los sueños se pasa por tres fases de experiencia: (1) si tiene alguna tendencia ateísta tal vez recaiga en la resaca de su incredulidad ateísta; (2) puede ser alzado en la cresta de una ola kármica para experimentar dimensiones más amplias de la realidad en cuanto a sus motivos personales; (3) es investigado y sacudido para ver lo que sabe de su ser interior.

El cuadragésimo segundo año es crucial en la vida externa. Es cuando uno siente satisfacción por lo que ha podido lograr o desasosiego por sus fracasos. Las advertencias del "quelle", llamadas samskaras, en la base del cráneo, hacen presión hacia arriba, derramándose sobre el nivel protector del inconsciente superior hasta la mente exterior. Cuando el karma es pesado, la edad de los cuarenta y dos años lo es también para el para el subconsciente. En este tiempo se mezclan los motivos y las aptitudes de la vida actual con los impulsos de las vidas pasadas fermentándose dentro de la naturaleza subconsciente.

En el plano físico durante estas iniciaciones en los sueños, uno siente mucha inquietud externa, se analiza a sí mismo y encuentra desagrado en sus pasados, ya que está siendo externa e internamente confrontado con habilidades, talentos y deseos de vidas anteriores.

Entre los 42 y los 49 años la persona desea en sueños retroceder puerilmente a los deseos incumplidos durante su niñez en esta vida. Tiene el peligro de despertar primitivos deseos psíquicos en su naturaleza emocional. Si en el karma de vidas pasadas tiene codicia, lujuria, violencia u odio, tales se manifestarán en su consciente físico. Con frecuencia hay quien pierde contacto con sus instintos protectores básicos que dan sustento al carácter y se crea nueva karma y más dolor en esta vida.

Los sueños de estas personas son misteriosos, activos, temibles, increpantes. En algunos casos, si no ha expresado la vida espiritual en esta vida, la persona podría llegar a ser externamente otra entidad por completo, eclipsada por un dominante recuerdo de una vida pasada. Una caracterización dominante de una compulsión de una vida puede temporalmente echar a un lado los aspectos buenos y verdaderos que hasta entonces fueron los motivos usuales y aceptables de la vida actual.

Sólo ahora el hombre comienza a comprender la importancia de una continuidad obligatoria en la corriente de los sueños en relación con el consciente externo. La psiquiatría y la psicología todavía tienen que comprender que la vida de los sueños sin la intervención del consciente produciría su ausencia en el soñador. También es necesario que se comprenda el tema vital de racionalidad en la secuencia y en el progreso de los sueños. Especialmente tiene que comprender que la actividad después de los sueños continua automáticamente en el consciente y en la acción de la vida externa.

A medida que los hombres llegan a ser conscientemente más complejos, por medio de presiones, amoralidad, egoismo y más indiferentes entre ellos en la edad del "propio génesis", necesitan cultivar y comprender más la ciencia del soñar. Sin comprender las señas, signos, símbolos y vocabularios de la reencarnación a través de la interpretación de los sueños, nadie podrá alcanzar el verdadero procedimiento para comprender sus sueños.

Mientras se quiera interpretar los sueños a partir del consciente externo en lugar de hacerlo a partir del consciente interno hacia el externo, seguirá siendo despreciativo y fatídicamente materialista.

Los símbolos de los sueños son tesoros grabados por el consciente eterno que domina en todas las fases del consciente humano. Tener acceso al vocabulario relacionado con el origen eterno del hombre, con su origen primitivo y su origen natural, y poder reconocer los símbolos del consciente, es mantener libres los estados progresivos del soñar.

El recuerdo espasmódico de los sueños, aunque resulta ser doloroso, puede producir terapias soporíficas temporales que proporcionan a la consciencia cierto alivio y reposo.

El método que la ciencia está usando ahora para producir los sueños artificialmente es dañino. En el estudio de los sueños se descubre que ciertas drogas suministradas para producir datos y estadísticas son engañosas y dañinas para el equilibrio esencial del ego.

La única manera verdadera y correcta de producir una secuencia progresiva y ego equilibrada en los sueños es por medio del uso de mantrams antes de dormir, oraciones y meditación. Las membranas etéricas del "quelle" que son kármicamente energetizadas pueden romperse y abrirse prematuramente por cualquier forma de investigación manipulada mientras se encuentre bajo la influencia de drogas o estimulantes externos.

SUGESTIONES DE ALTO GRADO

El aspecto inferior del "quelle", o funcionamiento del subconsciente inferior, sirve como depósito para el karma latente. A veces el iniciado se encuentra desprevenido cuando el "quelle" suelta los sedimentos de viejos pecados o acción kármica dentro de la acción desprevenida de su consciencia externa. El sedimento kármico presente en el"quelle" inferior se puede desvanecer tomando a tiempo la acción de las sugestiones de alto grado. Afortunado es aquel que conoce las técnicas de cómo transponer y utilizar el sedimento kármico.

Las sugestiones de alto grado se deben usar al decir correctamente los mantrams, al visualizar correctamente, al emitir correctamente los sonidos tonales (como el OM) para disolver y limpiar el bronceado lago de la pasión que trata de desempañar el deseado estado desprendido y despasionado de la mente y de los sentimientos.

El purificante lago cristalino de la transcendencia está centrado en el consciente superior. Este recibe, registra y transciende los desbordes sobrecargados usando un aspecto correctivo de la resaca de karma en el subconsciente inferior o "quelle" inferior.

El lago de bronce en el "quelle" inferior, situado en la base del cráneo, contiene todos los sentimientos y pensamientos negativos de las vidas pasadas. Durante la meditación el lago de bronce se torna claro, ambar líquido de color claro hasta que el sedimento en el fondo es agitado debido a deseos impropios en la vida actual y en vidas pasadas. Cuando se estimula demasiado el lago bronceado de "quelle" es como un fuego líquido de "prana" que se quema a veces como un ácido mental, a veces como calor seco afectando las pasiones y los deseos. Una superabundancia de karma enviada al consciente superior sin su consentimiento puede causar un choque en todo el principio integrante que da soporte a la consciencia externa. Cuando el inconsciente superior no puede organizarse inmediatamente o no puede ajustarse al flujo excesivo kármico del "quelle" inferior, puede producirse un resquebrajamiento del ego.

Cada siete años después del trigésimoquinto cumpleaños, todos aquellos que están sensibilizados espiritualmente sufren las iniciaciones mayores. Las iniciaciones mayores invocan las viejas condiciones kármicas. Uno tiene que preparar el consciente superior para recibir el flujo sobreabundante del "quelle" inferior haciendo positivo su fluir rítmico en la meditación; también uniéndose al proceso elevado de la imaginación de la nueva acción centrada en la parte delantera del cerebro. Esto se puede hacer al usar mantrams o sugestiones de alto grado; también haciendo ejercicios de concentración.

Los viejos o primitivos procesos del cerebro evolutivo están bajo el mando del quelle inferior. Todos los procesos nuevos del cerebro funcionan con el inconsciente superior por medio de los lóbulos frontales del cerebro. Cuando uno medita funcionan las octavas altas de la acción mental. Por medio de la meditación la mente logra lo que se llama hoy en día el tono alfa. Esto es la mente en Cristo. A partir del pensamiento de Jesús el hombre ha impulsado el desarrollo del cerebro como el centro físico de su más elevado pensamiento.

Usando los mantrams antes de dormir y con procesos curativos de mediación, se puede potenciar al inconsciente superior y abrir canales para una nueva mente. El punto de origen de la mente nueva está entre las cejas. Así, durante la meditación uno comienza a visualizar el amor en el corazón y a subir la luz hasta el punto del portal de estrellas entre las cejas. Podrá así hacer contacto con el *Tercer Ojo*.

LOS SUEÑOS Y LAS SIETE CAPAS DE ETER EN EL OJO

Observando la reacción física del soñador a los sueños provocados, se ha descubierto que durante cierto período del sueño se da un movimiento en el ojo. Todo científico espiritual comprende y usa a la perfección los procedimientos visionarios del ojo. El ojo físico es el centro del consciente de sí mismo. El iris del ojo incita a la voluntad a ver o a percibir visiones. El alma permite a la persona que ve ser testigo de su mundo interno.

El ver con el ojo físico todavía no está bien desarrollado en el mundo. El ver con el ojo espiritual ha sido un instrumento perfeccionado desde que el hombre llegó al mundo. Aquellos que han conservado el recuerdo de la visión del cosmos tienen el poder de ver por medio de visiones, sea que estén despiertos o dormidos.

La visión en el día y en la noche se puede recobrar por medio de los procesos de la iniciación. El tercer ojo permite al hombre ver internamente y hablar de visiones internas, usando el ojo físico en el día y en la noche.

La mente y la visión están unidas entre sí. El iniciado de la luz o psíquico solar está siempre en contacto con el tercer ojo.

El iris del ojo físico tiene siete capas de éter: la primera es un anillo de éter influenciado por los planetas; la segunda es un anillo opaco influenciado por la luna; la tercera es un anillo interior influenciado por la clorofila y las plantas; la cuarta es una capa de éter influenciada por la "akasia" y por el "fluído akásico"; la quinta es una capa de éter que sirve de lente fotográfico y que registra todo lo que se ve y lo que se ha visto en el mundo físico; la sexta es una capa de éter que tiene correlación con la iluminación del alma; la séptima es una capa de éter que registra todo lo visto dentro de los planos internos y en la tierra y aísla el recuerdo de lo que se ha visto hasta que la mente y el corazón estén listos para recibir lo que se ha observado con la visión y la vista.

Cuando en un sueño se activa la primera capa de éter en el iris del ojo, uno ve la acción planetaria que afecta su suerpo etérico menor, y se entera más del efecto que tienen las constelaciones del sistema zodiacal sobre su cuerpo etérico menor. Si hay acción planetaria negativa en la noche, despertará en la mañana con aprensión, ya que habrá visto en el sueño los aspectos negativos de los planetas afectando sus acciones ese día. Según progresa en sus iniciaciones discernirá los efectos benéficos de los planetas sobre su cuerpo etérico mayor. Al despertar, a veces puede recordar haber sido enterado o instruído durante la noche acerca de los planetas, las estrellas y el universo. Cuando se tiene la gracia de ser entrenado de esta manera, se convierte en astrónomo-soñador contemplando el universo de Dios.

Cuando se activa la segunda capa de éter en el iris del ojo durante el sueño, se observa la esfera reflejada de la luna. Se estudian sus emociones y sus deseos. Contempla las formas fantasmagóricas de seres angelicales que habitan la esfera *reflejada* de la luna, situada en la orilla exterior de la faja magnética de la tierra. Cuando la capa lunar de éter en el ojo está activa, uno ve todo lo del mundo físico místicamente por medio de sus emociones y se comunica con otros a través de sus emociones.

La tercera capa de éter del ojo literalmente habilita al soñador para que rejuvenezca su cuerpo etérico menor y su cuerpo físico con las potencias curativas de la Naturaleza. Determina, ve y extrae el fuego de la clorofila en el reino de las plantas y se introduce al cuerpo esencias vivientes. Despierta con vigor, fresco y sano.

En la cuarta capa de éter el iniciado viaja para ver o leer los archivos relacionados con la memoria del alma. Abre su visión al registro de su propia vida y al registro de la tierra y su acción. Si está sumamente desarrollado, también podrá ver y estudiar los registros de la memoria de vida de otros.

Cuando se activa la quinta capa de éter en el ojo, el iniciado se ajusta al recuerdo de cosas del pasado. Las considera y las compara con los eventos del presente. Si tiene gracia, este aumento de la vista o visión le permitirá obrar con más perspicacia. Un sentido de justicia penetrará su ser en sus obras externas. Tratará de vivir dentro de la ley de la ecuación de Dios.

Cuando la sexta capa de éter en el ojo no está restringida, el iniciado contempla todo el mundo físico con la objetividad de la cuarta dimensión. Contempla los rarificados planos celestes y los verá en sus dimensiones infinitesimales. Cuando la sexta capa de éter en el ojo se aviva, el soñador funciona como vidente, como profeta, como iluminati.

La visión del soñador se expresa en la séptima capa de éter cuando une su visión a la visión combinada de las presencias del cielo y los ritmos de la revelación. Une su propia sabiduría al "arquetono", al logos silente o corriente del sonido en el Reino del Arquetipo. Aunque su mente interna registrará lo que ha visto, no podrá hablar de lo que ha visto, hasta que el Espíritu Santo le dé la señal para que pueda revelar y hablar de ello.

Aquellos que no ven hacia dentro dependen totalmente de lo que ven en el mundo físico. Estos hombres son como ciegos. Más allá de la vista física, de los conocimientos físicos, hay mundos manifiestos para aquel que ha desarrollado durante siglos la visión y los conocimientos internos.

Cuando la acción de la luna en la noche absorbe las presiones gravitantes del día, se liberan los éteres vitales que soportan la vista o la visión en el cerebro. Por más que se dependa del sentido físico de la vista en la luz del día, al bajar el sol se tiene cierto sentido de visión en la noche. En los sueños se tienen visiones que no se contemplan en el día. Después de tener visiones en sus sueños, el iniciado entra gradualmente a un mundo ampliado de verdad y realidad. En los niveles más elevados de los sueños uno descubre que es parte importante de un mundo eterno. No importa en qué estado esté su vida física, por medio de sus sueños descubre que él es importante en la vida integral.

SUEÑOS DE INICIACION Y LA LUNA

El ego es la centralización de la individualidad. Cuando la luna sale al atardecer, se disminuye la voluntad de la personalidad y la individualidad predomina en la mentalidad y dentro del alma. Esto ocurre al atardecer cuando los rayos del sol se alejan de la tierra.

Durante el sueño nocturno, cuando la luna está en *el signo de Aries*, el iniciado es probado por impulsos belicosos y hostiles. Ve la cara de su adversario; y si se ha ganado la gracia, está protegido contra los eventos irritantes y desafiantes del siguiente día. Durante el día, cuando la luna está en Aries, el iniciado es probado en su capacidad para dirigir. Si le queda algún vestigio de codicia, o algún deseo de imponer su voluntad sobre otro, lo expresará. Entonces debe cuidarse de cualquier forma de fuerza o presión. No deberá forzar las situaciones, ni sujetarse a la presión o a la fuerza de cualquier lugar o persona. En todo momento debería tratar de mantener su equilibrio, su serenidad emocional y mental.

Cuando *la luna está en Tauro*, el iniciado puede investigar durante el sueño su historial de administración de posesiones y personas. Su Angel de la Guarda le mostrará si siente envidia por las posesiones de otros o si tiene una actitud equilibrada en cuanto al ganar y al dar. Después de estas iniciaciones, en las horas del día expresa ocultas actitudes de codicia y envidia relacionadas con objetos, posesiones, cosas, dinero, el gastar, prestar, ahorrar y dar. También se da cuenta de su dependencia kármica en personas y sus posesiones.

Cuando *la luna está en Géminis*, durante el sueño nocturno se amplía la fase analítica de los pensamientos, y uno es juzgado sobre su naturaleza mundana y su naturaleza espiritual. Su Angel de la Guarda le muestra cómo mezclar o combinar estas dos cualidades dentro de sí mismo. Debe estar alerta durante sus acciones diurnas, porque se le presentarán ciertas pruebas relacionadas con palabras no sinceras, crítica de otros, descontento, inquietud mental. Durante este tiempo tiene el peligro de ser quien divida o separe. Debe estar alerta para ser mediador y no separador. También debe ver lo bueno y no lo negativo.

Cuando *la luna está en Cáncer*, el iniciado desciende durante el sueño hasta su memoria subconsciente. Toca el molde del mundo o matriz de nacimiento del mundo; se inspira en la memoria del nacimiento de las humanidades. En la noche pone en acción la corriente de nacimiento de memoria ancestral dentro de sí mismo. Toca la influencia femenina sobre la humanidad. A veces investiga el historial de las injusticias que se le han hecho. En el día, cuando está en el signo de Cáncer, no debe someterse a ninguna forma de lamento por sí mismo. Durante este tiempo no debe culpar a otros por su situación. Debe darle gracias a Dios por su gracia, por lo bueno y por la gracia de todas las almas. En las horas del día debe hacer promesa de rezar por la curación de aquellos que se engañan a sí mismos. Debe pedir el poder para que pueda usar el aspecto más elevado de su servicio y su compasión. También debe rezar para que el magnetismo que emana de sus emociones sea inmaculado.

Cuando la luna está en *el signo de Leo*, aquel que tenga la gracia se unirá con el poder del alma de sí mismo y con las almas elevadas de la vida interior. Y así ampliará el poder de la magnanimidad y la iluminación. También podrá leer el registro de su propio propósito, si es que está influenciado por el orgullo de hazañas personales o la gloria de logros para Dios. La iniciación lunar le permitirá ampliar durante el sueño su periferia espiritual, y extender el alcance de la acción de su cordón de plata. Si tiene orgullo falso o alguna falta de ética durante las acciones diurnas, será amonestado por medio de algún evento o fuente externa. Esta es una lección de humildad, que le rebajará la autoridad que se ha impuesto por sí mismo. Si se hace merecedor de gracia en este período, recibirá responsabilidades adicionales. La manera como acepte estas responsabilidades determinará el grado de autoridad que le será otorgado por las autoridades superiores del cielo. Durante este período debe tratar de ser sincero consigo, y reconocer que es un frágil receptáculo sin carácter que confía totalmente en el Padre que está dentro de él y en la voluntad de Dios.

Cuando la luna está en *el signo de Virgo*, el sueño puede ser espasmódico, inquieto porque hay tensiones diurnas que hacen presión sobre la acción mental de la noche. Durante las horas nocturnas de este período, uno se encuentra cara a cara con su mundo pensante, con sus impulsos sexuales puros o impuros. Si se tiene la gracia, el Angel de la Guarda lo lleva a contemplar el tesoro de Dios o Su abundancia de riquezas. Aprende la diferencia entre sembrar y cosechar. También percibe la necesidad de tener discriminación al pensar y al actuar. Durante este período, si está pasando por una acción iniciatoria especial, evaluará sus pensamientos matizados por el sentimiento, y descubrirá que tener apegos influenciados por la tradición del hombre causan dolor. Por lo tanto, durante este tiempo se ganará la lección de usar su mentalidad de manera casta. Cortará el nudo Gordiano de su manera incierta de pensar. En la acción diaria comenzará a apreciar lo que es verdad por ser la verdad. Si es padre, tratará de ser amoroso, tierno, justo, sabio y discerniente con su hijo. Dios se servirá de él para hacer justicia apropiada a su debido tiempo. Si la iniciada es madre, tendrá más consideración del valor de su hijo que de las irritaciones insignificantes que forman una barrera entre ella y el amor que le desea dar.

Durante el sueño, cuando *la luna está en Libra*, hay una actividad marcada en el ego. El iniciado reflexiona sobre los motivos y con frecuencia juzga sus propias acciones.

Si la luna llega a estar en Libra un Viernes en la noche, se tiene una iniciación especial de Venus. El que duerme y sueña se confronta con lo largo, ancho, alto y profundo de su amor. Si está sumamente avanzado, los santos claustros lo curarán y lo ungirán. Si es un individuo rebelde, se verá expuesto al historial de sus errores, y despertará en la mañana agobiado por culpabilidad. Sin embargo, si tiene sentido de justicia, atenderá en el día a lo que el Angel de la Guarda le haya dicho en la noche.

Cuando la luna fija su luz en el *signo zodiacal de Escorpión*, el soñador es desafiado en relación con el sexo y la propagación de la especie. Si durante el día ha usado el aspecto más bajo de su temperamento, como represalia, dominación y venganza, en la noche estará expuesto a fuerzas estridentes del mundo sutil. Luchará contra estos representantes rebeldes de su naturaleza inferior. Pero si ha nacido con la cualidad de perdonar, con admiración por obras honradas, será fortalecido. Se aclarará su vocación y se mitigarán algunas de las barreras que encuentra durante el día. Despertará en la mañana con un propósito claro y su dedicación no tendrá desvío.

En la acción lunar *Sagitariana*, la instrucción nocturna revela al soñador su dependencia de otras personas. Se le da a comprender que no está sólo, sino que depende de aquellos que lo acompañan en su mismo ritmo del destino. Si tiene gracia, en las horas nocturnas descubrirá que debe aferrarse a la lealtad, la fidelidad y la ética. Las imágenes de sus sueños le revelarán ciertas fórmulas rituales en la religión y se unirá con los poderes de los Angeles Querubines por medio de la poesía y la música. Se le presentará su sueño con sonidos musicales y palabras poéticas. Despertará resuelto a emplear su instrucción simbólica con audacia y realidad durante el día.

Cuando la luna está en el *signo de Capricornio*, el Angel de la Guarda de aquel que tenga gracia le muestra la mesa de Cristo con un mantel blanco, y también la vasija y la toalla que usó Jesus para lavar y secar los pies de sus discípulos. En esa noche el soñador ve el mismísimo núcleo y corazón de la humildad. Si tiene una pizca de arrogancia o imposición de su voluntad, despertará con irritabilidad y remordimiento. Si tiene verdadera devoción a obras desinteresadas, en lugar de deseo por poderes ejecutivos, despertará con una redoblada dedicación de espiritualizar su servicio como humilde maestro creador de la obra divina.

Cuando *la luna está en Acuario*, aparece el Angel de la Guarda de aquel que sueña y le enseña el otro aspecto del delirio, la fantasía y la irrealidad. Se le avisa que durante el día deberá usar su recelo con practicalidad, ética y devoción. Si se ha mal aprovechado de alguien, El Angel de la Guarda le advertirá que debe volver a tener ética y consideración. Cuando la luna está en Acuario, el iniciado podría encontrar las magnéticas y energetizadas corrientes de la estratósfera astral. Si esto ocurre, al día siguiente su cuerpo etérico menor estará psíquicamente sobrecargado. Debe estar precavido contra caídas y accidentes después de estos desafíos irritantes y agotadores. Si tuviera la gracia de llegar más allá de las corrientes energetizadas de la estratósfera astral, contemplará en Braille las impresiones etéricas de futuros sucesos. Se comunicará con los Guardianes Superiores o Iluminati quienes poseen los tesoros desconocidos o inventivos que esperan llegar al mundo. Si uno ha usado con reverencia los conocimientos telepáticos de los mundos superiores, al despertar recordará las horas nocturnas, utilizará y hará fórmulas de la instrucción que recibió mientras soñaba.

Cuando *la luna está en Piscis*, el que sueña, al despertar, podría recordar las subconscientes regiones caóticas que ha visitado en la noche, ya que cuando la luna está en Piscis, el iniciado que sueña está expuesto al molde subconsciente de la memoria de la humanidad. En estas noches el que sueña se acerca a la fase oculta de las emociones y deseos ilícitos del hombre. Ve el lado oscuro de la dualidad; le es revelado el lado sutil de su propia personalidad. Si ha ganado poderes de ministerio nocturnal, visitará etéricamente instituciones penales y hospitales. Verá la parte oscura de los historiales de las almas que le han hecho daño con mala voluntad. Verá el lado oscuro del historial de su propia alma. Cuando sueña así, le acompañan su Angel del Registro y su Angel de la Guarda, quienes lo ayudan en esta experiencia y también lo protejen de ser consumido por el desaliento, o de quedar impresionado e influenciado permanentemente por lo que ha visto en la noche y luego recuerda. En la acción diurna el iniciado soñador comienza a ver a los hombres con ojos de merced y compasión. Decide ayudar a sus semejantes a superarse, a vencer el aspecto sucio y vil del deseo y la sensualidad. La curación que se administra en estas noches, con la luna en Piscis, es una curación poderosa de merced y gracia.

CURACION Y LAS ELEVADAS ENERGIAS EN LA NOCHE

Las energías solares alimentan y dan sustento a las energías elevadas del cuerpo etérico menor. Cuando el iniciado espiritual respira las energías solares elevadas, recurre a una tercera vitalidad. Las corrientes de su aspiración y su exhalación estarán bajo el mando del cuerpo etérico elevado. Con movimiento circular en sentido de las manecillas del reloj, esta tercera vitalidad funciona sobre los órganos del cuerpo, en particular sobre el corazón. Por medio de la energía elevada solar dentro de la respiración en la tercera vitalidad, el iniciado puede lanzar su cuerpo etérico fuera del cuerpo físico. Si tuviera mando consciente sobre esta vitalidad podría salir de su cuerpo en espiral, entrando en el ministerio nocturno con conocimiento y cognición.

Todos los grandes adeptos usan la respiración elevada solar para disminuir el latido del corazón durante la enfermedad, para así poder tomar parte de los reflejos regenerativos dentro del cuerpo etérico menor. El adepto sabe que durante la enfermedad la vitalidad regeneradora solar cura y sensibiliza; la vitalidad lunar alivia, regenera y purifica.

Cuando uno está enterado del uso espiritual de las energías elevadas solares, se vuelve curador bajo Cristo. Cura con el sol espiritual. Todas sus cualidades luminales de la luna, sus cualidades elevadas del subconsciente subliminal y sus cualidades es-pirituales reveladoras llegan a ser un cuerpo incandescente, autoritativo y curativo para Cristo. El ministerio curativo diurno y el de la noche serán iguales cuando uno adquiere la respiración de la tercera vitalidad.

Por medio de los sueños, al iniciado se le enseña cómo "entrar y salir", o sea, hacer vuelos nocturnos estando completamente consciente y volver al cuerpo físico recordando todo lo que percibió en la noche. El iniciado tiene acceso a su "historial akásico". En la noche mientras sueña, le enseñan en los planos interiores cómo regenerar su cuerpo físico para que pueda soportar las pruebas del día, y cómo regenerar el cuerpo etérico elevado volviendo al manantial de las llamas blancas de la luz solar elevada cada noche durante el sueño.

Todas las células y los órganos del cuerpo están en movimiento. Este movimiento incesante tiene correlación con el movimiento del sistema cósmico que soporta toda la vida orgánica y con el ritmo del sistema cósmico que soporta la vida espiritual.

Para ser un "avatar" iluminado para Dios, uno debe pensar y vivir en las vitalidades de luz en el día y en la noche. Su luz será superior donde hay obscuridad física; donde hay ignorancia, la luz en su mente será un receptáculo omnisciente emanante de luz.

La causa de todas las enfermedades es el desarreglo de las energías: toda curación se manifiesta por medio de la reorganización del molde de distorción de energía que causa las enfermedades. Esto puede ser posible por medio de oraciones, meditación y mediación en la luz.

Buena salud engendra coordinación, simetría y armonía. Cuando el miedo a las enfermedades persiste en los pensamientos durante el sueño de la noche, el durmiente se aleja de la luz. Cuando la salud se rehabilita durante la noche, el cuerpo se siente vigorizado en la mañana y uno vuelve al día con nuevo vigor, nueva vitalidad.

Para rehabilitar la salud, o para revocar la enfermedad, el iniciado del ministerio nocturno es iniciado en las vitalidades solares elevadas que dan soporte a su cuerpo eterno. La luz que se recibe en la noche para la salud viene a ser un magnetismo sagrado en el día. Este magnetismo, cuando sustentado por puras energías solares, cura.

NIVELES DE SUEÑOS:
PROCEDIMIENTOS INICIATIVOS EN LA NOCHE

El Reino Arquetipo (Espiritual)
El Cristo.
Arcángeles. Angeles del Logos.
El Espíritu de la Verdad.
Los Arquetipos Elevados (o el Verbo Inmanifiesto).

El Reino de Luz (Espiritual)
El Señor Jesucristo y Sus Discípulos. Los Angeles Celestiales. La iniciación en sueños en el Reino de la Luz es muy rara y sólo la tienen los discípulos telepáticos perfeccionados o los discípulos cósmicos.

Esferas de Luz (Espiritual)
Los Grandes Inmortales Maestros. Los Angeles Terrestres, Los Serafines y Los Planetarios. La Sala de Sabiduría. La iniciación en Sueños en la Esfera de la Luz tienen sólo los servidores nocturnos perfeccionados o aquellos que hayan dominado los niveles astrales menores y la Octava Esfera o grandes pruebas del abismo preparadas por Satanás.

El Séptimo Plano Astral (Nivel Sagrado)
Devas o Seres Resplandecientes.
Buda.

Bodhisattvas.
Hombres sagrados.
Los Iluminati.

El Sexto Plano Astral (Nivel Profético)

Certezas Proféticas. Comunión con los Santos.
Sala de Aprendizaje.
Los Hermanos Blancos.
Los Muertos Ascendidos.
Los Querubines.

El Quinto Plano Astral (Nivel Iniciativo)

Iniciación al plano abstracto del mundo astral. Contiene las fórmulas reflejadas correlativas a los Arquetipos Mayores en el Reino Arquetípico. Un plano umbral en preparación para entrar a los niveles superiores. Los Laberintos o Pabellón de Luz.

El Cuarto Plano Astral (Nivel de Recuerdos de Archivo y Registros de Encarnación)

Para hacer alineamiento con el Reino de los Serafines y los Querubines, Maha Chohan, Melchizedek, Antiguo de Días y los Grandes Rishis, el discípulo debe dominar los tres astrales menores. Al hacerlo, recibe el poder de investigar los Recuerdos del Archivo y el Registro Akásico o de Reencarnación. El principio de las pruebas mayores del abismo.

El Tercer Plano Astral (Nivel del Deseo, Felicidad y Paraíso)

Para dominar el nivel del deseo, felicidad y paraíso uno debe deglamorizar el deseo; su deseo debe correlacionarse con su verdadera necesidad tal como la ve "El Padre Nuestro que está en los cielos". Los Muertos Transitorios están en este nivel. Fenómeno e ilusión. Posibilidades proféticas. En los primeros tres planos astrales, uno sufre las pruebas menores del abismo.

El Segundo Plano Astral (Nivel de Fantasía y Purgatorio)

Para dominar el nivel de Fantasía y Purgatorio en los sueños tiene que haber organización en el pensamiento y la habilidad de racionalizar el Plan de Dios.
Los Muertos no ascendidos están en este nivel.

El Primer Plano Astral (Nivel Grotesco)

Cascarones sin encarnación. Entidades sutiles. Sub-elementales. Para dominar el nivel Grotesco en sueños, uno tiene que tener una fé perfecta en El Padre y la en la imagen de Dios en el hombre.

Capítulo 3

EL SONIDO Y LOS SIMBOLOS EN LOS SUEÑOS

Cada vida es una piedra pura puesta sobre la estructura de un templo para mi alma. Cada día añado argamesa fresca al edificio para mi alma. Que nunca vaya a tener las manos vacías al terminar mi día.

CUATRO CLAVES SIMBOLICAS AL DRAMA DE LOS SUEÑOS

En la etapa presente del desarrollo del hombre, hay cuatro claves simbólicas básicas en el drama de los sueños: la primitiva; la doméstica; la individualista; la del alma y espiritual.

Primitiva. Los símbolos primitivos en sueños y en meditación representan el deseo de sobrevivir. Todos los símbolos primitivos proceden de asociación y memoria de génesis tribal que no se ha resuelto. Se perciben algunos de los simbólos primitivos como fuego, avalancha, nieve, iceberg, agua tumultuosa, el ahogo, los temblores. Incluídos entre los símbolos primitivos están los animales y los reptíles como serpientes, cocodrilos, caimanes, tigres y gorilas.

Doméstica. Los símbolos domésticos representan los alternados competitivos de ganar y perder. En los dramas de sueños de simbólos domésticos se investiga la integridad y el honor. Se magnifica y se mide el deseo de recibir la aprobación de la familia con los símbolos domésticos de los sueños. El sexo, el amor, la salud, el nacimiento y la muerte aparecen simbólicamente en los sueños al nivel de la simbología doméstica. El morador del átomo familiar o consciencia de la acción familiar también es investigado en sueños por medio de las simbologías domésticas.

Individualista o Génesis-de-Sí Mismo Inferior. Los símbolos de los dramas en los sueños al nivel individualista se activan con mentalidad inmadura, con frustraciones causadas por el egoísmo, y con una mentalidad cargada con poder impulsada por el ego. En los dramas de los sueños individualistas, uno es reprobado por su consciencia personal, magnificando y calculando sus defectos.

Génesis del Sí Mismo Superior o Alma Espiritual. Estos símbolos iniciativos de sueños aparecen cuando uno ha dominado los niveles inferiores del desarrollo de los génesis. Los símbolos espirituales y del alma en los dramas de sueños representan atributos celestes y asociaciones mediadoras, manteniendo el equilibrio entre los mundos físicos y espirituales. En la simbología espiritual y del alma, uno percibe sus sueños como instrucción y no con aprensión. El soñador contempla la belleza de los mundos elevados, y recuerda la conducta, las voces y las entonaciones de sus instructores nocturnos. Entra en ondas de revelación y observa sin miedo las visiones de la obscuridad. Recibe poderes ritualistas por medio de cierta comprensión de la clave de los sueños, para que esté protegido contra la obscuridad. Sus poderes espirituales en el día se aumentan en acciones creativas del día.

Todos los iniciados que pueden entrar a las atmósferas enrarecidas del espíritu usan sus conocimientos por medio de los verdaderos rituales del espíritu, siempre comenzando en los niveles interiores durante los sueños.

ESPACIO, TIEMPO Y SIMBOLOS

El espacio es el lienzo expansivo en que Dios ensancha y perfecciona Su diseño. Su diseño y su plan proceden por medio del tiempo. La mente objetiva o materialista todavía comprende muy poco del espacio y del tiempo. Los fundamentos de Dios son inalterables; sin embargo los efectos y los resultados de la creación procedente de Dios siempre están cambiando.

Los símbolos son las claves comunicables cósmicas que unen el espacio con el tiempo y permiten que las facultades intuitivas e iluminatorias del alma puedan dominar la mente para que el hombre pueda unirse con el diseño de Dios.

Los que todavía no están iniciados no han ganado la capacidad de recibir directamente las ideas más elevadas que sostienen la estructura de la creación. Ellos deben depender del lenguaje de símbolos mundanos que sirven de comunicación intermediaria con Dios.

Aunque el hombre nunca ha sido un animal, tiene ciertas características correspondientes que lo relacionan simbólicamente con el reino animal. Por lo tanto la primera iniciación en la simbolgía es por medio de símbolos animales.

Uno puede determinar por cuál grado de iniciación está pasando por los símbolos de sueños reflejados en pinturas de impresiones etéricas, y los símbolos que ve durante contemplación y meditación. Hay símbolos adecuados para cada grado de iniciación. Cuanto más sincera sea la dedicación y la pureza del discípulo, tanto más bello y positivamente creativo será el símbolo.

Musica

El deseo más grande de todos los iniciados es ponerse en contacto con la audible corriente de la vida, o los "arquetonos" que sostienen todo lo viviente. La corriente audible de la vida es la corriente de la vida, la corriente del sonido, la corriente espiritual de la palabra o logos que emana de los arquetipos más elevados. Jesucristo domina todos los arquetipos que sostienen la Mente de Dios.

El *Verbo* que se menciona en la Biblia es la vibración sin vibración o el sonido sin sonido. Unirse con el sonido sin sonido o la corriente de sonido en su estado sin vibración es unirse con el "Unico Supremo" incondicional, o Dios. *Oír* la audible corriente de la vida es unirse con el Dios condicionado, o Padre Nuestro que está en los cielos. Uno se une en algún grado con la corriente del sonido de lo celestial estando despierto y en sueños. *El Ser que se llama el Espíritu Santo libra la corriente del sonido de los grandes "arquetonos".*

La corriente del sonido que se percibe en los sueños es una música celestial que tiene un flujo centrífugo, o sea, hacía fuera, hacía el hombre. También tiene un flujo centrípeto, una música que sube hacía Dios con las oraciones de los santos, las obras de los ángeles y las súplicas de las almas en la tierra. En los sueños nocturnos estos dos flujos se mezclan y se tocan, haciendo presión en el oído interior del soñador. En sueños uno puede oír sus propias oraciones amplificadas, y se podría aumentar la realización de sus oraciones por medio de un santo contestando con palabras, o con la voz del Maestro hablándole en la oreja derecha interior.

En el estado exaltado del oído mental durante el sueño se componen muchas composiciones. Se recibe muchas directivas, consejos e instrucciones de anteproyectos por medio de la corriente del sonido o las músicas celestiales de la noche.

En sueños el tercer ojo interno es el instrumento de la visión. La vista en el día es parcialmente limitada o está unida con el registro y la visión del yo de la consciencia. El oído interno también está libre en la noche como un instrumento del alma. Cualquier cosa que el yo cree, sabe, confía o el que tiene fé, podrá recibir, confirmar, aumentar y escuchar en su oído interno. El oído es un instrumento receptivo. Llega a escuchar todo el cuerpo etérico, el cuerpo físico, el sistema óseo y la emanación que rodea el cuerpo etérico.

El oído como receptor y registrador cuenta con los cuatro sentidos de tacto, olfato, paladar y vista para expresarse como un vehículo entero y receptor. El oído también es un vehículo de sensación. Lo que uno oye en la noche o en el día depende de un deseo muy concentrado de saber, de aprender y de experimentar.

La sordera física externa no afecta al oído interno nocturno. Uno puede estar en contacto con el oído interno al estar despierto o dormido, sin importar su oído físico. Durante la meditación, se une con el sonido audible o la música celestial.

En las iniciaciones en sueños, al soltarse el cordón plateado del cuerpo, comienza el unísono con la corriente del sonido. Durante el vuelo nocturno tranquilo, el sonido llega a ser un océano flotante y ondoso o grandiosidad vibratoria. El sonido sube al cuerpo etérico elevado hasta su vuelo trascendente. En la iniciación nocturna la corriente del sonido permite a uno penetrar más y más elevado en las esferas de transición en vuelo.

La música celestial en la noche es curativa para el cuerpo que duerme. También es el vehículo para que la voz de Dios pueda hablar en el oído del hombre en la noche. La voz de Dios se oye en muchas voces diferentes — ayudando, instruyendo, evaluando y corrigiendo.

En el bajo mundo astral, los alcances de gravedad de la tierra y de los ritmos vibratorios bajos o subelectromagnetismos, bajan la tonalidad de la gran corriente del sonido. El que expresa la fase más baja de su yo (ego) puede sufrir una experiencia aterradora en el mundo astral inferior.

Cuando uno no puede liberar las facultades de los sentidos en el día, estas facultades se quedan cerca del vórtice de la chakra en la garganta, cerca del centro de la tiroides. Para estar completamente libre en la noche, es necesario rebajar la velocidad de la acción de los sentidos y las preocupaciones del día durante el sueño dentro del cuerpo etérico menor. Cuando una persona está preocupada antes de dormir, sus sentidos se agitan y se conmueven por las subelectrólicas tensiones de la gravedad, y no puede soltarse completa y etéricamente a la acción nocturna. Así percibe los sonidos estridentes, atávicos, mesmerianos e inductivos de la noche, ya que en el vuelo nocturno no puede alcanzar más que el bajo mundo astral. En esta clase de sueños sólo se percibe interpretaciones en el nivel de Freud.

El verdadero vuelo nocturno es soltar el cuerpo etérico elevado, el cuerpo emocional elevado y el cuerpo mental elevado al mundo de los sueños. En la primera instrucción para el vuelo nocturno, el iniciado recibe la ayuda de tres ángeles, para que pueda reducir sus sentidos y descansar al dormir bien. Debería anestesiar el cuerpo etérico menor, el cuerpo emocional menor y la mente menor para que pueda elevarse en la noche. Si tiene la gracia, sus tres ángeles — el Angel de la Luminosidad, su Angel de la Guarda y su Angel del Registro — lo ayudan para pasar encima de los tumultos astrales gravitacionales de sonido estridente y pervertido.

En su instrucción para la acción de vuelo nocturno, el iniciado dice ciertos "mantrams" antes de dormir, para que pueda ayudarse a sí mismo en el vuelo nocturno y así evitar la turbulencia de un choque astral.

Muchas personas que no tienen protección angelical despiertan en la mañana y regresan a sus cuerpos físicos demasiado aprisa. A veces estas personas tienen la sensación de caerse. En realidad, han dejado de unirse con la positiva corriente del sonido en la acción de su cordón plateado que les asegura su flujo o vuelta fluídica a sus cuerpos.

Cuando uno deja de unirse con la positiva corriente del sonido en la acción de su cordón plateado en la noche, no puede dejar su cuerpo etérico menor completamente. Cuando esto ocurre, el cuerpo etérico menor, el cuerpo emocional menor y la mente menor se quedan suspendidos como hamaca entre los mundos físicos, etéricos y astrales. Por medio del sonido positivo o corriente audible en la noche, uno sale de su cuerpo físico fácilmente, dejando intactas su mentalidad elevada, sus emociones y su consciencia del yo.

En el vuelo nocturno libre, uno viaja literalmente a lugares en las regiones, planos, esferas y reinos de los mundos espirituales. En estos estados de sueño, el alma está libre cuando uno retira de su consciencia sus cargas de "karma", sus dudas, sus temores, para viajar a lugares de realidad espiritual, para investigarlos y registrarlos y para usar sus conocimientos el día siguiente.

Ruidos exteriores que distraen durante el sueño, como tráfico que estorba el descanso y la calma, relojes con el tictac demasiado fuerte, el ladrar de perros, el sonido de radios, técnicas mecánicas para enseñar cómo dormir — todo esto no deja al cuerpo etérico salir totalmente. Se sueña en fragmentos y uno percibe sonidos astrales magnificados e intrusos. Estos sueños son exhaustivos y dejan a uno sin satisfacción. Colchones incómodos, mala higiene del cuerpo, olores ofensivos, posición incorrecta del cuerpo durante el sueño, demasiada comida antes de dormir, actitudes negativas antes de dormir y miedo a los ladrones pueden causar alucinaciones y sueños quiméricos. Todas estas condiciones externas impiden tener sueños verdaderos y claros.

Las personas que tienen presiones mentales y emocionales demasiado estimulantes antes de dormir no pueden elevarse hasta los puros niveles de sonido del sueño y por lo tanto perciben sus sueños en el sonido inferior estridente del mundo astral.

En los sueños, se encuentra el sonido puro y verdadero por medio del oído interior en el mundo astral más elevado, que se llama el Primer Cielo. Después de que uno se pone en contacto con el verdadero sonido audible al estar dormido, comprenderá que la vibración es lo que solidifica todo en la vida. Si no fuera por la corriente del sonido que mantiene todo lo viviente, todo en el plano físico se desvanecería en nada. Dios, *sin vibración*, se extiende hasta la vida del alma, la vida mental, emocional, animal, la vida de plantas y la vida del mar *como vibración*. El Verbo o el sonido audible une toda existencia, desde lo más insignificante hasta lo más elevado. Aquel que se une con la corriente audible del sonido con conocimientos y estando enterado se vuelve una corriente de la consciencia para la Voluntad de Dios y para el poder del sonido audible, o el Espíritu Santo.

Cada palabra pronunciada en este mundo se hace posible por medio de la corriente sostenedora del sonido audible. El mantram y la mantra que usan todos los sabios y los santos son vehículos para el sonido audible en acción.

El mantram, cuando se usa con conocimientos y consciencia, produce el poder para librar uno de las erosiones del pecado y la negación. El que esté enterado del poder en un mantram o una mantra se puede librarse literalmente de karma y pecado. Todos los iniciados saben el poder que tiene la Gran Vibración con el uso de los mantram.

En meditación, para entrar por la puerta del sonido audible o vibración, uno tiene que decir un mantram o sonar el OM sagrado. Debería tener la intención de entrar al Ser Supremo o el sin vibración, y así quedarse en un estado continuo de unión y alineamiento con Dios.

Los Mantram antes de dormir alejan a uno de los límites de los temores y las discordias del día, y le dan poderes voladores para elevarse en consciencia en la noche. El que prepara su corazón y su mente para recibir tendrá instrucción en la noche.

A veces uno puede ver la escala musical en la noche. Se une con las siete claves tonales del diapasón del oído interior. La nota músical "LA" representa creación, prodigio, reverencia, respeto, abnegación, renunciación. La nota "SI" representa "Dios, yo creo; cúrame". La nota "DO" suelta el poder de descubrir y la consciencia de la vista. El Sonido de "RE" libra los verdaderos deseos, el esfuerzo, lo sagrado, devoción, disciplina. "MI" libra la voluntad de relacionarse con el poder de Dios y la Voluntad de Dios. "FA" armoniza a uno con Nuestro Señor, con la curación de los imposibles y con la adoración del Ser Supremo. "SOL" une a uno con el Cristo.

Todas las notas en menor permiten a uno unirse con los Angeles Serafines. Los sostenidos y los bemoles que producen sonidos disonantes une a uno con el reino subconsciente influenciado por el sonido audible. Hay música zodiacal, música celestial y música angelical. Los Angeles Querubines llevan la dirección sobre la viola, el violonchelo y el violín.

Todos los instrumentos de bronce, influenciados por los rayos planetarios de Marte, se relacionan con el poder, la fuerza y la levitación. Los tambores, influenciados por los rayos de Saturno, se relacionan con el latido del corazón del cuerpo, y son instrumentos telepáticos para la memoria original y para la comunicación primitiva.

El arpa es un instrumento iluminador y se relaciona con las "Devas del Viento" de la corriente angelical. El clavicordio se relaciona con las emociones; su sonido puede curar traumáticas condiciones emocionales.

El órgano es un instrumento de poder. Cuando un iniciado domina el órgano se une con los grandes Maestros. El piano es un instrumento de voluntad, que libra la voluntad de aquel que lo toca y cura las tendencias de demorar de aquel que lo escucha.

Todos los instrumentos de viento se relacionan con "Angeles Deva Lunares" que habitan el mundo astral. La música de instrumentos de viento penetra el sistema glandular del hombre, creando ciertos ánimos y deseos. Si uno escucha el laúd o la flauta de Krishna en un sueño nocturno descubre que se está preparando para iniciarse en los estratos elevados de evolución; está investigando el paralelo entre Krishna y Cristo.

Todos los compositores maestros han recibido la música clásica para que puedan ser representantes libertadores para karma en masa. El escuchar una sinfonía o participar en música sinfónica es librar la karma en masa de pueblos, paises o naciones.

Cantar música buena en forma dramática, como ópera, disuelve ciertos moldes kármicos de la conducta humana. La música y el baile foklóricos unen a uno con los arquetipos de las generaciones y las corrientes ancestrales del recuerdo que se expresan en las familias y en los locales.

Toda la música que expresa patetismo emocional es provocada por el principio de la "Madre-Divina". Todo la música como la de Beethoven, Grieg, Handel, Sibelius es provocada por el principio del "Padre".

La música de hoy en día, el jazz, la música sincopada, el rock and roll se relacionan con el orígen del "génesis de sí mismo inferior" en el mundo occidental. Esa música es del "yo", cargada con emociones. La envían los Angeles Querubines para que los hombres puedan librarse de las normas cristalizadas de la demora anterior de los génesis. Escuchar demasiada música de esta clase en el oído físico puede ofender los puntos "Nadis" en el cuerpo etérico y también puede causar la pérdida del oído.

Cuando el oído despierto escucha constantemente el redoble de música cargada con el "yo", el sistema glandular se estimula demasiado y produce amoralidad. Es importante que al escuchar esta clase de música, uno tenga algún movimiento en el cuerpo porque si no, estará sobrecargado con demasiada concentración en los aspectos físicos y psíquicos de los sonidos audibles inferiores.

El sonido audible en el cielo cae en el oído interior y en la mente de la noche de un modo diferente al que cae en el oído exterior que se usa en el día, ya que los sentidos bajos que se usa en la acción diurna son limitados como instrumentos para grabar el sonido audible.

La música celestial o la música de las esferas es en realidad los elevados tonos planetarios que puede escuchar el verdadero oído interior del cuerpo espiritual. El cuarto plano del mundo astral es el principio del Primer Cielo. En las regiones más elevadas del cuarto plano del mundo astral se puede escuchar la divina música cósmica. En este plano los grandes músicos pueden escuchar las armonías celestiales — y por medio de su creación, estas armonías caen en el oído exterior del hombre.

La música etérica condensada resuena dentro del aumentado oído vibratorio del iniciado quien está en armonía con la música universal o cósmica. Todos aquellos que producen música que afecta los impulsos del alma de los hombres, como los grandes himnos y los tonos de canto de los "mantrams," han conocido la cadencia, el toque, el ritmo y la armonía de la música celestial o cósmica.

La música celestial produce movimiento, elevación, expresión. En la noche la mente y el alma que se ponen en contacto con las corrientes audibles del sonido por medio de la música permiten a uno elevarse hasta las esferas y reinos de luz más elevados, poniéndose en contacto con las arterias espirituales de instrucción.

Verse bailando en la noche, como hace uno frecuentemente después de entrar al camino espiritual, es establecer extendidas ondas de receptividad en el reloj de tiempo del cuerpo etérico. Estas personas, estando despiertas en el mundo, pueden identificar el sonido audible en un árbol, en una escultura, en uno cascada, en una mariposa, en un arco iris, o en cualquier cosa viviente que produce Dios. La música puede ser escuchada y elevada hasta los sonidos, armonías y melodías y transmitida hasta la acción viviente de civilizaciones, naciones y personas.

Muchas personas han descubierto que aquellos que tienen oído interior a veces se vuelven sordos físicamente, como en el caso de Beethoven. Si Beethoven hubiera podido unirse con la música vibratoria en el mundo de las plantas, los minerales, los animales y los humanos, podría haber producido música aún más grandiosa que la que dió al hombre.

El centro o "chakra" del oído coincide con el hueco de la garganta directamente arriba del esternón. Uno que compone música transportando el sonido audible al mundo debería tener esta "chakra" en la garganta continuamente unida con el *Hum* del universo.

Beethoven retuvo la música celestial que escuchó y legó a la humanidad la curación de "karma" en masa por medio de su maravillosa música sinfónica.

En esta época por la cual pasan los hombres que están más desarrollados espiritualmente, los tonos de la tierra, la Naturaleza y la humanidad se registrarán en instrumentos físicos. Sin embargo, para reproducir la verdadera música cósmica se probará que el oído interior es el único instrumento de receptividad y transmisión que es infalible.

El hombre puede recibir música del bajo mundo astral que afecta los sentidos para que pueda expresarse con el movimiento del cuerpo.

El mundo oriental que ha comprendido y utilizado las leyes rítmicas con la práctica de yoga no ha necesitado la música carismática del jazz, música sincopada y "rock and roll" como la que se practica ahora en la era del "génesis de sí mismo inferior" del mundo occidental.

Las personas de occidente que practican el yoga o las "asanas" y el sonido del "OM" vibratorio para encausar la corriente audible en los cuerpos etéricas y físicos, se unen en los sueños nocturnos con un estado más elevado de oído celestial. Una nueva música vendrá de estos individuos en el mundo para elevar a los hombres espiritualmente y por meditación.

Los instrumentos de viento que recientemente han sido menos conspicuos en la expresión musical, volverán a ser los tonos de mayor apoyo en las orquestaciones.

Durante la Ultima Cena Jesús cantó himnos con Sus discípulos. Comprendió que era necesario encausar la corriente audible del sonido. El cantar himnos juntos, decir mantrams juntos y el canto sagrado mantienen viva la comunicación entra las almas que con reverencia desean servir a Dios, el Ser Supremo.

EL TACTO EN LA NOCHE

En sueños en que se usan las joyas para dar instrucción, uno podría tocar una joya: al tocarla verá que está templada y viva y vibrante. Joyas, tela, brocado, piel, piedras, agua, flores...se usan todos en la instrucción nocturna para que uno sea sensible a la textura en el tacto.

Uno absorbe esta vibración en su cuerpo y se cura de enfermedades kármicas y cambia el agotamiento magnético en su cuerpo y sus emociones. Si se toca un zafiro en sueños se recarga la mente y llega a unirse con la Mente de Cristo.

Sentirse vestido de pieles en sueños, tocar un animal de piel o soñar que está cubierto de piel indica que lo están instruyendo sobre la energía y los grados de intensidad etérica u orígenes principales en las estructuras viables de los soportes de la vida. Si la piel está seca o escasa, le están avisando de la debilitación de su vitalidad etérica.

Se usa especialmente en sueños las pieles para describir el estado etérico de la salud. El etérico y ardiente tejido de energía y flujo de "nadis" del cuerpo etérico menor y de la aura son como piel cuando están infinitamente magnificados por el tacto en la noche. Uno puede calcular la salud de su cuerpo etérico y de su aura al tocar una piel.

El tocar metal u objectos lisos en sueños indica que le están enseñando a uno cómo transmitir energía y cómo sacar magnetismo de los objectos espesos o sólidos.

Si uno sueña que está tocando carne humana significa que calcula sus propios sentidos sensuales en relación con personas físicas o con aquellos con quienes se pone en contacto en el mundo físico.

Tocar un ángel en sueños nocturnos y sentir la carga vibratoria del átomo del toque de un ángel en su propio cuerpo, mano o cabeza es estar curado y cargado con uno fuerte vibración que dura por muchos días.

A veces, en la instrucción en sueños, un fiel y dedicado discípulo de un Maestro recibe el toque de su mano en la puerta de mando entre las cejas, el centro audible del sonido maestro. Esto indica que el Maestro le ha ayudado a abrir el tercer ojo y que debe meditar con más constancia, para que pueda conocer la felicidad de la satisfacción espiritual.

Si uno toca los pies de su Maestro en la noche significa que está jurando obedecer, o aceptar uno disciplina correcta.

Capítulo 4

ASOCIACION MITICA Y SIMBOLOGIA PREHISTORICA EN SUEÑOS

Si ha de ser mi gracia, al entrar en la luz esta noche que me sean reveladas algunas de las verdaderas formas que soportan la forma y algunas de las verdaderas ideas que soportan la creación.

El símbolo del medio-hombre y la media-bestia representado por el centauro significa que todos los hombres están iniciados emocionalmente al estar en correspondencia con los animales de cuatro patas. El centauro es la clave mitológica de la correspondencia del hombre con el reino animal, ya que cada hombre tiene una inconfundible característica animal que identifica la cualidad predominante en su carácter y su temperamento. El centauro es un etérico elemento híbrido que habita en las regiones interiores del mundo astral. Los elementos híbridos trabajan directamente con algunos de los procedimientos iniciativos del hombre. Los centauros son los guardianes de los lugares arbolados donde los hombres se reunen en cónclaves iniciativos de la Naturaleza, como ritos o rituales de brujería. Los centauros dominan todas las criaturas del dios Pan. Los elementales no se encarnan como hombres. Los elementales tienen la inteligencia de *"neh-hombre"* o sea, la inteligencia "no-hombre".

Las formas o figuras mitológicas con alas y con características humanas y animales son elementales híbridos y tienen funciones triples. Las que tienen funciones o atributos triples son los intermediarios entre todas las fuerzas, los elementales y los Espíritus de la Naturaleza, igual que de los reinos angelicales. Estos elementos híbridos son protectores y guardianes etéricos que trabajan directamente con el hombre, con los mundos angelicales y el mundo astral. Cuando los elementales tienen cabezas humanas, trabajan con el hombre. Cuando tienen alas, trabajan con los Angeles Deva. Y cuando tienen cuatro patas, trabajan con el reino animal y el mundo astral. Los etéricos guardianes híbridos, como son un eslabón entre el reino elemental menor y los Angeles Deva, protegen a ciertas comunidades, ambientes y naciones. Cuando retiran su asistencia protectora, los reinos menores elementales toman posesión de comunidades y ambientes. Así las fuerzas del mal asumen el mando y la gente expresa sus creencias con poderes mágicos en vez de devoción espiritual. Cuando los guardianes etéricos híbridos retiran su ayuda al arquetipo de una nación o a un país, el reino elemental menor asume el mando y esa nación se vuelve decadente y atrae sólo almas rezagadas y atrasadas. La caída de Grecia fue inmediatamente después de Sócrates, Platón y Aristóteles. Inmediatamente después de Ikhnaton cayó Egipto.

El unicornio, que antes vivía como criatura de la tierra y que ahora se ha retirado al crepúsculo etérico, trabaja en las regiones elevadas de los planos astrales menores. El unicornio trabaja con el hombre para inspirarlo y ayudarlo a sostener y mantener el grado más elevado de armonía con los planos astrales elevados, y así hacer resaltar la glándula pineal o el tercer ojo, para poder percibir con la verdad y no con la fantasía.

Cuando uno encuentra la esfinge Egipcia en los planos etéricos, ya que combina los atributos del hombre y la bestia, significa una función doble en vez de una función triple. La esfinge es el protector simbólico elemental de áreas iniciativas. La esfinge Griega, ya que tiene alas, el cuerpo de un león, la cabeza y los senos de una mujer, representa una iniciación matriarcal, una iniciación dentro del mundo astral y una iniciación para telepatía y comunicación por medio de asistencia angelical.

Desde que llegó Jesús al mundo, los reinos elementales han llegado a depender de los seres angelicales de las Deva. Uno puede percibir los elementales etéricos híbridos en sueños iniciativos, en símbolos de mediación y, cuando uno no está completamente aislado en luz, en ciertas experiencias con el "*morador*". Un hombre occidental que no tiene un gurú, que usa poderes psíquicos y que no haya entrado por la "Puerta" de Jesús, está sujeto a quimeras de fanatasía en sueños producidos por las dobles y etéricas criaturas menores del dios Pan, que trabajan con la parte negativa en vez de la parte positiva de los poderes del centauro. Estas personas podrían tener obsesiones y fantasías astrales y psíquicas.

El relato de Noé ha causado mucha controversia y confusión porque su significado alegórico ha sido interpretado como fábula. Han habido numerosos cataclismos en la tierra y supervivencias inspiradas dirigidas por asistencia angelical, sobretodo en los primeros días de la humanidad cuando los hombres comprendían más de su relación etérica con Dios. La vida física de Noé se relacionó con un gran cataclismo y el retiro de un tipo invertido de humanidad a un estado de crepúsculo. Noé, uno de los Elegidos o seres avanzados de su época, se hizo guardián de un nuevo movimiento de vida animal y un nuevo movimiento de vida humana. El "arca" que se describe en la Biblia representa un "*arq*uetipo". Ya que Noé fue el puro y prototípico representante de un nuevo movimiento de vida humana y un futuro ascenso en génesis, él sostuvo la fibra de la supervivencia de la vida para los animales y los hombres de la tierra. En todos los orígenes o nuevos movimientos de vida en la tierra, los arquetipos de las especies de animales iguales a los arquetipos de los prototipos del zodíaco y de las generaciones humanas funcionan con una acción que purifica y extrae. En la antiguedad estos retiros siempre coinciden con grandes maremotos o cataclismos.

Cada 10,000 años grandes cantidades de almas rezagadas son retiradas hasta un estado de crepúsculo y también son retiradas ciertas especies obsoletas del reino animal. Algunos animales prehistóricos como el dinosauro, etc. fueron retirados en la época antigua de los cataclismos. Cuando uno ve en sueños o en meditación una especie retirada del reino animal, está observando e investigando estos períodos antiguos. Según el animal o criatura que vea, podrá determinar cual época está observando e investigando.

Los animales como símbolos en los sueños, alegorías y parábolas, igual que percibidos en meditación se relacionan con las emociones y los pensamientos del hombre, identificando su carácter y su temperamento. Por lo tanto, si una persona ve un puerco, un cerdo o un cochino como figura central en la simbología de su sueño, indicaría que tiene tendencias a la codicia o que estará en contacto con alguien que tiene tendencias a la codicia según los símbolos correlativos en el drama del sueño. Se usan los animales en la Biblia en símbolos alegóricos igual que en parábolas porque los grandes profetas y los dirigentes de hombres comprendían la ley de correspondencias entre el animal y el hombre.

Los hombres usan símbolos de animales como bueyes, cocodrilos, águilas, palomas, becerros, etc. porque ellos intuyen las correspondencias etéricas entre las especies de animales y el temperamento y el carácter del hombre. En la antiguedad la esfinge, el grifo, el unicornio y las criaturas del dios Pan se encontraban a las entradas de templos, sepulcros y tesoros porque los hombres sabían que los guardianes de especies elementales, los regentes etéricos sobre los animales, trabajaban por medio de esculturas de animales y protegían los tesoros o cosas apreciadas. Una esfinge con cara humana, alas de águila y cuerpo de león significa que la presencia elemental que cuida a la escultura tiene poder en el mundo físico (cara humana), poder en el reino aéreo de las criaturas aladas (alas), y poder en el mundo astral (león). Aquellos que utilizaban estos símbolos sabían que estas representaciones elementales de piedra eran receptáculos vibracionales para la habitación elemental. De esta manera las posesiones físicas dentro de un sepulcro eran guardadas y protegidas por etéricas presencias elementales trabajando con los tonos vibracionales en las esculturas. La Esfinge Egipcia, con cuerpo de león y cabeza de hombre, era el conducto para que se manifestara una tremenda fuerza elemental en la polaridad de Egipto, y así Egipto fue tanto una comunidad protegida como una fuerza de polaridad. Con la decadencia de las más puras dinastías Egipcias, estas fuerzas elementales se cambiaron para ser acción elemental invertida.

Cada especie de arquetipo animal tiene sus Angeles de la Guarda de las especies. Por ejemplo, las especies felinas tienen los Angeles de la Guarda de las Especies para controlar y determinar la época del celo para proteger al animal al nacer y al morir. Cuando se muere un animal, se lo llevan a la anestesia etérica de los Angeles de la Guarda de las Especies, y así no sufre ningún dolor al morir como lo hace el hombre. Cuando un animal destruye a otro animal, la criatura capturada es anestizada por los Angeles de la Guarda de las Especies y el dolor de la muerte es anulado. Cuando un hombre mata o destruye un animal, ha violado el Mandamiento, "*No Matarás*". El animal sufre dolores a causa de esta violación y no tiene la protección de los Angeles de la Guarda de las Especies. Cuando el hombre mata por lujuria o lo hace como deporte o cuando domestica a un animal, así imponiendo su "karma" al animal, el animal no recibe la ayuda de los Angeles de la Guarda de las Especies. Los Angeles de la Guarda de las Especies no son iguales que los guardianes elementales de las Especies.

El reino de las aves de una orden más elevada es una especie que corresponde al reino de los ángeles. Las aves carnívoras corresponden a los elementales astrales invertidos.

Los arqetipos de las especies animales tienen lastre etérico en la segunda región del cuarto plano astral donde los dominan los Angeles de la Guarda de las Especies. Los Angeles de la Guarda de las Especies de los animales trabajan directamente con los Angeles Querubines y producen todos los símbolos de animales en meditación y en sueños. Los ánimos y el temperamento del hombre, que se relacionan tanto con los niveles y regiones astrales, se relacionan directamente con muchas correspondencias animales. Por lo tanto, el hombre expresa atributos en su carácter que parecen a animales particulares. Se pueden ver estas correspondencias similares entre el animal y el hombre especialmente en las costumbres del hombre, ya que el hombre es egoísta como un puerco, terco como una mula, taimado como un zorro y tímido como una liebre.

Cuando un hombre tiene un gato en su casa, tiene contacto con los Angeles de la Guarda de las Especies felinas. Si este animal fuera castrado sería desproveído de la ayuda de los Angeles de la Guarda de las Especies. Si un hombre tiene un perro en su casa, está en concordia con los Angeles de la Guarda de las Especies de los lobos y también con los que trabajan con los perros. Hemos de notar que aquellos que tienen perros prefieren cazar en grupos, o sea, hacen relaciones estrechas con otros hombres en vez de ser independientes. Si un hombre tiene una ave de orden elevada en su casa, el reino angelical podría trabajar más directamente con su hogar.

El alma usa los símbolos de correspondencia de las especies de los animales en el mundo de sueños. Si uno ve un animal en un sueño, para interpretar el sueño primero debería determinar la especie del animal, sus costumbres y el temperamento en su estado primitivo y no en su orígen doméstico. Se puede usar símbolos de animales en sueños de una manera profética para pronosticar el resultado de ciertos eventos. Por ejemplo, uno podría soñar que ataca un jabalí y al día siguiente encuentra una persona enérgica e insensible con una actitud poco razonable y agresiva.

El lugar donde un animal habita que se ve en un sueño o en meditación describe el grado de génesis que expresa el que medita o sueña. Por ejemplo, un animal tropical, como el hipopótamo que se encuentra en Africa, describe una caraterística insensible, terca y de génesis de tribu. La conducta y el temperamento de un animal, una ave o un reptil que se ve en un sueño o en meditación describen ciertas propensiones o tendencias de una persona. Por ejemplo, el símbolo de una ave, como un cuervo, la especie de ave invertida, que se ve destruyendo la cosecha en el campo, indicaría a uno que tiene avidez intelectual y que plagía los pensamientos de otra persona. Si uno ve una víbora venenosa, de color café, lista para atacar, indicaría lujuria e intención de hacer daño desde un nivel material (café), perturbando las emociones y los pensamientos. Uno siempre debe saber cual es el lugar natural del animal que se ve en sueños.

Si se magnifica ciertas partes de un animal, como un símbolo etérico, por ejemplo un conejo pequeño con orejas grandes, esto indicaría al que sueña que es tímido al usar su poder telepático, ya que el conejo indica inocuidad, sensibilidad y timidez relacionado con el mundo físico y exterior; y orejas demasiado grandes representan oído aumentado o más aguzado.

Estando despierto o soñando, una persona es atraída a aquel animal que es el más indomado dentro de sí mismo. Es más probable que perciba este animal en sus sueños, en meditación o que lo atraiga en el mundo físico como parte de su ambiente doméstico.

Con frecuencia el hombre y el animal son más afines en su penetración sensitiva que un hombre a otro hombre. Por eso muchos se sienten más a gusto con el animal que con el hombre.

En Egipto adoraban el toro de Osiris porque era el símbolo de la Epoca de Tauro en el zodiaco. El carnero era un símbolo sagrado en la Epoca de Aries en el zodíaco durante el tiempo de Moisés. Se usó el símbolo del zodíaco de los dos peces en el tiempo de Jesús de la Epoca de Piscis porque esta fue la era de la gran división entre la génesis de la tribu y la génesis de la familia.

En el símbolo de Piscis, el pez que nada para la izquierda representa aquellos que prefieren quedarse rezagados o permanecer en el estado más bajo de génesis. El pez que nada para la derecha indica aquellos que están nadando hacía la elevación más alta de génesis o de génesis de sí mismo. Soñar con cualquier de estos signos es estar en un estado de investigación sobre la colocación de uno en su elevación en génesis.

Ver el esqueleto de un pescado indica que su fé se mantiene sólo en una estructura de esqueleto o de dogma. Aún tiene que ganar la sustancia de su fé.

Daniel era un iniciado de fuego; sabía cómo usar el fuego "akásico" contenido en su "kundalini", o conducto vertebral. Cuando echaron a Daniel a los leones, estaba protegido por el Angel de la especie de felinos quien anestizó a los leones y cerró sus bocas y suprimió la saliva que estimulaba el hambre de los leones. El Rey Darío, quien era un alma que fue co-átomo con Daniel, era sumamente elevado espiritualmente y sabía de los poderes espirituales; ayunaba y rezaba y se quedaba despierto toda la noche para poder trabajar con Daniel para dominar la ferocidad de los leones. Debido a su poder "akásico" en relación con los angeles de las especies felinas y al poder de la jerarquía de Leo, Daniel pudo quedarse en el foso de los leones sin ser dañado.

En tiempos modernos, cuando un hombre prefiere un gato como animal domesticado, significa que tiene relaciones estrechas con Régulo, donde habita la jerarquía de Leo.

SIMBOLOGIA PRIMITIVA EN SUEÑOS

Cuando uno sueña repetidamente con animales primitivos o indomados, está investigando la memoria primitiva que se encuentra en el lado bajo del "Centro Q" (quelle). Esta porción primitiva de la memoria, que está en la base del cráneo, es el umbral aprensivo que temen todos los que han retenido cualquier hostilidad, culpabilidad o temor latente o sin resolver.

Cuando uno comienza a buscar la vida espiritual por el proceso de la meditación, se magnifican los símbolos primitivos y se reflejan en sueños y en visiones.

El alma, usando la simbología primitiva, graba en la mente del que está soñando la necesidad de corregir cualquier característica agresiva que se queda o que está oculta.

Los Angeles de la Guarda trabajan durante el sueño enviando las simbologías inocuas de animal hasta la mente del que sueña. Estas simbologías entran el la mente receptiva, instruyendo y rectificando.

Con frecuencia se puede usar las simbologías primitivas en sueños para prevenir o amonestar. En caso de un aviso, por lo general esto significa peligro por personas hostiles y no por uno mismo. En caso de amonestación, esto es un sueño correctivo que le recuerda al que sueña que debe disminuir sus deseos agresivos.

Si uno ora y dice "mantrams" antes de dormir, podrá contemplar e investigar las simbologías primitivas con objetividad, como observador, y no como participante. Despertará estimulado después de observar los sueños, mientras que uno que participa en simbología primitiva despertará agotado y aprensivo.

DOS ACTIVIDADES DEL SUEÑO: OBSERVANDO Y PARTICIPANDO

Cuando uno sueña con un animal, un pez o una criatura con plumas, y se da cuenta de un sentido de olfato, del paladar, de visión, de oído o de tacto con el animal o criatura, indica que está trabajando con "*absorpción sensitiva*"; o, de alguna manera, está explorando su grado de dominio sobre sus sentidos.

Soñar que lucha con un animal pertenece a una prueba iniciatoria. Por ejemplo, soñar que le ataca un león indica que le desafía un compañero iniciado. Soñar con un pez que no es de peligro indicaría que uno ha adoptado una vida cristiana. Si el pez está nadando para la izquierda, es negativo; si nada para la derecha, es una elevación más alta. Si uno sueña que le repele un caimán, una víbora o cualquier criatura que se desliza, es que le están avisando que va a venir una prueba relacionada con el sexo, o que se investiga sus actitudes distorcionadas sobre el sexo.

Se debe anotar con cuidado, cualquier temor o aprensión percibido en sueños, ya que retroceder ante ciertos símbolos que se ven en sueños debilitará el cuerpo etérico menor y deprimirá la acción emocional y mental diurnos. Se debe anotar todos los sueños aprensivos y temerosos para poder seguir la pista y encontrar el símbolo oculto de su temor secreto que quiera expresarse por la inciación nocturna.

El aspecto revelador del alma desea librar el atributo de la consciencia del alma. El alma usa los símbolos de sueños como instrumento mayor para disciplinar, dirigir e instruir.

Lo que siempre se debe recordar sobre la simbología de los sueños es que los sueños se dividen en "*dos actividades*": (1) observando, (2) participando. Todos *los sueños "observando"* son instructivos; todos *los sueños "participando"* son iniciatorios.

La simbología en todos los sueños fluye o es fluida. En los sueños hay siete niveles para observar y participar, que son: (1) la revelación del grado de evolución de una persona; (2) la fase especial de evolución y su propósito; (3) el tema fundamental o el hilo de instrucción, disciplina, dirección. (4) un atributo de la cuarta dimensión por medio del cual se podrá observar el registro de vidas anteriores y sellarlo en la memoria por la dinámica simbólica de la acción del alma; (5) una observación y también instrucción directa de los que sirven en la noche o las Presencias mayores; contacto ocasional con los muertos ascendidos o los muertos acelerados; una ayuda profética o pronosticada en la noche en preparación para aceptar ciertos eventos venideros para uno mismo y para el mundo; (7) un funcionamiento espiritual de los atributos mayores del conocimiento del alma, con que se inicia uno en la atmósfera más elevada de asociación celestial. Al soñar con estas cosas, uno se inicia para servir en el ministerio nocturno. Se encierra las imagenes maestras de los arquetipos mayores en la voluntad, la imaginación y la memoria. Además, se aceleran ciertos dones espirituales, permitiendo al iniciado servir en el mundo exterior con reconocimiento, protección, dirección y paz.

SIMBOLOS Y DRAMAS DEL CIELO

Desde la luna de la cosecha en el mes de agosto hasta la última parte del equinoccio otoñal, aproximadamente Noviembre 11, la atmósfera del cielo se vuelve una pantalla para el trabajo simbólico angelical. De día en día se puede ver en las aborregadas formaciones de nubes un panorama simbólico del reino animal.

Los Angeles de las Especies, trabajando con los Angeles Querubines, forman en la pantalla del cielo los animales que corresponden a la evolución del que la ve.

El que mira las formaciones de nubes en el cielo puede ver animales de varias especies. Si ha tenido pensamientos y emociones alegres podría ver su propio estado mental y emocional correspondiente representado en forma de espectáculo humorístico. Por ejemplo, si uno es testarudo, verá una cabra o un burro; si es precoz, verá un perro lanudo; si es tímido, verá una liebre o un conejo.

Si uno está muy evolucionado, también verá que a veces los dramas del cielo presentan el registro "akásico" del reino animal; con escrudiñar el cielo podría seguir los registros de la evolución y el órigen de los animales de la tierra.

Los antiguos pastores iniciados comprendían los espectáculos del cielo, y esperaban con reverencia su ayuda y dirección estacional, ya que sabían que eran de órigen angelical. Los iniciados de ahora saben y comprenden el significado universal de la simbología como está presentada por medio de impregnación etérica. El éter en la atmósfera del cielo, de la planta y del agua es un espejo inteligible en el cual los angeles quieren imprimir simbólicamente su telepatía al hombre.

LOS GUARDIANES ANGELICALES DE LA SIMBOLOGIA

Todos los símbolos que representan la Naturaleza son sagrados. Todos los símbolos que representan la vida sensible o animal son reverentes. Todos los símbolos que representan una vida de mayor consciencia son sagrados.

Cada símbolo está bajo una onda angelical, y así tiene protección de los Angeles. Todos los símbolos de animales están bajo la custodia de los Angeles de la Especie de Fauna y los Angeles Querubines de la Guarda.

Los Angeles Querubines, trabajando con el alma durante el sueño y la meditación, usan y proyectan, telepáticamente, símbolos familiares de animales. Los Angeles Querubines forman un vocabulario viviente de correspondencias. Este lenguaje simbólico está grabado sobre los pensamientos y las emociones. Cuando uno comienza sus primeras iniciaciones en sueños y meditación, se abren en su mente símbolos de animales. Después de dominar los símbolos de animales, progresa para alcanzar más simbologías.

Cuando un animal está feliz y está jugando en un sueño quiere decir que los Querubines están trabajando alegremente en los asuntos de el que sueña.

Si alguien con un corazón sensual o con una mente sin ética tratara de abrir los sellos de la simbología, sería inútil; el resultado sería el fracaso. Sólo los de corazón puro podrán cruzar el umbral de la interpretación de los sueños. Los que son buenos intuyen el lenguaje del símbolo, sin embargo no saben la combinación sagrada de ritual, sonido y la imaginación. Los que son puros, ya que no tienen la expectación de lo mágico, paso a paso abren las puertas de la interpretación de la simbología.

Los símbolos de animales son los primeros que se revelan a los que son de corazón puro. Los siguientes símbolos que se abren son los de las plantas, los árboles, las semillas y los granos. Luego se revelan los símbolos de montañas, ríos, agua, océanos, aire, tierra y fuego. Cuando está listo espiritualmente, los símbolos de la consciencia o los de los prototipos saldrán desde los cuatro Arcangeles y la Jerarquía. Cuando uno está preparado para unir sus servicios con los mundos espirituales, los símbolos espirituales que contienen los matices iniciatorios salen de los Angeles Serafines, los Santos Bodisatvas, los Maestros, los muertos ascendidos y los Iluminati. Cuando uno haya llegado al grado de evolución en que podría trabajar con la gracia mundial, los símbolos maestros del arquetipo son enviados desde el Reino de Dios por los Angeles Celestiales, los Angeles de Saturno, los Angeles Registradores y los Angeles de la Guarda del Arquetipo.

Los Angeles de la Especie de Fauna y los Angeles Querubines de la Guarda resguardan y protegen el significado interno de cada símbolo sensitivo o animal.

Los Angeles de la Flora, trabajando con los Angeles Querubines de la Guarda, protegen los símbolos escondidos en las plantas, árboles, granos, semillas. Estos ángeles resguardan el significado interno de la simbología animal de lo que es inmoral y profano.

Los Angeles Deva y los Angeles Querubines de la Guarda colocan su manto de protección sobre los símbolos escondidos en las montañas, los ríos, las aguas, el aire, el fuego, la tierra, los minerales, las joyas dentro de la tierra.

Cuatro de los Grandes Arcángeles — Gabriel, Miguel, Uriel y Rafael — son los Angeles Guardianes de los símbolos prototípicos al ser enviados éstos por la Jerarquía.

Los Angeles Serafines de la Guarda y los Angeles de la Guarda personales protegen los símbolos iniciadores al ser enviados durante la meditación y la contemplación. Los Maestros, los Iluminados y los muertos resucitados trabajan con los Angeles Serafines para evitar que el conocimiento sea revelado antes de tiempo.

Los símbolos de arquetipo maestros en el Reino de Dios están protegidos por los Angeles Registradores, los Angeles de la Guarda del Arquetipo, los Angeles Celestiales y los Angeles Registradores del Arquetipo.

La ciencia de la simbología es una ciencia sagrada otorgada sólo a los que están en paz con los ángeles. Sólo los de corazón puro podrán desenmarañar el hilo de la simbología y ganar el poder de usar símbolos por medio de fórmulas de rituales, y así obtener el poder de manifestación y demanifestación.

Los símbolos que proceden de los arquetipos mayores son símbolos espirituales sin manifestación y no se puede definir su grado de luz.

Todos los símbolos sensitivos provienen del bajo mundo astral, y se pone en contacto con ellos por medio de un braille etérico. Todos los símbolos iniciatorios provienen de las Esferas de Luz. Todos los símbolos superconscientes provienen de los arquetipos mayores.

Mientras el hombre tenga cualquier deseo posesivo, sus símbolos tendrán un aspecto sensitivo. Cuando es completamente desinteresado, recibirá los verdaderos símbolos superconscientes, y así estará de acuerdo con la Mente de Cristo. Los verdaderos y puros símbolos de la consciencia se podrán recibir sólo cuando uno está en total armonía con los símbolos maestros de los arquetipos mayores. *"Un símbolo perfecto de la consciencia es una idea del arquetipo que traspasa las barreras del tiempo y el espacio; en un perfecto símbolo de la consciencia el cielo y la tierra son como uno"*.

LA MENTE DEL YO EN SUEÑOS

Al conceder una tregua a la muerte y el sueño, Dios ha dado un descanso a las mentes tumultuosas y voluntad menor. Todos duermen y todos sueñan para poder percibir una consciencia sin estorbos por la acción de gravedad de los sentidos. El soñar es una necesidad y un requisito natural que suministra y expresa los totales o esféricos grados de consciencia.

Cuanto más entiende uno sus sueños, tanto más logrará la total realización de consciencia. Cuanto más grande el genio, mucho más singular y creativo será el sueño. Todos aquellos que tienen libertad de alma hablan y oyen el lenguaje espiritual de sueños con conocimientos. Al atardecer el alma prepara el cuerpo etérico menor y el cuerpo físico para dormir y soñar. De acuerdo con cómo la luz del sol disminuye, la luz del alma aumenta, precediendo al pensar y sentir del sentido de gravedad.

En el mundo del sueño la mente egoísta puede adquirir libertad sin límite dentro del subconsciente y la inconsciencia mayor. El alma puede extenderse hasta dentro de la mente de uno (ego), si no está estorbado por los aspectos menores de los sentidos. Estando dormido, la mente de uno (ego) se abre como una flor con pétalos para crecer y desarrollarse dentro de los fuegos lunares del sueño hasta las 3 a.m. de cada noche.

Durante el sueño, los instintos que protejen y sobreavisan al hombre en la acción diurna se mueven hacia dentro hasta el cerebro atávico del plexo solar centrado en la región del ombligo. La vitalidad-voluntaria psíquica ancestral e individualista de los sentidos se mueve hacia dentro de las cámaras etéricas del corazón y el área de la garganta, donde se queda hasta el amanecer. Así, durante el sueño las vitalidades mayores y sensibles se vuelven poderes extrasensoriales del sueño.

La energía del cuerpo etérico menor disminuye durante el viaje nocturno y se transpone en una tercera o psíquica acción. La energía se transpone en vórtices mayores del cerebro. Luego el cuerpo etérico mayor toma posesión de estas energías psíquicas, dando libertad a las tres mentes que son activas durante el sueño: la mente subconsciente, la mente inconsciente y la mente superconsciente.

Aunque muchos piensen que lo es, el sueño no es un evento benigno. Es un estado de acción creativa. Los símbolos interiores que se encuentran en el sueño son moldes moleculares coagulados que excluyen la posibilidad de pensar y actuar exteriormente. Los símbolos que se perciben en los sueños son fulminantes para las ideas que encienden los procedimientos de pensar de la consciencia exterior. Si no fuera por los símbolos matrices o maestros que dominan el grupo de pensamientos de la mente, no habría conocimiento en el pensamiento.

Durante el sueño el hombre está expuesto a la moralidad, la consciencia, conocimiento de sí mismo, dirección, instrucción. Además, obtiene estabilizantes recursos naturales con los que mantiene y contiene la vida de su mente exterior y objetiva.

En ciertas escuelas filosóficas antiguas enseñaban a los que recibían instrucción que era un pecado de indolencia pensar que el sueño era un antídoto o un escape de la vida. Los inteligentes, los prudentes y los iniciados sabían que si esperaban escapar de la vida por medio del sueño, sólo invitaban un aumento de "karma" o aflicciones en la acción del día.

Los maestros que enseñaban el camino interior daban sabias direcciones del sueño a aquellos que buscaban las verdaderas soluciones al enigma de la vida en el mundo, en la mente, en el alma, en el espíritu. En su instrucción, enfatizaban la necesidad de utilizar *todos los aspectos* de la consciencia, ya que se interesaban por lo inconsciente y por lo consciente. Estos sabios o "Rishis" comparaban el cuerpo del hombre a un árbol de la vida con siete flores creciendo hacia arriba desde la base de la columna vertebral. Las flores o "chakras" que estaban abajo estaban despiertas en el día y las que estaban en lo más alto del árbol o columna vertebral florecían en la noche.

Para el hierofante en Egipto, el sueño significaba viajar con la ayuda del cuerpo "Ka". Los iniciados de Egipto sabían que el sueño era un proceso interdependiente con que el hombre se iniciaba en secretos profanos y también divinos.

Para los que heredaban los conocimientos de los ángeles de Atlantis, los Hebréos, sueños, visiones y el dormir eran aceptados sagradamente, como un modo profético de dirección y también como una manera participante de aumentar la devoción y la comunión con "Jaweh", o el Dios viviente.

INCUBACION Y EL SUEÑO

En tiempos antiguos cuando los hombres vivían más cerca de los velos etéricos, comprendían el método de incubación, o sea la inducción psíquica. Entraban a sus templos y allí se quedaban en un estado medio dormido hasta que recibían la respuesta que necesitaban para solucionar sus asuntos y a veces como terapia. Hoy en día, muchos que recuerdan subconscientemente la comunicación etérica, aunque no visiten templos ni edificios, siguen las prácticas antiguas de las técnicas de incubación durante el sueño. Todavía existe hoy en día un aspecto de la incubación etérica, y es que cuando uno está bien consciente, apenas antes de dormirse profundamente, puede libertarse parcialmente de su cuerpo, y así viajar en consciencia astral. Estos períodos son posibles por medio de ciertos refuerzos planetarios. Esto ocurre más frecuentemente cuando la luna está llena; o también podría pasar durante el tiempo de un eclipse lunar.

Algunas personas usan la práctica de incubación durante la meditación. Esta es una forma de medio trance en que uno extrae los funcionamientos sensuales y el sentido del cuerpo por sus nueve aperturas, y sube su consciencia hasta la entrada extrasensorial elevada entre las cejas. En este estado de quietud, se activa la consciencia o superconsciencia espiritual.

En la antigua incubación en el templo, los hombres confiaban en las presencias invisibles y etéricas que habitaban el templo para instruir y dirigirlos, entrando en un sueño por sugestión, provocado por ciertas místicas incantaciones iniciatorias. Este era un sueño en que la sensibilidad era magnificada y en que el que fuera incubado percibía las voces etéricas aumentadas y magnificadas en sus oídos.

A veces este sueño duraba hasta tres días. La consciencia etérica percibida en el templo estaba limitada según la capacidad del que estaba en estado psíquico de incubación. Al despertar, el cura del templo daba de beber a estas personas un elixir con que podían recordar las potencias protectivas que recibieron durante la incubación. Una forma de incubación fue la de recibir oráculos, como se practicó en los templos Délficos en Grecia. Por medio de sugestión hipnótica inducida por uno mismo, una persona entraba a los confines cerrados de las cámaras Délficas de los oráculos, donde escuchaba con una sensibilidad magnificada las respuestas dadas por medio de la profeta del templo.

En los sueños de hoy en día, estos ritos de incubación y procedimientos del templo a veces son recobrados en forma de consciencia del sueño.

Debido al deseo o la necesidad del sueño, las pictográficas del sueño pueden devolver a uno en su investigación nocturna a los viejos mitos misteriosos de incubación que proceden del aspecto memorial del subconsciente.

Ciertos sueños, aunque parezcan insignificantes cuando uno los recuerda, lleva en ellos un imponente ambiente o atmósfera. Esta clase de sueños es sumamente impresionable y se queda en la mente por mucho tiempo.

Los sueños eufóricos dejan al soñador en un estado de júbilo, esperanza o felicidad prolongados durante días o semanas. Los sueños pesimistas saturados con un sentido de futilidad e ingravidez perjudican la salud. Estos sueños son sutiles y parasíticos agotadores de una energía vital que se recobra sólo con dormir. Es la providencia del sueño lo que beneficia al que sueña. Cuando la mente y las emociones están quietas, el cuerpo etérico menor por lo general debe reponerse y fortalecerse en la noche.

En la investigación de los sueños, uno recuerda constantemente que el "yo" (ego) depende de la mente para su expresión, y que la felicidad, la armonía y la paz al estar dormido y despierto dependen del estado de la mente.

Capítulo 5

EL VOCABULARIO DE COLORES EN SUEÑOS

Al atardecer dirigo mi vista a los horizontes del alma. Mi alma
sabe donde iré esta noche, y yo sé que la pasaré bien con mi alma.

Ver colores en un sueño o tener una experiencia luminosa o meditativa es de mucho significado.

Algunas personas reciben telepáticamente orientaciones o advertencias por medio del color. Por ejemplo, cuando hay peligro pueden ver el color café rojizo, o cuando alguien dirige hacia ellos un pensamiento malicioso, ven, por telepatía invertida, el color verde bilioso. Al recibir estos avisos, uno sabe que inmediatamente debe crear una cortina de luz en su aura para aislarse y protegerse. Para hacer esto, satura su aura con su propio tono mayor y su color. Aquellos que tienen el don de recibir telepáticamente en color han ganado esta gracia por sus obras de luz durante muchos años.

Uno puede estar seguro de una Presencia protectora cuando ve violeta, azul añil, blanco, o cualquier de los colores etéricos mayores.

Es muy raro ver un solo color en un sueño. En la mayoría de los sueños, los colores se ven junto con símbolos. El color es una de las mayores claves de vocabulario en el mundo de los sueños. Ver una forma u objeto sin color como símbolo en un sueño disminuye su significado total, ya que el color es la vida dentro del símbolo. Por lo tanto, para comprender la simbología de cualquier naturaleza uno tiene que comprender el significado del color. Por ejemplo, si se ve un libro en un sueño, podría significar el historial de encarnación o el historial de una vida anterior. Sin embargo, al ver un libro dorado, podría indicar que uno se prepara para recibir el historial de la gracia de su alma en alguna vida anterior.

Conforme uno va evolucionando, descubrirá que el color llega a ser más y más parte de su mundo, tanto cuando despierto como cuando dormido. Para mejor comprender color en el vocabulario de los sueños y en la experiencia iluminativa y meditativa, uno debe familiarizarse con las siguientes identificaciones de color.

AMBAR — Se relaciona con el flujo ("pranic") de la corriente de la vida. Uno ve el color de ámbar cuando está investigando la vida y la luz ("pranic"). Ver un símbolo difuso con ámbar indica que es un símbolo de la vida. El ojo, en sueños o despierto, cuando contempla el color ("pranic") de ámbar, se une con las energías curativas obtenidas del vigor de la vida.

AMARILLO — Intelecto.

AMARILLO, CANARIO (Con un poquito de verde) — Curiosidad.

AMARILLO, CHARTRUSE — Tensión de neurosis, celo, presunción.

AMARILLO, CLARO — Pensamientos lúcidos, honestidad, integridad, intelecto puro.

AMARILLO, DORADO — Reverencia pura, humildad, poder del alma.

ANARANJADO — Orgullo personal. Orgullo familiar. Lujuria. No separarse de cosas ancestrales. Posesividad. Una abundancia de este color es ofensivo para las personas refinadas.

ANARANJADO, BERMELLON — Pasión sin control; orgullo de posesiones; éter inexpugnable.

ANARANJADO, DORADO — Vitalidad de la fuerza de la vida o corriente vital saludable.

ANARANJADO, FUERTE — Indica volición firme y orgullo terco; inflexible; sarcástico; cínico; inaccesible; adulador; fatuo; engaño.

COLOR ASTRAL — Todos los bajos colores astrales son turbios, repugnantes, causando en la persona que los ve un pavor nauseabundo. La paleta astral, o la gama de colores en el bajo mundo astral, es el reflejo de las emociones manchadas y sin aclarar del hombre. Se ven las potencias malvadas en los bajos niveles astrales. Uno podría tener una experiencia grotesca en sueños donde le avisan de un peligro inminente en acción, sentir y pensar. El color es una fuente de comunicación benévola y benéfica para el iniciado de la noche.

Para que el lenguaje simbólico sea puro y verdadero tiene que estar revestido de una prenda de más de un color. Los colores en los planos interiores reciben su energía de los rayos cósmicos y no de los rayos solares o lunares. Para entender los rayos cósmicos mayores que dan energía a esta tierra, uno tiene que encontrarlos y dominarlos en sus sueños nocturnos. Los sueños sin color pertenecen a los niveles físicos de la vida en que todavía no se comprende la emoción. Los sueños en blanco y negro no tienen emoción. Por lo tanto es necesario participar emocionalmente en soñar para percibir los colores que contienen la clave etérica de los sueños.

AZUL — Representa la paz emocional, mental y espiritual.

AZUL, AÑIL — El color de "akasia", el aspecto mayor de "prana". Los grandes Maestros usan la flama "akásica" para limpiar las auras de sus discípulos. Según aumenta uno sus poderes de meditación, emana más luz azul "akásica". Durante meditación cuando uno ha abierto el fuego "akásico", con frecuencia ve una flama azul en el centro de su propia aura, cerca de su cabeza o arriba del centro de mando entre las cejas. Si ve la flama azul en el aura de otra persona que está despierta es que sabe que esa persona es aprobada y aceptada por el Maestro o por las Presencias Mayores. Ver esta luz estando en meditación es confirmar que el Maestro está cerca. Además, ver esta luz como líneas de lápiz azul bajo las palabras o frases en cualquier libro que se trata de ideas espirituales es prueba de que uno está leyendo un libro magnetizado, bendecido por las Sagradas Presencias y los ángeles.

AZUL, CERULEO — Se relaciona con los planos etéricos mentales y emocionales mayores. El azul cerúleo es el color que usan los Angeles Querubines para anunciar su presencia o su contacto con el amor. Ver azul cerúleo en un sueño quiere decir que uno se está armonizando con las esferas puras de la música cósmica. Se ve este color en sueños sólo cuando haya acallado sus átomos sensibles. Los angeles usan el color azul para dar esperanza y confianza divina a aquel que aspira a usar su mente elevada.

AZUL, JUPITER (ROYAL) — Azul royal, un tono ligeramente más obscuro que el añil, significa una bendición y una promesa de sustancia y expansión. Se ve este color sólo cuando se está en armonía con los aspectos etéricos y mentales más elevados de la luz. Cada persona tiene un rayo vibratorio o tono de color que es único. Aquellos que tienen la luz Júpiter azul en el centro de la medalla del alma son poderosos proclamadores de Dios. Ellos son constructores bajo la ley cósmica. Donde quiera que sirven, sigue la creación.

AZUL, MADONA — Un azul entre azul Júpiter y azul claro. Los pintores lo usan con frecuencia para el color de la manta de la Virgen María, la Madre de Jesús. Es un color emocional y etérico más elevado relacionado con el principio maternal de madres humanas que trabajan con la Madre Divina, o la Madre del Mundo. El azul Madona es un color curativo e inofensivo, que provoca una sensación de imparcialidad. Es un color sin pasión, sin posesividad ni lazos subvertidos. Este color en los sueños indica la curación de tensiones posesivas y la curación de caprichos.

AZUL, MEDIANOCHE — Dominado por el planeta Saturno. Pertenece a disciplina de los pensamientos.

AZUL, PALIDO — Indica emociones neutralizadas; un deseo de resolver. También indica que uno se está preparando para obrar con una actitud impersonal hacia cosas "kármicas." Todos los colores pálidos no bien definidos que se ven en los planos interiores indican que uno ha reducido su acción de sensibilidad, preparándose para una nueva experiencia.

AZUL, TURQUESA — Es el color relacionado con el elevado mundo astral o el Primer Cielo. Los que sueñan con una piedra de este color o con esta joya simbólica están recordando una vida en la Atlántida. Un brazalete de turquesas indica protección ganada durante una existencia en la Atlántida. Un pendiente o collar indica que uno ha ganado protección debido a antiguos poderes iniciatorios en la Atlántida. Un añillo de turquesa indica que uno está recordando y trayendo estos antiquos poderes a la acción física del presente.

AZUL, ZAFIRO — El color de la piedra o la joya zafiro. Ver la blanca luz "akasia" en el centro de una piedra zafiro indica que uno se ha unido con su mente elevada. El que ha entrado en la consciencia o la subconsciencia de Cristo ha dominado los Diez Mandamientos. Sus emociones se han vuelto instrumentos de amor. Su mente llega a ser un campo lúcido por medio del cual el Cristo podrá hablar.

BEIGE — Un color neutral sin complicaciones. En los planos exteriores cuando uno continuamente se expresa en ambientes de color beige o en tonos neutrales, es una persona que desea retirarse de las complicaciones de la vida. Vibraciones de color beige se ven en sueños sólo en los planos etéricos y mentales menores. Cuando uno percibe este color durante el sueño o en meditación significa que ha entrado en un campo neutral y que está usando la mente indecisa, y necesita rejuvenecimiento de la voluntad. Beige es un color incierto. Las personalidades de color beige no ofrecen nada ni dan nada. Están en peligro de volverse parásitos.

BLANCO — Espíritu, perfección, pureza, castidad, virginal, el poder trascendental del Espíritu, unión con el Ser Supremo, el estado sin vibración de luz.

LUZ AZUL-BLANCO — Se relaciona con los eternales y el Padre nuestro.

LUZ DORADO-BLANCO — Se relaciona con los arquetipos mayores y el Cristo.

LUZ MARFIL-BLANCO — Se relaciona con el Señor de Amor, Jesús.

LUZ VIOLETA-BLANCO — Se relaciona con el Espíritu de Verdad.

BRONCE — Se relaciona con fuego condensado de "prana" en el "quelle" inferior o el subconsciente, donde el sedimento del "karma" es inmovilizado, esperando el momento oportuno para fluir hacia arriba en la inconsciencia elevada y en la consciencia exterior. Este sedimento de "prana" color bronce es ardiente, y dentro del "quelle" hace un seseo que puede escuchar sólo uno que tiene el oído afinado. Cuando uno está listo para ilustrar el sedimento de "karma" retenido en el fuego color bronce de "quelle", los manojos inmovilizados de "karma" se ponen en acción ardiente, entrando en la mente exterior como ira, odio, violencia. Cuando no se tiene la acción de la inconsciencia elevada para contener este vigoroso ataque de "karma" impulsado por "prana", se sufre la desintegración de la personalidad exterior. Si se tiene gracia por medio de sueños para asimilar y evaluar su "karma", se debe evitar el derrame del lago color bronce de "quelle". Los sueños de cada noche cuidarán del lago color bronce de "karma" sin resolver cuando uno se une en todas las acciónes con Dios como el Unico. El lago color bronce de "quelle", o la subconsciencia baja, es la caja de Pandora. Todos los iniciados verdaderos comprenden la ley de moderación en el mundo físico y la ley del ritmo en sus mundos interiores. Estar bajo un Maestro o un santo, saber de los ángeles, mantiene quietas las combustiones de la acción del "quelle" menor. Uno debe identificarse continuamente con el fluir mediador de la luz interconectada del alma, para que pueda aclarar el significado de la vida y su satisfacción.

COLOR CAFE — Indica que alguien va a hacer un sacrificio físico o prestar un servicio físico. También indica la necesidad de aspectos prácticos e industria. Café es un color de satisfacción física o el de recibir reconocimiento físico por servicios físicos.

CAFE, CHOCOLATE — Presiones materialistas, materialidad, expectaciones materiales, ambiciones materiales.

CAFE, DE TIERRA — Uno se une con el sentido del olfato cuando ve colores de café de tierra o tierra con tonos de café. Se está armonizando con las fuerzas de la Naturaleza por medio del sentido de olfato y está recogiendo los fuegos curativos minerales para su aliento.

COLOR CANELA — Hipersensibilidad, incertidumbre y retraimiento.

DORADO — Poder del alma, gracia del alma, memoria del alma, aclaración. Unirse con el oro como metal indica el poder de manifestación. Ver la tierra color de oro es unirse con los recuerdos de Lemuria cuando todo el suelo de la tierra estaba nebuloso con un color dorado. Unirse con el nimbo dorado de una persona o de un santo indica que uno está recibiendo un don del alma debido a la bendición del santo.

GRIS AMARILLO — Depresión, cansancio, parasítico, dudoso.

GRIS AZUL — Símbolo de deliberación y análisis.

GRIS OBSCURO — Disciplina do la voluntad.

GRIS PALIDO — Objetividad y reserva.

LAVANDA — Consciencia maternal acentuada; parcialidad materna; amante de tradición.

MAGENTA — Un mayor poder etérico y espiritual.

NEGRO CARBON — Cuando uno ve negro con tonos de gris en masa indica obstrucciones ininteligibles, incomprensible. Ver este color en un sueño o en meditación indica que uno está en terreno hostil. Este color significa indiferencia en masa, inadvertencia en masa, obstrucción en masa. La reacción de esto después de soñar o meditar es frustración e inutilidad. Uno debe rezar seriamente para recibir fuerzas, paciencia y comprensión espiritual después de ver este color en sueños o en meditación. Aquellos que se sienten a gusto con el color negro o con ropa negra generalmente son personas inflexibles que desean dar más poder a los aspectos negativos de sus vidas.

En simbología se puede usar el color negro como contraste para mostrar brillantes en una visión, como ocurre a veces cuando un artista desea dar perspectiva. En los planos interiores en la noche cuando se inicia uno en las ciencias de vuelos nocturnos e instrucción, debe aprender a cruzar las cavernas negras o los abismos. Se hace esto llamando al Cristo, sus ángeles y el Maestro. La luz efulgente de un Ser protector ayudará a uno a cruzar las cavernas negras de los planos interiores. Con el tiempo, el iniciado, cuando sea un experto, será el protector de otras personas que también se inician.

NEGRO — Imponderable. Sin conocimientos. Siniestro. El color negro es una proyección vibratoria de la fuerza negativa. Es la octava baja del color blanco, que representa luz suprema o Divinidad. El negro no indica maldad cuando es un color para acentuar la luz. El negro como masa sin luz es negación. El negro negativo se ve para avisar sobre reserva, muerte, peligro. El Negro tiene una acción negativa disonante sobre la mente cuando es demasiado abundante. Demasiado negro elimina la voluntad. Ver los colores negro y café juntos en un sueño representan un castigo "kármico" que hay que sufrir. Negro y gris representan depresión y negación.

En meditación o en sueños, ver o encontrarse con la apertura obscura de una caverna o un portal indica que a uno le están desafiando para ver si sus temores son más grandes que sus deseos de unirse con el Ser Supremo.

Al percibir esto, si uno afirma con confianza que no tiene miedo o que sabe que sus ángeles y el Cristo están con él, inmediatamente la obscuridad se volverá luz, y se encontrará envuelto en luz a los pies de su Maestro, quien lo instruirá en las leyes de transubstanciación.

Todos los iniciados y los expertos en el camino deben dominar el poder de trascender o cambiar sustancias por medio del don de la transubstanciación. Para hacer esto uno se encuentra con el Maestro en los archivos interiores y recibe su instrucción. Si hay enfermedad, le enseñan como cambiarla a buena salud; si hay pobreza, cómo cambiarla a abundancia. Si hay ignorancia, debe aprender cómo cambiarla en sabiduría. Una por una son superadas por el iniciado las mayores negatividades. La acción del día es el tiempo para luchar y servir. La acción de la noche es el tiempo para examinar el servicio del día y su intención, para que cada día uno pueda tener más libertad de acción del alma en la consciencia despierta y dormida.

Si uno ve en sueños o en una visión una cueva obscura hecha por el hombre, como un túnel o la entrada de una mina, esto pertenece a "Karma" física e indica una investigación transitoria de alguna intercepción "kármica", o sea, al que sueña le enseñan que debe buscar un concepto físico y calcular su limitación.

Un túnel negro indica que uno debe seguir adelante con su "karma", aceptándola, para que pueda salir adelante hacia la luz para obtener su liberación de "karma".

Agua negra indica agua estancada y no querer enfrentarse con su "karma"; es símbolo de culpabilidad, de dolor y pesar, debido al rechazo de uno mismo de avanzar con la corriente de la vida.

Un árbol negro simboliza la muerte de un miembro de la familia o de alguien relacionado con el grupo familiar.

PLATEADO — Emociones indiferentes; humores aumentando; poderes místicos que afectan el carácter psíquico menor; iniciación al elixir de la luna; comprensión de su profundo poder revelador. El elixir de la luna está debajo de la cavidad de la nariz en una hamaca sagrada que se llama el lago sagrado. Proyecta al ojo interior una luz blanca-plateada. El elixir es líquido y húmedo. Para abrir este elixir y recibir su fuego curativo y purificante, se oprime la lengua para arriba firme pero suavemente contra el centro del paladar en un breve ejercicio. Cuando se ve plata en ornamentos o metales en una visión indica que uno está manifestando poder lunar o vitalidad. El plateado es un color que refleja y que funciona como espejo o mediador cuando no se está totalmente preparado para recibir la luz solar que es más directa. Todos los iniciados experimentan la iniciación de plata o de la luna antes de poder percibir los rayos directos, divinos, prismáticos y cósmicos por medio de la vista. Esto ocurre en el plexo solar. Para unirse por la puerta plateada de inicación, uno debe comprender las leyes de magnetismo y sus emanaciones físicas y etéricas.

PRANA (Color de melocotón dorado) — Salud de "prana"; corriente de la vida de pura "prana". Cuerpo etérico saludable; inofensivo; reconstituyente; rejuvenecedor; emanación del éter más fino.

PURPUREO — Pura telepatía eléctrica; ilusiones de superioridad; fastuosidad; egotista; voltaje de "karma"; arrogancia.

ROJO — Poder cargado de dinamismo cósmico.

ROJO BERMELLON — Orgullo de raza.

ROJO CAFE — Culpabilidad traída como consecuencia de violencia en vidas pasadas; celos; peligro físico; obstrucción; codicia.

ROJO CARMESI — Fuerza vital saludable; corriente sanguínea pura; honestidad; dominio del ego.

ROJO ESCARLATA — Mal humor; mal genio; agitador; pertubador; acusador; irresponsable; sin consciencia.

ROJO PURPUREO — Sufrimiento "kármico" causado por ofensas físicas en vidas pasadas; bajas vibraciones astrales de gravedad.

ROJO ROSADO — Amor personal; comunicación con un santo; bendición por un santo muy elevado; curación desinteresada; expresión más elevada de amor personal; curación de emociones febriles.

ROJO RUBI — Integridad; respeto; autoridad ganada; aprobación del Maestro; un talismán protector contra las fuerzas del mal; curación de fiebres de la sangre. Cuando es transparente, es el símbolo de haber sido escogido para honores espirituales.

COLOR DE ROSA — Amor místico, afecciones responsivas, empatía, compasión.

ROSADO — Amor y devoción; ternura; sensibilidad; castidad; reverencia.

ROSADO, VIOLETA — Curación; dar vida; fortificante; fé; sabiduría; humor; no es intruso; comprensión.

COLORES TURBIOS — Astral; estancamiento; error al ver y percibir; perspectiva nublada; rehusa confrontarse con las emociones confusas; mancha astral en una aura. Enfermedades con emociones turbias proyectan sus colores como atmósferas temerosas y febriles.

VERDE, BILIOSO — Odio astral, odio, envidia, malicia, una mentira.

VERDE, CLOROFILA — Vitalidad, salud, generosidad y abundancia.

VERDE, FORESTA — Paz y curación. La clave de la Naturaleza. Primera instrucción de un "gurú".

VERDE, MOSTAZA — Decepción astral. Engañarse a sí mismo.

VERDE, NEPTUNO (verde centelleante, delicado) — Una llama purificante y curativa de fuego verdoso que se ve en el aura de un iniciado de Neptuno. También se puede ver este color en sueños cuando uno se prepara a iniciarse bajo el planeta de Neptuno. Cuando Neptuno está en un signo de fuego, como en Leo, Aries o Sagitario, los colores que se perciben en iniciación son verde-lechuga y magenta. Neptuno en Sagitario produce iniciaciones que purifican y vencen la fantasía y la inquietud de la mente. Neptuno en el signo de tierra, Capricornio, produce organización de una orden rara y única. De todos los planetas emanan prismáticos tonos vibratorios de color. Cuando estos se activan en la carta astrológica, expresa color en formas raras y sorprendentes. El color cósmico en el mundo de los sueños produce emociones al estar despierto. Verde Neptuno bajo los prismáticos rayos cósmicos de la noche produce deseos y ánimos en el día que los define sólo un verdadero intérprete, un profesor, un gurú o un Maestro. Tal como un animal o una serpiente es atraido por la música, así el órgano de la luz, el ojo del hombre, es atraido por el color. El verdadero ojo interior responde a la luz cósmica, a la vibración y al color cósmico. Todos los Maestros comprenden la ciencia del color y su efecto sobre el cuerpo etérico. Toda la instrucción y curación espiritual es reforzada por los colores cósmicos. Cuando uno entra a la Sala de Enseñanza, está listo para recibir su instrucción por medio de los rayos del color de la noche. Su cuerpo etérico y sus emociones elevadas son recipientes de luz, vibración y color cósmicos. Con esto, se transforma en un medio diurno y la presencia de amor curativo.

Los pensamientos de un iniciado que ha perfeccionado los poderes de iniciación contienen matices de penetración. Cualquier servicio prestado por un iniciado receptivo de la noche es una obra creativa y magistral en los mundos físicos.

VERDE, PALIDO — Vitalidad agotada. También timidez; sensibilidad de un carácter místico. Los pensamientos divagan.

VIOLETA — Ternura y amor desinteresado. El color de la vida espiritual.

VIOLETA, VENUS — La prenda de Jesús de amor curativo, protección. Estar encerrado dentro de la luz violeta es estar libre de la carga inferior de la sensualidad.

Los colores del arco iris como los ven los ojos del hombre se relacionan con el plano de la Naturaleza y la vida vibratoria que existe en la Naturaleza. Todos los colores vistos etéricamente se relacionan con el cuerpo etérico y con los planos de la vida que mantienen el cuerpo etérico; la vida astral y la vida etérica son influenciados por los rayos de la luna. En el mundo físico el color clave es el verde. El color clave de un plano mantiene intactos todos los colores semejantes; por ejemplo, la hoja verde de la planta en el mundo físico determina lo que el hombre ve como color en el mundo físico. En el mundo astral el color clave es negro. Todos los colores en el bajo mundo astral empiezan con lo obscuro y gradualmente se convergen en luz. El color emergente que se ve con la visión astral es ambar "pranic". Según ensancha uno su visión espiritual en los planos interiores el alcance de color es fijado y determinado por el azul añil. Cuanto más refinada y sensible sea la visión que se usa en la investigación espiritual, tanto más fino y delicado será el color.

Según progresa uno espiritualmente, gradualmente incorpora la paleta de rayos cósmicos de color en su visión y su vista. Por medio del color podrá percibir, en un ambiente más sensitivamente espiritual, absorción y curación sin agitación. El color de los rayos cósmicos puede brillar sólo en los capullos sensitivos abiertos de iluminación. El color más fino o más delicado que se ve en una visión determina el plano en el que se vive esa experiencia espiritual.

Así como el iris del ojo en el plano físico trata de unirse con el verde clorofila, para que pueda unirse con la armonía en la Naturaleza y las vitalidades de salud recibidas en vibración en color, así el ojo espiritual o tercer ojo trata de descansar finalmente en la total luz blanca del Dios Supremo.

La vibración y el color en el plano físico son más pesados, y se mueven en una acción más sólida y espesa dentro del ojo del hombre. El color astral como impacto en las emociones del hombre remueve de una manera repelente y atractiva, influenciando sus humores y su temperamento. Colores astrales mesmerianos afectan a los que tienen tendencia a la sensualidad, y atraen situaciones desagradables, distorcionadas, imaginarias e ilusorias.

A los colores astrales siempre les acompañan sonidos disonantes que afectan el lado atávico del carácter. Aquellos que están sumamente cargados de sensualidad psíquica perturban las vidas emocionales de otros. Demasiados colores astrales reunidos y condensados en el aura funcionan como extrañas fuerzas de energía en ambientes pacíficos.

Básicamente el color etérico es mantenido por la luz "pranic" más elevada. La paleta etérica es estimulada por los tonos vibratorios o de energía de los planetas. Los colores etéricos son más claros, menos difusos que los colores astrales. Así, el profeta podrá ver los diseños geométricos formados por el aspecto coagulante del éter. A veces estos diseños son bellos e inspiradores. Conforme uno se mueve dentro de los niveles más finos de la consciencia etérica, la luz "akasic" en el éter, usando las esencias más finas de luz "pranic", produce escenas y diseños de belleza y divinidad. Uno empieza a percibir estas visiones divinas en el Primer Cielo, o en el mundo astral mayor.

Todo lo que se ve en color en el bajo astral es turgente, obscuro, nebuloso. El color astral en especial afecta el contenido de saliva en la boca durante sueños. Una experiencia en la noche con color astral y movimiento turgente causada por sueños astrales induce sequedad en la boca; uno se despierta con mal sabor de boca.

A veces uno percibe olores junto con los colores astrales en sueños. El sentido de olfato es activo en los sueños. La función respiratoria del cuerpo es mantenida en la noche por el subconsciente, funcionando de una manera extraña con la "médula oblongata". Los sentidos del paladar, olfato y tacto en el estado astral de la vida de los sueños reciben una influencia especial de una sensualidad "kármica" demasiada cargada.

El ojo de la noche en el plano astral tiene una función diferente al ojo en los planos etérico, mental y espiritual de los sueños. En los niveles de sueños de lo astral grotesco, fantasía y deseo, uno ve parcialmente. En la consciencia astral la fase mesmeriana de la acción de sueños, bajo la influencia de la luna, produce intensa reacción y participación emocional. Uno se despierta de esta clase de sueños sintiendo que ha estado expuesto a un enigma sin solución.

Los sueños astrales mesmerianos que ocurren durante períodos largos son agotadores. Tales sueños, ya que no los apoya el aspecto superior de la mente, causan irritabilidad diurna. Todos los que tienen sueños mesmerianos acentuados con color astral y el uso exagerado de los sentidos pueden ser protegidos con el uso de "mantrams" antes de dormir y técnicas superiores de sugestión. Aquellos que desean una vida espiriual deben prepararse infaliblemente para pasar por encima de la resaca de los sueños astrales.

Los sueños son progresivos. Por medio de instrucción nocturna en la Sala de Enseñanza, uno aprende a aumentar el límite de tiempo de sus sueños. Por medio de comprensión espiritual en desarrollo, aprende cómo usar y soltar el proyectil, o el "*cordón plateado*", dentro de su cuerpo etérico para poderse quedar más tiempo en los recintos tutelares de la universidad nocturna.

En las primeras fases de los viajes nocturnos bajo la tutela de los compañeros divinos, los ángeles, las Presencias y los Maestros, se agudiza la sensibilidad. Toda la instrucción de los sueños está encerrada dentro de la mente por medio de las emociones y los sentidos. Cuando se despierta, se reproduce un profundo deseo, un anhelo, una ansia.

En la primera fase de la instrucción nocturna los iniciados se vuelven sumamente intuitivos. Es muy raro que la experiencia que tienen en sus sueños pueda ser coherente; sin embargo, saben, sin saber como lo saben, que han recibido algo especial en la noche, y por lo tanto, se han reforzado su fé y su vitalidad.

De lo que se percibe en sueños hay más que anotar. Conforme uno continua en la instrucción nocturna, comienza a aumentar el uso del funcionamiento del tercer ojo en sueños. Ya no depende de las presiones subconscientes sobre la "médula oblongata".

Ciertos aspectos de la observación del tercer ojo en sueños producen en el ojo físico una dilatación, o un movimiento hacia arriba debido a lo que se percibe interiormente durante el sueño. Sin embargo, uno debe tener entera libertad del tercer ojo mientras sueña para así tener total conocimiento de los sueños. Los Maestros trabajan para llevar a uno a este estado, para que pueda mantener ajustados los tres estados de consciencia:

consciencia, subsconsciencia y superconsciencia.

Los rayos cósmicos vibran dentro del tercer ojo en sueños de conocimiento con claridad, grabando en la mente la visión, el sentido, la afirmación, la dirección y la instrucción. En sueños de conocimiento uno percibe verdaderas fuerzas vitales en la imagen del sueño para que nunca olvide un sueño lleno de fuerza vital producida por vibración de rayos cósmicos.

Los sueños de fuerza vital dan al soñador el poder de transubstanciación para reconstruir sus sueños y reproducir sus formas descritas como una realidad en su vida exterior. Sólo los iniciados perciben esta clase de sueños.

En la Sala de Enseñanza el iniciado recibe instrucción de los Seres Supremos planetarios para que pueda comprender lo singular de acción planetaria que ejerce influencia sobre el dormir, sueños y viaje nocturno.

En la Sala de Enseñanza se enseña como, durante ciertos períodos, cuando los planetas que tienen influencia sobre su propia carta natal son favorables, podrá recibir cierta clase de instrucción relacionada con los aspectos propicios de su carta. En su instrucción aprende como evaluar la acción múltiple del universo cósmico operando por medio de las galaxias y las estrellas.

En la Sala de Enseñanza lo llevan a inmensos observatorios que reproducen las acciones galácticas y planetarias que se relacionan con cada unidad individual de la vida sensitiva, igual que la vida de consciencia y del cosmos.

Recibir instrucción de los profetas-maestros de astronomía en los planos interiores es unirse con el poder del zodíaco propio, para que su vida cósmica pueda entrar en su expresión individualizada del zodíaco. Una y otra vez, el iniciado, en la instrucción nocturna, ve su unidad cósmica con todo en la vida por medio del estrato sin fin e infinito de comprensión.

En ciertos períodos del año solar los iniciados se pueden poner en contacto con los Seres Supremos o Jerarquía que trabajan con cada sistema eternal del universo. En especial, el iniciado conoce en la noche, durante los eclipses lunar y solar, las Jerarquías sobre cada signo del zodíaco, igual que durante los equinoccios y solsticios de un año solar, y también durante la luna nueva y luna llena. Para nacer con una comunicación zodiacal abierta con Jerarquía, se debe tener una mente bien organizada, una intuición sensibilizada y conocimientos del alma.

Cada persona refleja el zodíaco en su aura. El iniciado espiritual que adquiere un aumento especial de su instrucción y sabiduría durante períodos de Jerarquía, debe comunicar acción cósmica regeneradora al mundo. Es su reponsabilidad mantener su pacto siempre vivo como un conducto de mediación. El hombre no está enterado de esto en el lado egoista de su carácter. Sin embargo, hasta los árboles se doblegan ante las influencias de Jerarquía en las constelaciones sobre la vida en la tierra.

Se puede ver, medir y calcular el zodíaco del hombre en su aura durante el sueño. Con frecuencia una persona que tiene comprensión iniciativa de Jerarquía leerá e interpretará una carta que presenta atributos universales.

A veces aquellos que tienen tendencias a lo astrológico, durante el sueño entran en la Sala de Archivos o "registros Akasic" de la Sala de Enseñanzas, y allí no sólo pueden leer la carta mística interior de una persona que está destinada a traer algo al mundo, sino también podrán ver lo pasado y ver las cartas acumulativas o registros de vidas anteriores. Contemplando las casas doce, diez, ocho y cuatro de la carta, podrán ver el destino proyectado de aquel que ha de rendir un servico al mundo.

Cada signo del zodíaco contiene infinitas vibraciones. La cantidad de vibraciones en cada signo afectando las energías contrarrestantes en una carta produce una vibración única y un espectro de color que cada alma lleva durante toda una vida. Como los planetas se relacionan entre sí de paso, los colores pueden variar levemente, pero el color básico para cada signo del zodíaco queda igual. Los varios aspectos en la carta se tornan en colores difusos y proceden del color básico del zodíaco en cada signo. Por lo tanto, una persona nacida con mayor énfasis en el sol y la luna en el signo de Leo emanaría una difusión vibratoria del color oro teñido de éter color rosa y plateado.

Una persona nacida en el signo de Cancer con la luna en Cancer emanaría difusiones de plata y verde pálido en toda su carta. Vibraciones de estos dos tonos darían color a todos los aspectos interrelacionados de su carta. Algunas personas vienen al mundo con calientes, energéticas y vigorosas difusiones de color en sus cartas. Sin hacer caso de la colocación de los planetas, el color del zodíaco siempre tiene influencia sobre la personalidad, como la ven otros hombres.

ARIES — El color de anaranjado rojizo.
TAURO — Verde esmeralda.
GEMINIS — Azul añil.
LEO — Dorado, éter color de melocotón.
VIRGO — Amarillo canario.
LIBRA — Opalescente.
ESCORPION — Anaranjado carmesí.
SAGITARIO — Azul turquesa.
CAPRICORNIO — Rubí carmesí.
ACUARIO — Azul aguamarino.
PISCIS — Violeta.

La paleta del zodíaco comienza su formación positíva dondequiera que esté colocada el sol natal. En sueños uno busca en el color solar para encontrar la clave a la mística carta del zodíaco de la persona que desee curar. Si lee con el ojo lunar o con la consciencia astral, verá en parte. Si lee la carta con el tercer ojo, no sólo podrá comunicarse con el alma divina en el ego, sino que conocerá al ego como un hermano y servirá junto con él en el camino de la luz.

Capítulo 6

JOYAS

Hay una estrella que vela por mi destino; y que va contando el tiempo de mi temporalidad.

Hay algun instinto oculto en el hombre que reconoce que las joyas están impregnadas con el toque original o virginal de Dios. Soñar con joyas sin tallar es tratar de unirse con los metales y minerales preciosos y energetizados de la tierra, y también iniciarse en los primeros procedimientos de creación de la tierra. Ver joyas talladas en un sueño o en meditación significa que uno ha ganado gracia y el uso de poderes espirituales.

Hay joyas escondidas en lo más recóndito de la tierra que los ojos del hombre aún no han visto. Los hombre descubrirán estas joyas cuando entran en las capas o estrato de mesetas junto al centro de la tierra.

Cuando la luna y la tierra se separaron en el período de ardiente formación de este sistema de eternidad, habían muchas partículas de joyas ya formadas en la tierra debido a la tremenda presión y calor hirviendo y fermentando en el centro de la tierra.

Al arrojarse cada planeta de la tierra, se formaron ciertas joyas relacionadas con los planetas que fueron arrojados. Estas masas de joyas que se formaron durante presiones de arrojamiento planetario comenzaron su acción como líneas de fuerza o puntos de energía entre la luna y la tierra, los planetas, el sol y la tierra. Cuando el sol arrojó la masa de tierra que habría de formar el molde para la cadena de planetas alrededor de la tierra, se formó el metal oro en la coagulada masa calentada de la tierra.

Las piedras que son preciosas para el hombre se ven simbólicamente en sueños. Para energetizar su recuerdo de tiempos antiguos y unirlo con el recuerdo de Dios el Creador, las piedras con joyas son preciosas no sólo como decoración en disfraces o vestidos sino que son literalmente estaciones de recepción para energías planetarias, cargadas con dinamismo.

La creencia de que las joyas contienen poderes de protección o de amuleto no es mítica. El poder de talismanes enjoyados es una verdadera ciencia. La joya que se relaciona con el signo de nacimiento o del zodíaco es un amuleto protector poderoso contra la negación, física y etérica.

La tierra tiene su propio collar de joyas o piedras preciosas, aunque están sin tallar, esperando los ojos y las manos del hombre. Las joyas cósmicas de la tierra equilibran la energía cósmica. Cuando el hombre las lleva puestas, está aislado magnética y etéricamente contra las fuerzas brutas que funcionan cósmica, sensible y etéricamente.

La luz del alma es realzada cuando una persona lleva la joya adecuada. Los antiguos Rishis comprendían estas leyes y también sabían el valor de un talismán de joyas llevado apropiadamente según la fecha del nacimiento. Los Rishis también sabían que era necesario dar con cada talismán de joyas un mantra sagrado relacionado con la acción de luz del alma dentro de la joya.

Aunque las escuelas exteriores del misticismo y yoga enseñan que hay siete chakras conocidos, en realidad hay doce chakras en el cuerpo etérico del hombre. Cada uno de estos chakras tiene correlación con una de las joyas que son un signo de nacimiento.

Las joyas o minerales sagrados que más frecuentemente se ven en un sueño son los siguientes:

AMATISTA — Sacrificio, calidad de inofensivo, la curación de los imposibles, el dominio del karma.

AMBAR — Se relaciona con electromagnetismo, pranic, poder etérico. El ámbar dorado claro se relaciona con la pureza de prana en el cuerpo etérico. Ambar bronceado se relaciona con el fuego pránico condensado que está en la baja subconsciencia o el bajo "quelle".

DIAMANTE — Se correlaciona con la iniciación espiritual; representa el yo superior. Para comunicarse con el diamante, se dirige todo el poder del alma por el centro entre las cejas. Aquí es donde primero encuentra el cuerpo diamantino de su radiante Maestro quien lo lleva al tesoro eterno de la superconsciencia. Lo más probable es que esto pase en el equinoccio de invierno cuando el Arquetipo Rafael trabaja para librar el diamante del yo superior.

ESMERALDA — El gran iniciado Hipócrates, maestro de la medicina, usaba el fuego de la esmeralda para hacer curaciones. Cuando uno ve la esmeralda en sueños, indica que se está poniendo en contacto con el elemento curativo del fuego de clorofila en la sangre. Los que lleven la esmeralda están dirigiendo un fuego curativo único. Si observa la esmeralda en un sueño es que está preparado para iniciarse en poderes curativos aumentados.

JADE — Una piedra de Lemuria. En sueños y en meditación, contemplando un jade, se puede atraer a la consciencia poderes etéricos superiores de prana. También al ver un jade en sueños o en meditación, el soñador puede reunir con poderosos recursos y fuerzas de encarnaciones pasadas en vidas o tierras orientales.

JADE COLOR ROSA — Ver en sueños ornamentos color jade rosado en una mujer significa que la persona que se ve ha vivido una vida dedicada a la Madre Divina en la India y que estas personas han retenido una generosa e inteligente iniciativa. Jade color de rosa representa el principio de la Madre; jade verde representa el principio del padre.

OPALO — El ópalo es una piedra protectora que representa más que una estrella o energía planetaria. Es una piedra galáctica formada por galaxias, conteniendo raros fuegos solares, lunares, de Júpiter, de Venus y de Mercurio. El ópalo da protección, justicia, armonía y profundidad a las emociones.

OPALO, NEGRO — Une a la persona con la planeta Pluto. Estar bajo la influencia del ópalo negro en sueños significa que va a pasar por una investigación subterránea en los bajos planos astrales y por lo tanto aprenderá sobre los muertos que no han ascendido y la causa de la muerte prematura. También investigará la karma de los muertos. Aprenderá los rituales para los muertos y por medio de estas iniciaciones aceptará el hecho de que la muerte es un equilibrio y una necesidad en este mundo o sistema eterno.

PERLA — La perla, que tiene una afinidad con el centro entre las cejas, es usado como símbolo contemplativo por un iniciado durante contemplación para abrir el registro de su alma. Si uno visualiza una perla centrada entre las cejas mientras pronuncia palabras sagradas o mantrams, se abrirá el flujo del canal sagrado del punto maestro de nadis conectado con la glándula pineal. Así uno tendrá acceso a una perspectiva adquirida mas allá de sus propios conocimientos.

La perla es una joya hecha por medio de la irritación entre el agua y la arena en juego sobre la masa vital de una ostra. En la vida humana la perla representa la victoria sobre la tribulación hecha por uno mismo. También representa el aspecto de entrega o renunciación del alma. A veces en sueños uno vende todo por lograr la perla. En estos sueños generalmente uno está comprando algo en una tienda. Su actitud con el precio de la compra indica cuánto desea pagar para ganar la perla y así hacer unión con Dios.

PERLA NEGRA — Ver una perla negra indica que el consciente se mueve hacia abajo hasta el historial kármico de uno mismo; la mente desciende hasta el lago bronceado y pránico del subconsciente inferior para poderse librar de la karma acumulada durante muchas vidas. La perla negra también indica un agente kármico o alguien que está iniciando una acción kármica. Estar atraído físicamente a una piedra que representa la obscuridad indica que de alguna manera le fascinan los aspectos temerosos de la muerte, o en alguna vida anterior ha practicado magia o los obscuros poderes del ocultismo.

RUBI — El efluvio es para prana lo que el color es para el sonido y la vibración. El color no es simplemente una consecuencia del sonido o de la vibración. El color contiene la más alta sensitividad vibratoria en el espectro de luz o de visión. El color es curativo, da paz y salud. El color tiene el poder de penetrar sin entrometerse donde la vibración penetra la mente y las emociones con demasiada severidad. El color penetra el consciente inofensivamente, elevando, calmando, exaltando. Cuanto más sensible es uno a la vida espiritual, tanto más es receptivo de las emanaciones espirituales que existen en el color.

El rubí es la piedra principal y sostiene a todas las joyas. El diamante es la corona del espíritu mientras que el rubí es la corona del poder del Hijo-del-hombre en la tierra. Un rubí perfecto condensado como joya perfeccionada contiene una velocidad de éter igual a millones de latidos de corazón o partículas de sangre de vida consciente.

El rubí es una joya curativa para la sangre. Se formó en la tierra al mismo tiempo que el hombre recibió su capa de piel, su corriente sanguínea y su sistema glandular.

Si uno ve en sueños un pendiente de rubí parecido a una lágrima, quiere decir que tiene acceso a milagrosos poderes curativos para la humanidad.

Si uno medita en el rubí en forma de lágrima habitando dentro del corazón, se abre el fuego de akash en el corazón y se une con el espíritu humano.

Si uno usa mantrams en la meditación cada día, visualizando el rubí en el corazón, se vuelve desinteresado.

El poder omnipotente del conocimiento de sí mismo se vuelve desinteresado por medio de dos potentes meditaciones contemplativas del corazón. Una es contemplar la rosa roja o la piedra rubí en el corazón. Al contemplar la rosa roja uno debe sentir de su fragancia entrando en los corazones receptivos de los hombres. En segundo lugar, al contemplar el rubí en el corazón, uno debe verlo como fuego vital, líquido y comunicable, curando, palpando, comunicando, virtiéndose en los corazones cerrados e inconscientes en el mundo.

El rubí es la piedra de honor físico y de acción. Llevarlo en la mano como anillo indica que uno es un iniciado de la fuerza vital, de la corriente de la vida.

TURQUESA — La piedra turquesa apareció en la tierra durante el período de transición entre Lemuria y Atlántida. La acción volcánica del continente de Lemuria produjo la turquesa. Esta piedra llegó al mundo en su forma completa, sin necesidad de corte. Apareció en la era de Atlántida en enormes fragmentos moldeados. La usaron en los templos de Atlántida como una piedra de reverencia y una sagrada piedra de toque. En este período de la formación de los primeros continentes de Atlántida, la turquesa emitía un condensado fuego etérico que se usó en ceremoniales de comunicación, para que el sumo sacerdote de los templos pudiera ponerse en contacto con los Elegidos elevados en las esferas celestiales.

Se usó la turquesa como joya en los primeros y últimos días de Egipto después de la desaparición de Atlántida. Usaron el recuerdo del poder de esta piedra para aumentar los telepáticos poderes etéricos. Durante las dinastías de los sacerdotes y los Faraones, se usó la turquesa como piedra de vanguardia o de la frente que aseguraba al que la llevaba poderes telepáticos aumentados. Los pielrojas americanos usaban esta piedra en Norteamérica y Sudamérica, sabiendo que era un talismán esencial y fuente etérica de rejuvenecimiento protectivo.

Si uno ve una turquesa en sueños es porque se está uniendo con los etéricos fuegos minerales de Lemuria y Atlántida.

Ver una turquesa en un sueño significa que uno está siendo iniciado en registros akásicos del mundo y en los registros de continentes sumergidos en el fondo del mar. Estos registros guían al soñador hacia antiguos poderes de dinastías y de memoria ritual. Hay cierto estado crepuscular de memoria en los archivos de la Sala de Aprendizaje adonde podrá ir el iniciado para revivir este dramático recuerdo de vidas antiguas. La turquesa que se ve en un sueño quiere llevarlo hasta allá para que pueda aumentar su consciente con una memoria necesaria para su perspectiva en su estado presente de evolución.

ZAFIRO — Representa la mente elevada. Un zafiro en un sueño, quiere decir que uno está siendo iniciando en las tabletas azul-zafiro que dio Moises primero y luego fueron devueltas debido a la falta de preparación de su pueblo.

La tableta azul-zafiro de la mente elevada se relaciona con el poder que uno tiene de apoyar la ley sin más juzgar.

Para ganar la iniciación de zafiro uno debería vivir constantemente unido a la luz del arquetipo. La luz que procede de él llega a ser la ley en la vida de aquellos con quienes se pone en contacto. Tales iniciados no imponen sus conocimientos a los que no están iniciados. Viven en un estado constante de alineamiento con la superconsciencia o la Mente de Cristo.

En la doctrina de los Rishi un iniciado de zafiro es llamado un iniciado Jnana.

Vive en un estado de consciente trascendental o unidad con la mente divina.

Nunca se ve el zafiro como pendiente en el cuello en un sueño porque no expresa el aspecto devocional del alma. Un collar o un pendiente en un sueño siempre indica un devoto. Para lograr el alineamiento con la mente elevada, uno usa tanto el carácter devocional como el mental, expresándolos como una total realización. Uno puede ver en un sueño un anillo de zafiro en el dedo del matrimonio de su mano derecha. Tales iniciados recuerdan este anillo talismán en sus sueños y lo invocan para sostener fortaleza en la expansión y el uso de su luz mental.

El tono del consciente Supremo suena en el zafiro más que en cualquier otra piedra. Aquel que lo lleva representa la creación de la mente en Dios.

Es muy raro ver en sueños todas las demás piedras o joyas que no se mencionan aquí porque no tienen ninguna función planetaria en la vida de los sueños del hombre. Estas piedras pueden ser de importancia secundaria comparadas con las joyas que intervienen en el lenguaje simbólico de los sueños.

Sin embargo, irán a descubrir piedras que serán mucho más preciosas que ningunas conocidas por el hombre en la tierra cuando los hombres abran los depósitos de recursos minerales en los puntos y regiones magnéticas en Artica y Antártica. Tales piedras contendrán mucha más fuerza energetizante que cuaquiera que se haya usado en la tierra hasta ahora.

A veces en sueños los iniciados se ponen en contacto con estas misteriosas capas de la tierra, pues aquel que tiene en sueños el conocimiento del vuelo nocturno podrá entrar en los corredores de la creación de la vida, imposibles de alcanzar en estado despierto. Los iniciados que tienen estos contactos son los que finalmente estimulan los impulsos exploradores que funcionan estando despiertos. Estos son los verdaderos pioneros. Sus funciones pioneras al nivel del alma sólo se pueden estimar en las básculas de los Angeles Registradores.

Capítulo 7

INICIACION EMOCIONAL POR MEDIO DE SIMBOLOS DE ANIMALES EN SUEÑOS

Oh maravilla del latido de mi corazón, Oh esplendor del Espíritu de Dios entonando el "hum" dentro de todos los universos, de todos los mundos.

Se tienen pruebas iniciatorias y emocionales en sueños por medio de los símbolos de animales. Por el contacto y unión con estos símbolos y por medio de visiones de animales en meditación, se pueden evaluar los instintos agresivos y las propias hostilidades. Cuando se observa y absorbe la energía en un símbolo de animal se está aprendiendo una lección sobre algunas características propias.

Cuando se sueña con un animal pacífico, simboliza la fuerza potencial que se puede usar para preparar un iniciado a obtener poder espiritual.

A veces los iniciados, en sueños, representan por medio de un animal, el siguiente paso de su evolución, y así están preparados para ciertas transiciones en sus actitudes hacia religión, familia, sexo y responsabilidad.

Si se sueña que se está huyendo de un animal, es porque le están mostrando su punto frágil de miedo, debilidad e inseguridad. Si se está luchando con un animal o quiere atraparlo, le están revelando, en el sueño, que ahora por su acción inicatoria podrá dominar ciertas correspondientes características negativas del animal en su naturaleza.

Cazar un animal en sueño indica que uno está buscando y conquistando las características que corresponden a las del animal. Por lo tanto, si uno sueña que está cazando a un león, ya que el león es símbolo de la voluntad del iniciado, significa que está buscando y tratando de dominar su carácter sensible y no entrenado. Si está cazando a un tigre, le están avisando que algo en su carácter es despiadado y parecido al tigre. Si un tigre le está cazando a él, indica que está asociado con una persona que tiene un carácter despiadado, cruel y parecido al tigre. En el sueño le advierten que debería fortalecerse contra personas crueles. Si sueña con un elefante, le están enseñando que su voluntad será el aspecto mayor en la manifestación de sus iniciaciones. Cuando la trompa del elefante está abajo, indica que se es dócil. Cuando la trompa está arriba, quiere decir que se domina la voluntad baja. Si el elefante lo está atacando, indica que ha de ser víctima de su propia fuerte voluntad o estará expuesto a la voluntad enérgica de otro.

Cierto hombre soñó con una serpiente que parecía no ser venenosa. Al acercarse para examinarla, la serpiente se enroscó y alzó la cabeza como si fuera a atacar. En seguida soltó una risa molesta y atormentadora. En este sueño la serpiente es el símbolo de kundalini o fuego espiritual. Ya que el hombre había sido de una religión tradicional y recientemente había conocido las ciencias profundas del espíritu, se dio cuenta de que era una broma; que sus tradicionales defensas dogmáticas habrían de ser superadas por medio de la estimulación del fuego de kundalini, y su regalo o premio habría de ser un conocimiento espiritual interior.

INICIACION POR MEDIO DE SIMBOLOS DE ANIMALES PREHISTORICOS

Cada doscientos cincuenta mil años el campo magnético de la tierra reduce enormemente su velocidad. Durante uno de estos períodos en que este cambio de gravedad duró cientos o miles de años, ciertas partes del reino animal fueron movidas, pesadas, retiradas o eliminadas. Los enormes dinosauros y otras inmensas criaturas arcaicas fueron retiradas hasta un etérico estado crepuscular de vida, y dejaron de acompañar la vida física del hombre. En sueños se puede observar a estos animales como símbolos etéricos flotantes elevados desde el aspecto más bajo de "quelle" o los niveles atávicos del subconsciente, y aparecen para extender la memoria durante los sueños.

Durante el sueño en ciertos aspectos de iniciaciones cósmicas, uno encuentra la vida atávica que habitaba las primeras fases del desarrollo de la tierra, y así coordina con el significado de la vida como ahora es presentado en la consciencia en la tierra. En la instrucción personal en sueños los arcaicos símbolos animales identifican el grado de evolución de uno mismo. En los sueños los símbolos anticuados en cualquier nivel indican que uno tiene que adelantarse y dejar de retener costumbres o ideas arcaicas y decadentes.

Por lo general los sueños de animales relacionan a una persona con los bajos y sutiles niveles de lo grotesco, de fantasía o de deseos. Cuando alguien se prepara para los grados más elevados de iniciación, puede investigar sus vidas pasadas observando en sueños los animales que existían en tiempos prehistóricos. También puede leer los registros de una era pasada o prehistórica con la simbología de los animales. Para hacer esto debe ascender por encima de los niveles grotescos, de fantasía y deseos en sueños.

Uno podría enterarse de una etapa importante en su encarnación anterior por medio de los símbolos de los animales que eran prominentes en esa era. Así, si uno sueña con el dinosauro o con los reptiles más grandes de los tiempos antiguos, está resumiendo el recuerdo subconsciente de esos días primitivos, y está recurriendo a una reserva de asociación. Se usa los símbolos de animales prehistóricos en sueños para abrir los registros de la memoria que contienen la clave de lo que se hizo en pasadas vidas atávicas.

Los cascarones desencarnados de todos los animales prehistóricos ahora habitan, como etéricas formas sombreadas, en un estado crepuscular en la novena capa etérica dentro de la tierra. El Iniciado de Saturno, o el iniciado que se está entrenando para vuelos nocturnos con pleno conocimiento, en su investigación nocturna viaja hasta las etéricas capas interiores de la tierra y allí ve los animales que ahora están retirados e inanimados; sin embargo, cuando uno los ve, parece que están respirando, animados y vivos. Desde el equinoccio otoñal hasta el catorce de enero es más probable que se sueñe con los animales prehistóricos retirados.

ANIMALES DE SACRIFICIO EN SUEÑOS

Interiormente el hombre está enterado del Mandamiento, "*No matarás*". Este Mandamiento siempre está grabado en la consciencia y la memoria de todas las almas elevadas. En sueños le recuerdan al iniciado que el animal que matan para él es como un sacrificio.

Todos los animales están bajo el dominio del hombre. Durante todos los tiempos el hombre ha usado y abusado del reino animal, para poder sobrevivir y progresar. Cuando Dios habló con Adán, no dio ninguna instrucción al hombre sobre el consumo de carne. Conforme el hombre progresó por las varias fases del desarrollo biológico, debido a los desastres climáticos y catastróficos, por necesidad y para sobrevivir tuvo que recurrir al reino animal para comida y sustento.

Sueños de Animales de Sacrificio:

UN BURRO — Símbolo de uno que lleva una carga.

UN CABALLO — Significa librar y progresar.

UN JABALI — Un frenético atributo de avaricia; la necesidad de dominar la avaricia.

UNA PALOMA — Símbolo del sacrificio del inocente.

UN PICHON — Símbolo de sacrificio de alguien que el soñador conoce y que depende de la caridad del hombre.

UN TORO BLANCO — La memoria de Osiris en una vida egipcia.

UN TORO NEGRO — La advertencia en sueños de la necesidad de purificar la naturaleza sexual por medio de sacrificio y control.

UN VENADO — Símbolo del sacrificio de una criatura inofensiva, y del deseo del hombre de cazar y matar.

ANIMALES DEL ZODIACO EN SUEÑOS

Los símbolos de animales también se representan tal como aparecen en el significado del zodíaco de la iniciación de sueños.

El toro (Tauro) — iniciación por medio de asuntos terrenales, administración de objetos de la tierra; iniciación relacionada con la codicia de objetos y posesiones, también con el enérgico carácter sexual de uno.

Aspecto bueno — adquirir equilibrio en actitudes terrenales; aprender a tener generosidad; servir para llevar las cargas de los débiles. El buey — uno de los aspectos de los símbolos de sueños del toro — significa sacrificar, oprimir y también ganar; "*El obrero es digno de su salario*"; una persona que lleva las cargas.

El león (Leo) — dominio de las emociones; iniciarse en la voluntad superior; conocer al maestro; iniciarse en la conquista y restauración del registro del alma. Si a alguien le persigue un león dorado o un león blanco quiere decir que el maestro lo está buscando. Cazar al león significa que uno está buscando al maestro.

El carnero (Aries) — superar firmeza; superar la voluntad inferior; vencer la codicia; aprender las consecuencias de la acción directa; aprender los primeros principios, y así establecerse en autoridad; símbolo de reencarnación de una vida anterior en Israel.

El centauro — medio hombre, medio caballo (Sagitario) — vencer la característica de ser indeciso en asuntos de moral; vencer las etéricas intrusiones elementales; aprender obediencia y seguir la verdadera dirección; mediar entre animal y hombre; ver al hombre como supremo sólo bajo Dios.

La cabra (Capricornio) — iniciación para vencer la ambición en sí mismo; evaluar el orgullo; controlar el deseo de mandar; revivir el temperamento frío y cohibido; enterarse de la diferencia entre la pasión física y el amor espiritual; saber de la ley kármica e impersonal que exige castigos, y así vencer el deseo de tomarse la justicia por su propia mano y vengarse.

SIMBOLOS Y CORRESPONDENCIAS
EN LOS SUEÑOS Y EN LA MEDITACION
Animales - Aves - Peces - Insectos - Reptiles

En sueños o en meditación todos los animales cuadrúpedos representan las emociones, los deseos, las sensaciones y los sentidos. Todas las criaturas bípedas y voladoras representan lo mental: pensamiento, el pensar, telepatía. Los peces representan la acción etérica astral y también la acción del alma. Los insectos representan la acción bacteriana. Los reptiles representan la acción sexual de la voluntad y la acción del kundalini.

ABADEJO — Una madre domesticada con celo protector.

ABEJA — Diligencia espiritual telepática; iniciación solar; discípulo compañero. Libre para funcionar en el cuerpo emocional más elevado, en el cuerpo etérico y en el pensamiento. Colmena — acción mediadora del Discípulo del Cosmo.

Abejas en un sueño son símbolo del medallón del alma. Las abejas están bajo el mando y la dirección de las grandes Devas Solares. Las Devas Solares controlan las intrincadas funciones mecanizadas de la abeja. La miel, producto de la abeja, es un alimento especial, que cura y llena las necesidades de los cuerpos etéricos mayores y menores.

Ver a una abeja o una colmena en un sueño indica que uno se pone en contacto con el derrame de energía o la dulce sabiduría de los medallones de las almas acumuladas quienes se reunen para producir la miel Divina o la esencia de la sabiduría de Dios.

La Madre Divina trabaja especialmente con la consciencia de las Devas en ciertos poderes iniciativos solares.

Cuanto más desarrollada está una persona, tanto más es capaz de armonizar con almas de raras cualidades espirituales.

Es de anotar que los iniciados lunares no pueden asimilar la miel como alimento. Como están fuera del alcance de las ondas de las Devas Solares, reciben sus intuiciones e inspiraciones del reino de las Devas de Flora bajo la influencia del elixir nocturno de la luna en lugar del Sol o los Angeles de las Devas Solares.

Todos los insectos que pican están bajo la influencia del planeta Marte. Ver un insecto que pica en un sueño, con excepción de la abeja, que está bajo la influencia del sol, indica que uno estará herido por un atributo violento de Marte en su propia naturaleza o en la de alguien cercano.

AGUILA — Indica gran iniciativa y atrevimiento, y una vida que no es fácil; símbolo de un iniciado. El águila también representa un iniciado solitario.

Aguila color café significa una iniciación por medio de asuntos o condiciones terrenales.

Aguila azul indica una iniciación mental.

Aguila blanca o dorada indica una iniciación espiritual.

Ver muchas águilas indica muchos compañeros iniciados.

Ver un águila pequeña significa un iniciado que está de prueba.

Ver un águila volando indica el poder de ascender por encima del mundo astral.

Aguila grande — discípulo de polaridad y maestro.

AGUILA PESCADORA — Mente ateísta que encuentra placer en provocar a un cristiano; investigador de la sensualidad.

ALBATROS — Retribución. Símbolo de un morador de génesis menor que presenta la deuda de rasgos carroñas de pensamientos de vidas anteriores; símbolo de una acción moradora y la muerte que se aproxima; una persona vengadora.

ALCE — Representa el centinela o protector intrépido; un evento que se acaba o el final de una fase familiar.

ALCE DE AMERICA — El que defiende a los desamparados; persona que es de las regiones del norte.

ALMEJA — Persona en el mundo físico que no quiere cooperar. Actitud materialista, reservada y evasiva. Una persona retirada físicamente. Concha grande de almeja — oído interior; una bendición de Santiago.

ALONDRA — Símbolo de esperanza y mejores condiciones, y de una consciencia elevada.

ALONDRA DE LOS PRADOS — Los querubines le recuerdan que los ángeles están actuando; un himno del ocaso antes de dormir.

ANGUILA — Representa el fuego atávico o primitivo en la columna vertebral; símbolo de electricidad invertida y mala conducta por medio de la voluntad sensible. Cuando uno sueña con una anguila, está soñando con los recuerdos primitivos, prehistóricos y atávicos relacionados con la acción del átomo sensible de la humanidad. Uso enérgico del fuego de kundalini.

ANIMAL DOMESTICO — Indica alguna situación en el nivel de génesis familiar. Si el animal doméstico muestra tendencias violentas, es de acción del morador. Si el animal es dócil, uno podrá esperar la ayuda del Angel de la Guarda de la familia.

ANIMALES DE LA SELVA — Impulsos atávicos e imprevisibles que provienen de las emociones bajas; los que desafían a los incautos.

ANIMALES Y CRIATURAS DEL ARTICO — Todos los animales y criaturas que viven en climas polares significan posibles condiciones, situaciones o cualidades que todavía no se manifiestan y que están latentes e inactivas. Expuesto a elementos desconocidos.

ANSARINO — Una persona joven y tonta; una persona inmadura y emocional; un novicio torpe.

ARANATA — Persona exclusivista y retrógrada; persona retraída.

ARAÑA — Araña chiquita — manipuleo telepático hecho por una persona psíquica.

    Araña grande — símbolo de aumento material en la provisión; prosperidad; ensanchamiento del perímetro de acción; aviso para que observe la ética relacionada con la prosperidad.

    Araña negra — significa una mujer coercitiva a quien le encanta consumir la volición de un hombre.

    Araña azul — prosperidad espiritual con ayuda financiera; creador mental que está inspirado continuamente.

    Araña color café — pérdida de posesiones.

    Araña dorada — discípulo que trama su vida con sus propios recursos de gracia.

    Araña blanca — progreso espiritual y prosperidad.

    Nido de arañas — peligro de una trampa psíquica.

    Soñar con una araña en la cama — codiciar con lujuria; adulterio.

    Araña en la pared — debe cuidar la administración en el hogar.

    Araña en una telaraña — símbolo de peligro de que sea demasiado crédulo.

    Telaraña — Símbolo del medallón de la propia alma hecho con su propia luz; en su aspecto negativo significa la hilación de pensamientos negativos e intranquilos.

    Mono atrapado en una telaraña — indica que uno está debilitando la energía de su pensamiento.

    Veneno de una araña — una persona venenosa que contamina la pureza.

    Tarántula — (Vea Tarántula)

ARAÑA NEGRA (Viuda negra) — una mujer con carácter posesivo, parasítico, malicioso o destructivo con sutiles y etéricos poderes y conocimientos de la magia negra. Destrucción de los propios hijos. Alguien que destruye a su esposo. Destructor del hogar o del átomo de la familia.

ARDILLA — El que acumula las cosas; el que es previsor hacia el futuro.

ARDILLON — Una persona retraída que es vegetariana. Uno que destruye buenas obras.

ARMADILLO — Una criatura con caparazón significa una personalidad retraída. El hecho de que habite en el sur indica retiro hasta inclinaciones de génesis tribal y sensible acción emocional.

ASNO — Una personalidad laboriosa de temperamento tenaz; o fuerza emocional obstinada e inflexible.

ASPID — Frustración de la voluntad emocional debido a una persona cruel con una personalidad venenosa; símbolo de auto-destrucción o suicidio.

    Ver a un áspid a través de un vidrio significa que uno tiene protección contra su intención de suicidarse. Si ve el vidrio, como una pared, en un sueño, significa que uno está aislado y protegido.

ATUN — Un discípulo sacrificial que está ungido.

AVES — Bandada de aves volando hacia la izquierda significa sincronización y dominio de fuerzas siniestras con mentes negativas. Bandada de aves volando hacía la derecha significa sincronización de fuerzas espirituales que vienen en su ayuda; también representa el refuerzo de los ángeles. Aves representan telepatía. Aves blancas — telepatía espiritual. Ave blanca y negra — símbolo de asuntos legales.

Soñar el soltar a una ave — librar el yo superior y adquirir poderes telepáticos. Ave que vuela contra el vidrio de una ventana es un alma tratando de cruzar la barrera entre la vida y la muerte. Ave que se mata al chocar contra el vidrio significa una muerte próxima. Ave volando arriba — consciencia. Ave muriendo — significa que uno está quitando la vida de su ser superior. Ave en una jaula — el ser superior reprimido.

AVE FENIX — Persona hábil con suficiente poder para elevarse en los mundos más elevados; el que no tiene kárma personal; el que tiene la gracia de determinar sus ciclos de encarnación, o el que tiene el poder de "entrar y salir", el poder de inmortalizarse de nuevo, o la consciencia para recordar vidas pasadas y reencarnar por voluntad propia.

AVE LOCA — Negativa iniciación lunar investigando las emociones para vencer la irreverencia; telepatías tontas.

AVESTRUZ — Persona retraída e insensible; actitud tonta, mística y ambigua; uno que espera que otros trabajen por él, y se niega a confrontarse con sus propias debilidades.

AVISPA — Una persona celosa, vengativa, rencorosa, anti-social, hostil, posesiva y retraída.

AVISPA CON PINTAS AMARILLAS — Símbolo de uno que continuamente está tomando la ofensiva, que contribuye poco a la industria, y que piensa sólo en sí mismo.

AVISPA DE LODO — En su aspecto positivo, indica que uno está explorando etéricamente los minerales de la tierra. En su aspecto negativo se relaciona con una persona que nació bajo un signo de tierra (Tauro, Virgo, Capricornio) con tendencias parásitas, creando su vida sobre la vida de otro. La advertencia en sueños es que le lastimarán a uno si la persona parásita no sale con la suya.

BALLENA — Símbolo de maniobras en el mundo astral; iniciación de Jonás.

BICHOS E INSECTOS POR ENCIMA DEL SOÑADOR — Advertencia sobre personas parasíticas y el peligro de ayudar a uno antes de que esté listo; también un aviso de que la bacteria de las células están fuera de control; peligro de purificación por medio de fiebres o infecciones.

BOA — Peligro parasítico, posesivo y sutil de personas en el mundo físico o de poderes de entidades del mundo astral, que paralizan y frustran la voluntad física. Una entidad malvada que no ha encarnado, o alguien que no puede reencarnar, en posesión de la voluntad física de una persona.

BUEY — Víctima de explotación; el que lleva la carga; un sacrifio inflingido desde afuera.

BUFALO — Sensibles recuerdos emocionales del Atlántida decadente. Cuernos de búfalo — la muerte de una persona fuerte o de alguien que parece el jefe de una tribu.

BUFALO DE AGUA — Una persona sensual, que se mueve lentamente y que trabaja como un esclavo.

BUHARRO — Entidad destructiva y malvada relacionada con los pensamientos sin resolver de los muertos que no han ascendido. Una persona que cree que puede beneficiarse con la muerte de otros.

BUITRE — Vampiro astral que se alimenta con negatividad y depresión. El buitre se relaciona con una fuerza del anti-Cristo, que se alimenta de los pecados decadentes de los hombres, su indiferencia y sus inercias.

BURRA — Una mujer paciente, perseverante; el que acepta las cargas mayores.

BURRO — Indica que al soñador le exigen una tarea en que llevará una carga más pesada y sin quejarse. En lo negativo, indica una persona o situación terca e inflexible. Un temperamento egotista, impasible, desobediente.

CABALLITO DE MAR — Símbolo de iniciación en la profundidad astral.

CABALLO — Progreso.

Color café — progreso material.

Negro — peligro de muerte; o aviso de muerte.

Blanco y negro — indecisión; su progreso está frustrado por culpa de una lealtad dividida.

Gris — retroceso; conceptos turbios.

Rojo — previene sobre futuras agresiones; peligro de una persona hostil y vengativa con un Marte afligido; también señal de guerra.

Blanco — progreso y evolución espirituales; "avatar" y maestro; por lo general se ve durante la Pascua.

Bayo — conducta lenta pero segura.

Yegua — uno que es doméstico y que lleva la carga; progreso de índole doméstica; mujer que cumple con sus deberes con sus hijos y su esposo.

Palomino — progreso con emociones; símbolo de nuevos y futuros ambientes, que contendrán belleza y armonía.

Pegaso — (caballo blanco con alas) significa iniciación de Mercurio; símbolo de inicación de Rafael en la Pascua.

Un caballo de tiro o percherón — significa un ayudante firme y resignado; dominado por la conformidad.

Jaca — representa juego de niños; engaño de sí mismo en relación con el progreso.

Ruano — símbolo que representa la mezcla de conceptos tradicionales que interrumpen el progreso espiritual; el que está satisfecho de sí mismo con su progreso; el que está demasiado seguro de sí mismo.

Semental — un desafío sexual, y un aviso para que sea más reverente con las actitudes sobre la procreación.

Herradura hacia arriba — magnetismo sagrado que viene del cielo; hacia abajo, magnetismo que viene de una persona en el mundo y de las emociones de uno mismo.

CABRA — Una persona estúpida, terca e inconforme; el que usa la fuerza en vez de la volición superior.

Un cabrito blanco — una mente joven y rígida que necesita un maestro o un pastor.

El que paga por las culpas de otros, o chivo expiatorio, es uno que cae en una trampa kármica sin darse cuenta, y de ese modo llega a ser un intermediario de sacrificio o un sufridor indirecto por los pecados de otro.

CABRA (hembra) — Mujer limitada a las labores domésticas.

CABRA MONTES — Uno que prefiere vigilar. Persona terca demasiado ambiciosa.

CAIMAN — Iniciación para vencer la lujuria; o podría estar relacionado con alguna persona con actitudes lujuriosas. Destructivo, sensitivo, voluntad emocional. Investigando la lujuria en sí mismo.

CAMARON — Símbolo de un morador pequeño, inofensivo, astral; una persona insignificante.

CAMELLO — Símbolo nómada. Habitar el desierto indica génesis tribal. Símbolo profético de cambio de lugar debido a algunas relaciones con átomos sensibles. Si ve un camello en la luz, significa una pura y desinteresada dedicación de un discípulo de polaridad, e indica una estancia espiritual o una caravana a lugares desconocidos.

CANARIO — Telepatía de una clase más elevada. Canario pequeño-iniciado jóven.

CANGURO — Actitud indefensa, torpe, anticuada. Cuando lo ve en un sueño, la persona no está soltando los apegos sentimentales que dejarán de realizar sus expectaciones.

Nota: El canguro ya está por desaparecer. Los animales que están desapareciendo de la tierra y que se ven en sueños se relacionan con condiciones ilusorias y pasadas de moda.

CARACOL — Discípulo de polaridad, o uno que carga su casa en la espalda; poder de observar el cuerpo inferior etérico y el cuerpo físico cuando están funcionando.

CARCAYU — Persona con temperamento doble, casi esquizofrénica; sin conceptos morales; peligrosa para la sociedad.

CARNERO — Símbolo relacionado con la época de Moisés; también se relaciona con los Diez Mandamientos; sentinela de valor. También el que sigue a Jesús, o miembro de la congregación de personas pacíficas.

CASTOR — Servicio nocturno e incesante diligencia en los planos astrales más elevados con el libre uso del cuerpo emocional más elevado. Una persona de diligencia coordinada.

CERDO — Egoísmo, codicia, absorpción astral o psíquica; una persona insensible que piensa sólo en sí mismo.

Jabalí — Una fuerza astral fuera de control que afecta a una persona codiciosa, causando destrucción.

Puerco — Persona joven y sin experiencia; persona psíquica, glotóna, egoísta; codiciosa; sensual.

Marrana — Una mujer codiciosa y desaseada. Una madre que sólo piensa en consentir a sus hijos.

Cerdos — El que está a gusto y feliz en suelo astral. También símbolo del hijo pródigo que prefiere la manada de cerdos a la casa de su Padre.

CHACAL — El que vive de los despojos de otros.

CHAPULIN (CATYDID) — Una persona ritualista, con creencias.

CHOTACABRAS — Entidad astral que busca una presa crédula.

CHOTACABRA AMERICANA — Introspección dolorosa y nostalgia irreparable por eventos del pasado. Si sueña con una chotacabra es que le están ensenañdo que las cosas del pasado están fuera de su control.

CIEMPIES — Escapista desobediente; voluntad emocional invertida; abuso del oído; intruso que fastidia.

CIERVO — Representa balance y equanimidad perfectos; el que desea ascender hasta Dios.

CIGARRA — Peligro de destrucción por acción de Morador de Comunidad.

CIGUEÑA — Protector angelical; aumento en el hogar.

CISNE — Dominio sobre el mundo astral.

Un cisne blanco representa los niveles de los santos.

Un cisne color café representa una persona que tiene el poder de recibir ciertas ayudas de la Sala de Aprendizaje.

Cisne negro — ocultista negro o un mago que se hace pasar por un pacifista.

COALA — Indulgencia inútil en el hogar que toma tiempo y exige cuidado; deseo y necesidad de dirigir su afecto a un origen más elevado.

COBRA — Cuando está atacando, es símbolo de voluntad física desquiciada. Fuerza psíquica peligrosa o el uso invertido de la voluntad. Peligro que viene de una voluntad hipnótica. Cuando la cobra está quieta — poder de kundalini que está por abrirse.

COLIBRI — Armonía sostenida con el elevado cuerpo etérico; un experto en levitación de la mente.

COMEDREJA — Un avaro inofensivo; persona del tipo de Uriah Heep.

CONEJILLO DE INDIAS — Experimentación sólo para explotación.

CONEJO — Timidez; uno que requiere protección; criatura que es co-átomo con la familia de los venados; inofensivo.

CORDERO — Cordero de Dios o Jesús.

Cordero blanco — discípulo querido; símbolo de inocencia y sacrificio; símbolo de una mente controvertida.

Cordero negro — discípulo perdido; el que ha traicionado a Nuestro Señor.

Un borrego que llevan al matadero — símbolo que preparan a uno para que sirva de sacrificio.

Un cordero entre muchos corderos — símbolo de discípulos compañeros que llevan las prendas del Buen Pastor; grupo de personas inocentes o ingenuas.

Cordero perdido — discípulo en peligro de perderse; el que necesita nuestras oraciones.

Un cordero que está mirando para atrás — discípulo que está leyendo el registro de vidas pasadas.

CORDONIZ — Vulnerabilidad del átomo familiar; mezcla de sagacidad e ingenuidad; demasiado confiado.

COYOTE — Acción de sensación sigilosa y cobarde; una persona que busca la comida entre la basura, un paria.

CRIATURA CON CASCARON O CONCHA — Símbolo de aislamiento y protección debido a hipersensibilidad.

CRIATURA DEL DESIERTO — Indica una persona retirada o una situación retirada; símbolo del estudio de uno mismo.

CUCARACHA — Tierra astral y negación; falta de orden en emoción y pensamientos; situación desagradable para las buenas costumbres.

CUCO — Símbolo de una persona tonta, poca realista; también símbolo de una de las polaridades del alma. En su aspecto más elevado el cuco simboliza el principio masculino tratando de armonizar con el principio femenino. A veces el símbolo más alto del cuco se llama el ruiseñor del alma. Se puede oír el gorjeo de esta ave, que es simbólica del alma en estado de iluminación. El alma puede reproducir el sonido de un pájaro por medio de la corriente audible o el sonido cósmico.

CUERVO — Un intruso inconsciente; una mente astuta; destructor de las labores de uno; un bandido cínico y materialista, un chismoso malicioso.

DINOSAURIO — Indica que uno pasa por una iniciación de Saturno, y está investigando el retirado del reino animal; también que uno está usando ideas anticuadas en una situación moderna.

DRAGON — Indica que uno está pasando por una iniciación de la esfera de la luna, y está investigando el campo magnético alrededor del mundo. El campo magnético alrededor del mundo es el bajo mundo astral que contiene los negativos escombros emocionales de la humanidad. Estos escombros se mueven como una gran serpiente, hirviendo, retorciéndose, volteándose. Después de esta clase de sueño, el que sueña debe hacer un pacto para purificar sus emociones. También representa iniciación en la baja región astral.

ELEFANTE — Quiere decir la voluntad. Con la trompa para arriba significa victoria sobre condiciones físicas; símbolo de perseverancia; fuerza, poder, victoria o éxito al escarmentar. Con la trompa para abajo — volición invertida, maliciosa, insensible y poca inteligente; el uso de la fuerza sin compasión; derrota, o escarmentarse de alguien que tiene la volición más fuerte.

Elefante barritando o hablando — escogerán a uno para probar su poder; también kundalini subiendo al espinazo por el nervio mediano.

Manada de elefantes — hacer que tu propia volición abra el camino.

ERIZO — Símbolo que enseña a prepararse para una temporada venidera y sus iniciaciones; una persona que espera los buenos tiempos para ser discípulo.

ESCARABAJO — Ocultismo; escarabajos grandes indican personas sostenidas por el ocultismo; una figura poderosa de lo oculto. Telepatía emocional. Poderes iniciativos de vidas anteriores en Egipto. Escarabajo negro, poderes invertidos. Escarabajo verde, curación de lo astral. Escarabajo dorado, iniciación real o autoridad espiritual; se relaciona con Egipto; trabajo en Egipto de lo pasado.

ESCORPION — Símbolo de una ofensa inesperada; reproducir algo que aparentemente ha sido destruído; símbolo de un rejuvenecimiento inmortal

ESTRELLA DE MAR — Iniciado cristiano y estigmatizado; símbolo de planetas y sus auxilios nocturnos. (Vea Pez)

FLAMENCO — Una manera frívola y sensual de pensar o ideas que se deben retirar; situación obsoleta.

FOCA — Persona inofensiva que contribuye al mundo con sacrificio. Símbolo de un ciclo que se termina.

GACELA — Indica a uno que es tierno e inofensivo. Al que sueña con una gacela le dice su alma que sea compasivo.

GALGO — Una persona con mucho músculo y poca mentalidad; una persona que persigue su caza sin saber porque.

GALLINA — Mujer demasiada doméstica; una chismosa; hembra poca atractiva.

GALLO — Símbolo de negación de Nuestro Señor; traición; una llamada solar de nuevos comienzos.

GAMA — Significa una jóven, tierna, discípula femenina que necesita oraciones y protección.

GAMO — Una fuerza agresiva, masculina y emocional en el plano físico.

GANSO — Una persona hipersensible con un complejo de inferioridad; un egotista sexual.

GARCETA — Significa que uno está abusando de sus emociones y su mentalidad, o está poniendo en peligro su vida espiritual. Una actitud inexperta sobre dones espirituales. Símbolo de orgullo falso. Símbolo de cruel destrucción.

GARZA — El que está medio absorto en los cienos del mundo astral y la mancha del error del mundo mental.

GATITO — Menor fuerza astral débil; también significa que tiene afecto hacia una persona que es inmadura emocionalmente.

GATO — Fuerza astral; observando varios grados de energía; una persona psíquica quien le está quitando su vitalidad. Indica que uno está sujeto al bajo mundo astral por medio del plexo solar, y que se están agotando el magnetismo emocional y el magnetismo físico del cuerpo.

Gato blanco — religión astral.

Gatos negros — mujeres con temperamentos maliciosos.

El gato de uno — protector psíquico del hogar.

GATO MACHO — Un hombre sensual y amoral.

GATO MONTES — Una persona retrocedida, primitiva con tendencias destructoras y despiadadas.

GAVIOTA — Un recogedor de basura astral o una entidad que no ha encarnado que se alimenta con la vitalidad de una persona viva; una persona que vive en el mundo con tendencias parásitas.

GILA — Persona mística, retraída y confusa con poderes mortales, mordaces y psíquicos.

GOLONDRINA — Símbolo de un discípulo tímido, inofensivo y sumiso con el poder de ritmo.

GORILA — Una persona ruda y sin moralidad. Un gorila en un sueño puede significar imitación, o sea que una entidad que no ha encarnado puede tomar la forma descartada de un mono o un gorila y aparecer en una forma amenazante o aterradora para el soñador.

GORRION — Símbolo de merced para las masas.

GRIFO — Guardián elemental y protector que usaron los Asirios, Babilonios y Egipcios. Al ver un grifo en sueños, uno está investigando los registros pasados de esos países.

GRILLO — Angel de la Guarda pequeño del átomo de la familia. Ante la chimenea, protector para la madre de hogar.

GUSANO — Aviso de una situación astral repelente; dirección para poner en orden su casa; una persona debil de carácter.

HALCON *(falcon)* — Embajador negativo; uno ha dado autoridad a la persona equivocada; un perseguidor despiadado.

HALCON *(hawk)* — Un destructor deliberado; el que persigue su presa con una persistencia incansable; clarividente que usa sus poderes sin merced.

HIENA — Una persona o experiencia provocativa, astuta y amoral; un aviso para estar prevenido contra la malicia taimada de una persona cercana; una persona parásita; persona que espera la muerte de otra.

HIPOPOTAMO — Una persona irascible, impenetrable, primitiva.

HORMIGA U HORMIGAS — Experiencia iniciatoria de salud. Desarreglo bacteriano en el cuerpo físico. Desequilibrio de la salud o alta fiebre. Pronóstico de una enfermedad para uno mismo o para una persona o personas cercanas. Pronóstico de una epidemia tremenda. Hormigas pequeñitas — una fiebre que persiste. Hormigas grandes — enfermedad fuera de control.

HUEVO — Símbolo de fertilidad. El gran huevo cósmico se relaciona con la creación del cosmo. El huevo de un reptil es un aviso y un presentimiento de un efecto astral inminente, malsano e indeseable sobre asuntos humanos. El huevo de gallina simboliza karma oportuna y una circunstancia que afecta los asuntos domésticos. El huevo de un pescado indica embarazo, o miedo de embarazo. Soñar que se come un huevo indica que uno ha absorbido la sustancia de vida universal.

IBICE — Un intruso primitivo y terco; también pertenece a una elevación enérgica sobre la marcha de expectación común; arrivista social.

IBIS — Un recuerdo de Atlántida y Egipto; investigación del registro de vidas anteriores en Egipto; símbolo de vida inmortal; investigación de las terapias médicas del Egipto; símbolo protector contra la indecencia sexual.

IGUANA — El que obtiene por su ingenio astuto; aquel a quien le falta apoyo o resistencia físico y emocional.

INSECTO — Insecto molesto — aviso que uno ha descuidado reverencia en su hogar; se ha quitado el aislamiento astral.

Insecto venenoso — aviso de que uno está debilitando su nivel de energía y así está expuesto a telepatía maliciosa; estar sobre aviso contra personalidades mordaces y sarcásticas.

Cantidad de insectos — baja de defensas contra telepatías en masa llenas de reproche; está escudriñando el mundo de bacterias antes de que lleguen los poderes curativos.

JABALI — Una persona bruta, egoísta, emocionalmente enérgica con una actitud agresiva e irrazonable. Abuso de la voluntad emocional.

JAGUAR — Una fuerza o una persona despiadada o sin ética; un tirano astral del sutil bajo mundo.

JAIBA — Escapista; una situación que no se puede lograr. Una jaiba sin concha significa un escapista sin defensa; expuesto al kárma.

JIRAFA — Curiosidad e interrogación inofensiva; una idea muy extraña; vegetariano sospechoso con una perspectiva intolerante.

LAGARTO — Compulsión sexual ancestral; una persona letárgica con fuerte motivación sexual.

LANGOSTA — Una persona que se ha protegido contra la luz. Si la langosta está viva, quiere decir que le están ayudando; si está muerta, desagradable experiencia astral.

LECHUZA — Sabiduría; símbolo de la Corriente de Luz Número Uno; y símbolo de un discípulo de la volición; símbolo del talismán de uno de los grandes Maestros.

LEMING — Quiere decir hambre general en la tierra; una compulsión negativa incontrolable que viene del principio destructor.

LEON — Hombre que es iniciado de volición.

León negro — el que todavía no ha dominado su voluntad. El que usa la volición para poner en vigor la obscuridad.

León dorado — iniciado que ha utilizado la gracia de su alma. Un Maestro.

León blanco — un experto; el que tiene dominio sobre sus emociones y dominio sobre las regiones y esferas astrales; también un Maestro.

León color café — el que está como en su casa en el elevado mundo astral; él que tiene poderes de manifestación en la esfera física.

El que está montando en un león — un iniciado que lleva a uno sobre el mundo astral.

LEONA — Una mujer que es iniciada de la volición. (Vea referencia al león para interpretación de color)

LEOPARDO — Una entidad vengativa que no ha encarnado; o una persona despiadadamente ambiciosa.

LIBELULA — Indica iniciación de Saturno con los recursos minerales de la tierra, en particular la piedra de ámbar y sus facultades curativas; un estudio de cambio de magnetismo, y el uso de "prana" como fuego curativo.

LIEBRE — Una persona inofensiva, precipitada, aparentemente tímida; una persona psíquica que es telepática y de rápido pensar.

LINCE — Una persona astuta, misteriosa e independiente; una persona insincera que finge.

LLAMA — Símbolo de discípulo de polaridad formal; recuerdo de ocultos poderes orientales; unión con el Tibet.

LOBO — Una persona implacable y vengativa quien manipula las voluntades de sus compañeros para tomar venganza; uno que acecha; caza sólo en una manada; un amigo indomado o comunicación sin desarrollar.

LUCIERNAGA — Relámpagos psíquicos; una persona que posee intermitente fuego astral e intermitentes poderes de medium o psíquicos, en vez de luz espiritual. Estas personas se comunican con los muertos que no han ascendido o con los elementales de las bajas regiones astrales.

MANTIS — Destructor gurú astral que arruina la vida de una persona. Peligro de que le lleven por el camino de la izquierda. Un gurú astral es uno que ha profanado su iniciación en una vida anterior y ahora, por lo tanto, es de las tinieblas.

MAPACHE — Criatura inofensiva y sacrificial; significa una persona que hace sacrificios sin saberlo; revoltoso diligente.

MARIPOSA — Símbolo del elevado poder telepático de la glándula pituitaria y también símbolo de la intuición mayor. Símbolo de reencarnación. Una bendición como discípulo.

MARIQUITA — Símbolo de génesis familiar doméstico; protector de la juventud.

MARMOTA — Acaparador afectuoso.

MARSOPA — Embajador de los querubines; una ocurrencia feliz y angelical.

MARTA — Símbolo de sacrificio; sacrificio inútil para una persona codiciosa; llevar puesta piel de marta significa llevar la cubierta etérica nocturna.

MASTIN — Demasiada manifestación de lealtad; demasiado afecto; una persona desarreglada o grande.

MIRLO — Telepatía negativa o noticias molestas, sutiles y mentales. Mirlo con un mensaje dorado — prueba monetaria de personas taimadas.

MONGOSTA — Intrépido guardián astral que combate la acción negativa; guardián contra las tinieblas sutiles.

MONO — Malicia; chismes; persona demasiado curiosa; fuerza mental que es sutil y degenerada. También fuerza atávica incomprensible. A veces se ve antes de una experiencia con el morador de génesis tribal o una sensitiva iniciación emocional. Fuerza bruta. Investigar las agresiones y la crueldad de uno mismo.

MORSA — Una persona que piensa lentamente, pomposa, y que piensa mucho en la sociedad.

MOSCA — Un comunicante parásito e infectuoso; portador contagioso de opiniones que no han sido probadas; el que disemina malicia; manera maliciosa de pensar de alguien; una enfermedad contagiosa; portador de negación psíquica.

MOSCA TSETSE — Símbolo de una amenaza de venganza de génesis tribal; debe tener cuidado en territorios extraños.

MOSQUITO — Pensamientos astrales y negativos que debilitan la iniciativa. Muchos mosquitos significan muchos enemigos.

MULA — Personalidad terca y neutral; trabajo de esclavos; una barrera que es imposible cruzar.

MURCIELAGO — Negativo, telepatía torpe de una persona en el mundo con poderes psíquicos e invertidos o de una fuerza de vampiro de las bajas regiones astrales. Esta clase de telepatía debilita y agota los sentidos. Forma de pensamiento mental. Símbolo que usan los magos negros.

MUSARAÑA — Símbolo de una mujer oficiosa, desconsiderada y cargada con presiones.

NU — Investigación de las polaridades tribales y del retirado reino animal.

NUTRIA — Una persona sensual, elegante y que le gusta el placer; fue sofista.

OCA — Migración a otro lugar; un cambio o una migración causada por una compulsión que proviene del murmullo vibratorio del medallón del alma. Cuando uno sueña que sus facciones se cambian a las de un ganso, está bajo el dominio de otro. Un idealista tonto.

OCELOTE — Entidad muerta, despiadada, que no ha encarnado y que no tiene consciencia.

OPOSUM — Persona sin raíces y con emociones transitorias; un estoico parásito sarcástico; peligro de estar involucrado en una caridad que no es productiva; sembrar la semilla en tierra estéril; alguien de quien se debe huir.

ORANGUTAN — Mentalidad sin inteligencia; fuerza destructiva, atávica, y telepática; ajeno a la humanidad; fuerza bruta sin consciencia.

ORIOL — Cantante para los Mundos de los Querubines; mensajero de los ángeles.

ORUGA — La voluntad sin forma y sin entrenamiento; posible iniciado.

OSO — Hibernación, insondabilidad emocional y falta de comunicación. El hecho de que habite en el norte indica nivel de génesis humano; hombres que no obedecen, que hibernan. Místico no aclarado y uno que es retirado.

OSO HORMIGUERO — Personalidad que molesta y trae miedo. Que agita e interrumpe las actividades. Cuerpo emocional, sensible a nivel de átomo. Persona demasiada curiosa que altera las rutinas reglamentarias.

OSTION — Iniciación y sufrimiento para producir la perla del alma. Un retiro forzado para aprender una lección. Iniciación causada por presiones ajenas.

OVEJA — Símbolo de sacrificio y martirio por una persona pura y femenina; una gracia excepcional. Una discípula o devota de obras espirituales.

PAJARO CARPINTERO — Un introvertido que se disfraza como extrovertido; haciendo mucho ruido para ocultar su inseguridad; irritación porque le están obligando a una situación indeseable.

PALOMA (en inglés: DOVE) — Un co-discípulo o discípulo espiritual; también símbolo del poder del Espíritu Santo.

Palomas — discípulos compañeros.

Palomas blancas en el suelo — discípulos del plano terrenal.

Palomas blancas volando — significa sincronización del núcleo de discípulos.

PALOMA (en inglés: PIGEON) — Uno de la multitud o de la congregación exterior; el que trata de manchar o despojar una paloma o un discípulo puro.

Grajo — El que interfiere con las fidelidades domésticas; seductor; ingrato.

PALOMA MENSAJERA — Palomas grises en la tierra — posibles discípulos del mundo físico que todavía no han evolucionado.

Palomas grises volando — posibles discípulos de polaridad de paso.

PANDA — Persona inepta quien cree ser un ornamento para la sociedad.

PANTERA — Enemigo implacable y despiadado de la noche.

PARASITOS — Una intrusión manchada que estorba la paz y la santidad.

PARQUE ZOOLOGICO — Soñar con un zoológico donde animales están encerrados — símbolo del carácter animalístico de uno siendo refrenado; hacen a uno el objeto de curiosidad o estar bajo el escrutinio desconsiderado de las masas.

PASTINACA — Entidad astral con el poder de hacer daño físico; persona que tiene tendencias a lo sádico.

PATO — Un peregrino; símbolo de uno que se está preparando para surcar las olas del mundo astral; también que uno podría emigrar a un nuevo lugar.

PATO REAL — Símbolo de migración y cambio debido al impulso emocional.

PAVO — Símbolo de un sacrificio que se ofrece dando gracias por haber sobrevivido; símbolo que denota un evento importante en el otoño correspondiendo con el Día de Gracias; persona que busca basura.

Muchos pavos — situación racial.

PAVO REAL — Vanidad; egoísmo; su aspecto elevado significa los ojos de iluminación por medio de percepción extrasensorial elevada.

PELICANO — Maestro; el que sacrifica su vida para los jóvenes que comprenden.

PEREZOSO — Un místico introvertido y parásito que a veces demuestra fanatismo; el alma avisa que uno debe despabilarse y ponerse a trabajar.

PERICO — Un chismoso; hablar fuera de orden o fuera de tiempo; el que repite palabras imprecisas; el que tiene Mercurio negativo.

PERIQUITO — Ayuda de los querubines en el átomo familiar.

Pericos-muchas personas chismeando; chismes repetidos por muchos.

PERRO — Un perro blanco o de color claro con intenciones buenas y amorosas indica lealtad indiscutible; fidelidad; la prueba de ser fiel.

Un perro manchado significa una persona escéptica sin lealtad.

Un perro negro significa una fuerza negra u obscura; amenaza de los poderes de las tinieblas; diciendo la verdad a alguien (que no está listo) quien lo pondrá en ridículo.

Un perro que está ladrando indica una advertencia de la pérdida de posesiones materiales, honor o reconocimiento.

Un perro rabioso simboliza un adversario demente.

Un perro bravo o gruñoso significa un ateo o uno que no es creyente; un contendiente; una persona ingrata.

Una jauría de perros significa persecución brava.

Un perro extraño con cara de tela o trapo significa que el soñador está encontrando a una persona extraña que demuestra su verdadero carácter.

Soñar con un perro fiel que es ciego significa que el que sueña tiene una fe ciega, o tiene un carácter místico.

Una mujer cargando a un perrito indica que el que sueña subconscientemente espera gratificación cuando es fiel, o quiere recompensa por sus favores.

Cuando uno sueña con un perro que ya no vive y que quería mucho, el sueño indica protección contra telepatías y obras extrañas. Estos animales protegen a sus dueños anteriores, estando despiertos o durmiendo, contra sutiles atacantes elementales.

La Raza de un Perro y su Significado en la Simbología de Sueños:

Un airedale es el símbolo de una persona inclusiva que cree que otras personas no son necesarias para él; mente y actitud organizadas.

Un perro de caza significa que el soñador tiene un sentido de olfato aumentado. Un perro de muestra indica uno que tiene poderes perspicaces. Un perro cobrador indica una recompensa por lo bueno o lo malo.

Un *sabueso* es el símbolo de un policía; un ángel de retribución — bueno para revisar los Diez Mandamientos.

Un *dogo* significa lealtad tenaz; Angel de la Guarda; un protector jovial y tenaz.

Un *perro de aguas* significa indulgencia doméstica; una persona con poca imaginación, que espera tener todas las comodidades.

Un *pastor* escocés significa un pastor o un maestro.

Un *tejonero* indica una situación humorística con un fin feliz; una persona que es capaz de librarse de acusaciones falsas.

Un *perro esquimal* indica uno que tiene entusiasmo robusto y controlado; también contacto impersonal y sin sentimiento; recuerdo de antiguas noches árticas.

Un *perro danés* significa una condición desagradable y molesta; a veces se refiere a una persona torpe.

Un *podenco* significa un explorador, y el gusto profundo de cazador que cada uno de nosotros lleva consigo, tendencias de estar siempre con un grupo.

Un *chihuahueño* indica alguna situación embarazosa o liga con una persona latina.

Un *perro del Artico* significa un recuerdo primitivo de la época glacial.

Un *perro callejero* significa lealtades diversas; una persona de diversas creencias.

Un *perro de Terranova* simboliza un Hermano Bueno; un servidor nocturno leal; el lugar de una vida pasada.

Un *perro pequinés* significa una situación regalada y un contrincante inesperado.

Un *perro policía* significa la ley; Angel de la Guarda de los juicios y las éticas.

Un *perro de lanas* significa que uno dedica su tiempo y su lealtad a la vanidad; una persona con demasiada educación con deseos condescendientes.

Un *perro de Pomeriana* indica una persona que demuestra parcialidad y falta de hospitalidad; una persona inaccesible.

Un *San Bernardo* significa sobrevivencia, y la ayuda de un individuo torpe y autoritativo.

Un *terrier* significa curiosidad, tenacidad.

Un *cachorro blanco* — una nueva lealtad.

UN SUEÑO DE ADVERTENCIA: Soñe que bajaba por unas escaleras. Al final de la escalera estaba una puerta de vidrio. Ví la cara de un hombre mirándome a través de la puerta. Me puse sobre aviso, porque su mirada no era amistosa. Cuando salí, corrí por la calle y ví dos policías junto a la entrada de una comisaría. Me paré al lado de los policías, sabiendo que ellos me protegerían si fuera necesario. Mientras tanto, ví que el hombre tenía alrededor varios perros negros de diferentes tamaños. Algunos eran bastante grandes. Después de ponerme fuera de peligro, ví a los perros hacer a una persona lo que me hubieran hecho a mí; el hombre había enseñado a los perros a rodear a su víctima, levantarse y ladrar ferozmente en su cara. Los había entrenado a que no tocaran a su víctima; sin embargo, después de haber sido atacado, la víctima moriría de miedo. Después de haberse ido el hombre y los perros, no quedaría nungun indicio de la causa de la muerte.

INTERPRETACION:
1. "Bajaba por unas escaleras" indica que el que sueña está bajando por las bajas regiones astrales.
2. "Puerta de vidrio" significa aislamiento contra negación astral.
3. "Hombre poco amistoso" — morador del bajo mundo astral.
4. "Dos policías" — dos ángeles o dos ayudantes invisibles con aislamiento, poder y autoridad espirituales.
5. Perros negros — moradores elementales de la obscuridad; atacantes malvados.
6. Le están mostrando al soñador el peligro en los poderes astrales de la obscuridad quien tienen el poder de matar sin dejar huellas físicas.

Nota: Cuando uno dice un mantram antes de dormir, está protegido contra los moradores nocturnos de la obscuridad y está preparado para vencer sus retos. En caso de un ataque astral durante el sueño, el iniciado automáticamente dice el mantram de aislamiento: "En el nombre de Cristo, no te tengo miedo". Si uno no dice su mantram nocturno antes de dormir, tal vez no estará aislado contra los retadores de la obscuridad.

PERRO PASTOR — Una presencia espiritual y angelical que proteje el rebaño del Señor.

PEZ — Un pez nadando hacia la derecha en agua clara — un converso de Cristo. Nadando hacia la izquierda — flotador astral.

Un pez en aguas turbias indica una situación confusa causada por una acción pasiva y desviada.

Estar pescando indica que un nuevo discípulo o iniciado aparecerá pronto en el horizonte.

Comer pescado en un sueño indica que uno se está incorporando verdades espirituales como las que dijo Cristo. Cierta acción sacramental que indica unión con la luz.

Las agallas de un pescado indican a uno que vive en el pasado olvidado; investigación de la memoria primitiva; egoísmo en una persona de carácter ilusorio. Si el pez está moviendo indica irritación de fuentes primitivas.

Peces tropicales indican detención temporal del desarrollo.

Peces de agua dulce indican uno que se convierte al evangelismo.

Peces de agua salada indican a uno que eventualmente trabajará para las humanidades.

Pez globo — uno que es presumido y fanfarrón.

Bagre — morador de cieno astral.

Delfín — una persona neutral; también un Angel Querubín.

Pez de colores — una personalidad retraída en un grupo religioso secular.

Aguja — discípulo con emociones profundas y temperamento sombrío, que acepta disciplina.

NOTA: Un pez de alta mar indica un iniciado con emociones profundas, capaz de dominar las condiciones astrales.

Pececillo — las masas que no están desarrolladas.

Marsopa — representa Angeles Querubines.

Tiburón — representa un mago negro y astral; una entidad que no ha encarnado.

Estrella de mar — antagonista kármica en un grupo espiritual. Interpretación positiva — una bendición y la apertura de una puerta espiritual.

Tarpón — inútil pérdida de tiempo y el abuso de las fuerzas de la Naturaleza.

Ballena — representa los tres planos inferiores del mundo astral; una prueba de obediencia de Jonás.

PEZ PILOTO — Una persona parásita que requiere el apoyo de otro o una persona satélite que usa el poder y la fuerza de un líder.

PINGUINO — Persona devota, pomposa, inofensiva y ortodoxa.

PIOJOS — Anormalidad inmoral e incestuosa; contaminación a causa de amoralidad.

PITON — Insaciabilidad sexual y kármica; morador sexual.

POLILLA — Visitante astral que es destructivo y desintegrante; uno que es atraído a la luz y fracasa.

POLLO — Las criaturas emplumadas son símbolo de telepatía; un pollo es el símbolo de telepatía doméstica que se relaciona con el hogar o el átomo de la familia.

POSUM — Vea Oposum.

PUERCO — Vea Cerdo.

PUERCO ESPIN — Antagonista agresivo y beligerante; uno que es hipersensible porque le remuerde la consciencia.

PULGA — Significa una persona parásita, psíquica y fastidiosa quien insiste en agitar y estorbar el medio ambiente.

PULPO — Entidad de la octava esfera que no ha encarnado; persona que tiene poderes hipnóticos sobre la mente de otro; entidad aliada con un medium que usa poderes psíquicos bajos.

PUMA — Antagonista astral.

RATA — Pobreza tenaz e inflexible; lección que se aprende por medio de la escasez; peligro de contagiar la pobreza debido a personas parásitas.

RATA ALMIZCLERA — Ermitaña hostil.

RATON — Enfermedad a causa de infección.

　　Ratones — Símbolo de pobreza; temor de la pobreza.

RENACUAJO — Símbolo cósmico de vida latente y germinal; memoria atávica.

RENO — Recuerdo de una acción de polaridad ártica; aviso para que alguien sea menos severo y pueda progresar.

RINOCERANTE — Persona impenetrable; uno que tiene un gran egotismo; temperamento feroz; barrera contra lo razonable.

RUISEÑOR — Angel de la Guarda de la noche.

SALMON — Oponerse a las corrientes de la vida para realizar su ambición; uno que muere para que otros vivan.

SALTAMONTES — Pensamientos negativos y codiciosos; una mente inquieta que no se puede concentrar.

　　Muchos saltamontes — una plaga o una maldición que destruye las esperanzas y los deseos.

SAPO — Magia negra; mago negro; artes negras de alquimia.

SARDINA — Símbolo de una situación doméstica demasiado difícil.

SEMENTAL — Aviso de una prueba sexual primitiva y violenta.

SERPIENTE — Cuando una serpiente está en posición vertical o recta representa sabiduría espiritual, y significa que el poder de kundalini se está elevando.

　　Una serpiente en posición horizontal representa una fuerza astral; misticismo pasivo.

　　Serpiente enrollada y lista para atacar indica un enemigo; también abuso de fuerza psíquica por volición propia.

　　Muchas serpientes o culebras entrelazadas y arrastrándose representan un semillero de intriga, confusión y engaño.

　　Serpiente negra indica algún deseo sexual, primitivo y latente que no se ha resuelto; temor subconsciente del sexo.

　　Serpiente color café es decepción por medio de atracción sexual magnética; prostitución de poderes sexuales.

Serpiente dorada es símbolo de un iniciado célibe.

Serpiente verde indica que uno está mermando las fuerzas de su vitalidad por estar tomando una dirección equivocada y tiene que estar preparado para curación.

Serpiente gris representa una persona que ha debilitado su poder sexual con el abuso; persona impotente; también una entidad sombreada que trastorna la voluntad.

Serpiente roja indica demasiada agresividad en la competitividad sexual; falta de reverencia en la expresión sexual; el uso de fuerza en el sexo; abuso del sexo; mala conducta con el uso de magnetismo sexual.

Serpiente plateada indica que uno se inicia por medio del cerebro lunar para purificar sus actitudes sexuales; uno entra en la iniciación del fuego lunar centrado en la raíz de la lengua, el plexo solar y en la espina dorsal.

Serpiente blanca lista para atacar significa poder de generación exaltada a poderes espirituales; el uso de la luz blanca de kundalini.

Serpiente roja o color café verdoso, enrollada — tentación en el sexo; desafío para desviar la vida espiritual.

Veneno de una serpiente — golpe mortal de un enemigo.

SERPIENTE DE CASCABEL — Aviso de un enemigo con una galantería caballerosa; persona con veneno.

SINSONTE — Recuerdo del Angel Querubín. Penetrar lo incrédulo del hombre para proteger al amor universal.

SOMORGUJO — Místico lunar excéntrico; uno retraído; un sabio anticuado.

TABANO — Limpiando los establos de Augias; devolver la volición a la pureza.

TAPIR — Una persona avara y de génesis tribal.

TARANTULA — Persona maliciosa que deliberadamente falta a sus obligaciones y hace que otros lleven la carga; calumniador malicioso y venenoso que dice cosas dañosas sin pensar en el resultado o las consecuencias.

TARPON — Morador astral e inofensivo que depende de la asociación astral en lugar del hombre.

TERMITAS — Erosión mental causada por negatividad e irresponsabilidad continuadas; situación o persona destructora.

TIBURON — Un mago negro y astral; gurú agresor y sutil.

TIGRE — Persona despiadada que destruye y devora sólo por lujuria; sentidos desencadenados.

TORO — Fuerza sexual emocional sin resolver o fuerza sexual demasiado dominante. Recuerdo del Egipto de Osiris.

TORTOLA GEMIDORA — Preparación para recibir noticias de una muerte; aflicción por las almas que pecan.

TORTOLO — (doméstico) significa que los Querubines están actuando en el hogar. Tórtolo muerto — han matado el corazón del hogar.

TORTUGA — Un discípulo metódico; dirección para ir despacio. Tortuga con la cabeza para dentro — un discípulo retraído.

TORTUGA DE TIERRA — Un discípulo laborioso; uno que mide sus sentidos por la renuncia.

TRITON — Aterrador, inofensivo morador de las bajas regiones astrales, que prospera dentro de la turbia profundidad del mundo astral. El que neutraliza las emociones envenedadas.

UNICORNIO — Discípulo con el poder de manifestación.

VACA — Situación doméstica; algo perteneciente al átomo de la familia.
Vaca sagrada — símbolo de la interminable fuente de leche o alimento espiritual de la Madre Divina.

VENADO — Un venado en su sueño representa una persona indefensa, o víctima de la crueldad de los hombres; un corazón sosegado y tierno; inofensivo.

VIBORA — Un amigo que se vuelve enemigo.

VICUÑA — Un sacrificio. Cubierta etérica; si en buena salud, seguridad del cuidado de los cuerpos interiores.

VISON — Explotación para una persona indulgente. Sentido falso de orgullo a costa de los inocentes.

YAK — Símbolo de investigación Tibetana; recuerdo de prácticas Tántricas.

ZEBRA — Uno que ha llegado a ser un híbrido en las razas, parte obscuro y parte claro; uno que está influenciado por dobles corrientes de raza; persona dualista.

ZORRILLO — El que ofende la ética de caridad; el que profana el buen gusto. Una persona que siempre es inoportuna.

ZORRO — Una mente astuta; un manejador.

ZORZAL — Símbolo de fé en Dios.

Capítulo 8

SIMBOLOS DE ARBOLES

*Vuelvo al sueño con confianza, y doy gracias por las muchas alegrías
mediativas, la felicidad de saber y reconocer la sagrada intención que
gobierna mi mundo.*

LOS ARBOLES DEL CIELO Y LOS ARBOLES DE LA TIERRA

Los árboles son curanderos, consoladores y amigos. Los árboles han estado con el hombre desde el principio de su memoria en la tierra. Los árboles son valientes centinelas que hablan del inmortal camino de Dios.

Frecuentemente se usa el símbolo del árbol en sueños porque el árbol todavía tiene profundas raíces en la memoria del hombre, de su progreso y desarrollo en esta tierra y en sus recuerdos del cielo.

El árbol de la vida, tan frecuentemente presentado simbólicamente, mora en lo más alto del cielo. El árbol de la vida es el árbol arquetípico de generaciones, y en los mundos elevados le llaman el árbol génesis.

El árbol del Antiguo de los Días es el árbol de los manuscritos arquetípicos. Por medio de ellos uno se inicia en los siete ramos de la memoria arquetípica vital de la tierra.

El árbol de la vida y el árbol del Antiguo de los Días son árboles etéricos, y son activos sólo en el cielo. Todos los árboles en el mundo físico están unidos con los árboles arquetípicos del cielo. Así, los árboles en el mundo físico no sólo son talismanes de vida germinal y eterna, sino también son el eslabón que une la memoria intuitiva del hombre con las simbologías dentro de los árboles arquetípicos del cielo.

En los días antes de Lemuria, los árboles que daban fruta y los que daban nueces aparecieron en la tierra. Cuando uno ve éste árbol en sueños o en meditación, está abriendo los portales de su memoria a las costumbres dietéticas más primitivas del hombre; también se entera de los Angeles Agrarios que dirigen y guían al hombre hasta los lugares fértiles donde se encontraría alimento. En estos sueños se recuerda el verdadero alimento que Dios mandó.

Todos los árboles con cortas raíces centrales son de la época antes de Noé; sus átomos fueron acelerados en la tierra en los últimos días de Lemuria. Los grandes bosques salieron de estos árboles, y el hombre salió de sus cuevas y encontró albergue en lugares selváticos. Algunos de los antiguos árboles de Lemuria desaparecerán con la retardación del campo magnético alrededor del mundo. Esto ocurrirá dentro de los próximos 500 años. Cuando se ve un árbol con raíces centrales cortas en sueños o en meditación, significa que uno está armonizando con la memoria arquetípica.

Los árboles que tienen raíces centrales medianas, con raíces por todas las direcciones, son árboles transitorios; ellos desaparecerán al final de un ciclo de 10,000 años, llamado un "arquetipo de movimiento". Cuando se ve en sueños o en símbolos de meditación cualquier árbol en tierra superficial con las raíces dispersas, tiene que ver con la falta de resistencia en las emociones del hombre. Estos árboles absorben algo de la pasión emocional de los hombres.

Cuando el hombre trasplanta un árbol en tierra receptiva y amorosa, el ángel del árbol lo protegerá en su nuevo ambiente.

LOS TRES FUEGOS EN UN ARBOL

Usar la madera de un árbol como leña es curativo; la fragancia abre los capullos de la glándula pineal. Puede venir la iluminación filosófica y espiritual cuando uno se sienta ante un fuego de leña.

Cada árbol tiene un aroma distinto y curativo que penetra el aliento, los pulmones y la sangre.

Cuando un rayo causa el incendio de un bosque, es una purificación de los Angeles Equilibradores. Cuando un hombre enciende el bosque por accidente o por capricho, es una purificación de la sordidez astral. Las negaciones de los hombres se acumulan en la electricidad astral, causando humedad astral. Cada año ciertas comunidades en las ciudades grandes sufren los estragos del fuego, debido a la necesidad de purificar la humedad astral. Así, una comunidad es purificada, igual que un pueblo y una familia y se hace posible un nuevo principio.

Todos los árboles contienen tres fuegos. El primer fuego en un árbol es fuego mineral, particularmente sano para el aliento del hombre. El segundo fuego es el fuego vital que está conectado con el átomo sagrado que está en el centro de la raíz del árbol. Este fuego vital trabaja con las épocas, dejando así que el árbol viva más que el hombre. El tercer fuego del árbol es el fuego de la luz. Este fuego deja que el árbol sea una antena de telepatía para el hombre.

En sueños, uno puede observar los diferentes grados de fuego en un árbol. Si viera el fuego mineral, esto indica su necesidad de unirse con la naturaleza y sus recursos curativos. Si viera el fuego vital en el árbol, tendría acceso a la lectura de los registros akásicos del árbol y de las épocas pasadas, cuando el árbol tuvo sus principios. Si viera el fuego de luz del árbol, estaría uniendo su telepatía del sueño con la telepatía de la naturaleza; y estaría recibiendo instrucción sobre la transposición de pensamientos.

ARBOLES COMO SIMBOLOS DE SUEÑOS Y MEDITACION

Cuando aparece un árbol en sueños, el primer nivel simbólico del árbol es arquetípico; este sueño significa que uno ha recibido instrucción sobre los arquetipos más grandes o que ha observado la función de los arquetipos. Cuando uno ve la cima de un árbol, está observando la mentalidad del hombre. Cuando ve las ramas del árbol, se está relacionando con el átomo familiar. Cuando ve las raíces del árbol, está investigando la memoria de las épocas.

Cuando la nieve está en un árbol, indica que uno está en un estado inactivo; su Angel de la Guarda le está avisando que debe entregarse más a las circunstancias que le rodean, y dar de su amor con más pasión.

Cuando un árbol no tiene hojas, significa que está fuera de tiempo o fuera de estación. Un árbol muerto indica que una situación ha terminado.

Cuando uno ve un pájaro en un árbol, indica que sus pensamientos están listos para entrar en un estado de telepatía.

Si uno ve que están cortando un árbol con hojas, es símbolo de divorcio, o el fin de un matrimonio. Si uno ve que están cortando un árbol muerto, es el símbolo del fin de la vida.

Si uno ve un árbol con fruta madura, es el símbolo de ofrendas espirituales. Si uno ve un árbol de nueces, es símbolo de que tiene ciertas imágenes mentales esperando a que se abran. Símbolo de un árbol maduro de bayas indica que uno debe acelerar su acción de hospitalidad.

Si uno ve un árbol lleno de flores, es símbolo de que va a recibir ofrendas espirituales de una vida anterior.

Soñar que está sentado en las ramas más altas de un árbol indica una observación y dominación de vista con el desarrollo de comunidades. También demuestra que uno se está preparando para ganar una perspectiva más amplia. Soñar que uno está sentado en las ramas más bajas de un árbol indica que está comunicando con la acción del morador familiar y que está aprendiendo su verdadera causa.

Soñar con ramitas secas indica que uno ha terminado con una situación y está listo para quemar los recuerdos estorbosos del pasado.

Soñar con arbustos en lugares pantanosos indica que uno tiene ciertas frustraciones y decepciones que debe tratar de dominar.

Cuando uno sueña con fruta agria en un árbol, el alma lo está preparando para recibir una lección amarga que está bien ganada.

Soñar con fruta que no ha madurado indica que uno debe tener paciencia y esperar el tiempo propicio para realización.

Soñar con árboles altos en agua negra es recordar los primeros días de Lemuria; también una mente llena de culpa.

Soñar con árboles que denotan una estación del año quiere decir:

1. Primavera — un principio virgen.
2. Verano — (a) tiempo de cosecha y sus recompensas; (b) un fin dramático y afortunado de una situación.
3. Otoño — necesidad de evaluar de nuevo las actitudes y los pensamientos de uno.
4. Invierno — Cuando uno sueña con árboles sin hojas y nieve en el suelo, esto indica un punto culminante o fin de asociaciones de mucho tiempo; final de una situación sin esperanza, que no responde con interés y es inactiva.

Soñar con una higuera con las hojas muertas indica que uno ha investigado el poder de acción de maldición y morador en el átomo familiar.

Ver un árbol con carámbanos indica que uno ha llegado a ser frígido en sus actitudes hacia la vida.

Ver una planta rodadora volando con el viento indica que no se tienen raíces ni hogar.

Ver la hoja de un árbol indica escuchar sonidos que no se oyen con el oído exterior.

Soñar con un árbol que ha sido podado indica que uno necesita eliminación en asociación y pensamientos; debe estar preparado para disciplina.

Ver un árbol con ramas serpollas indica que uno ha estado sujeto a personas parásitas quienes anulan sus energías y pensamientos vitales. Le están enseñando que uno tiene un lado ciego que se puede penetrar.

Ver un árbol lleno de insectos indica que tiene infecciones ocultas debilitando su fuerza vital.

Ver un bosque en orden recuerda que debe estar listo para un refugio o un período de entrega y soledad espirituales.

Ver una espesura de árboles significa que uno tiene que aclarar sus pensamientos, para poder tener un camino más amplio de pensamientos de luz.

Ver un elefante abriendo un camino en un bosque indica que uno ha de tener abundante ayuda de personas y presencias fuertes.

Ver leña lista para quemar en la chimenea indica que uno va a entrar en una situación doméstica feliz y protectora.

La forma de los árboles en sueños es importante. Un sauce redondeado indica un árbol femenino. Arboles que tienen líneas más angulares y verticales representan el lado masculino. Arboles cortos indican vida mal desarrollada; árboles altos indican longevidad.

Arboles que tienen ramas muertas indican negligencia, vibraciones de muerte, terminación. Arboles en un receptáculo o en una caja indican interferencia con la ley natural. Arboles cubiertos de hielo o nieve indican falta de comunicación y muerte.

En los planos astrales más elevados se pueden ver los árboles en una quimera al revés; es decir, las raíces aparecen arriba y el follaje abajo. Esto indica que uno está viendo unas relaciones terrenales de árbol arquetípico, es decir, la tierra está recibiendo poder de un arquetipo.

ARBOLES

ABEDUL — Símbolo de disciplina representada por alguna persona o circunstancia austera.

ABETO — Símbolo de nobleza; herencia por medio de tradición.

ACACIA — Recuerdo Egipcio de poderes ritualistas.

ACACIA FALSA — Símbolo de maná o alimento en el desierto.

ACEBO — Símbolo de la corona de espinas esperando la frente del Señor.

AGUACATE — el curandero con gracia de ungir.

ALAMO — Símbolo de exclusividad o falta de comunicación y articulación; también símbolo de arrogancia.

ALAMO TEMBLON — Símbolo de Judas y su muerte; símbolo de traición por una persona del tipo de Judas; símbolo de una persona que es como el Judas arrepentido.

ALAMO DE VIRGINIA — Símbolo de un nada astral o de acciones de un punto muerto.

ALISO — Un poder oculto que protege a uno contra el mundo astral.

ARBOL CARNIVORO — Símbolo de una persona parásita cercana mermando el magnetismo en el cuerpo menor etérico.

ARBOL DE CAUCHO — Indica que uno está investigando la inercia del encierro racial.

ARBOL DE HOJA PERENNE — Recuerdo de vida eterna.

ARBOL DE JOSUE — Símbolo de tendencias Lemurianas expresadas por el átomo familiar. Una cualidad y temperamento etéricos y psíquicos.

ARBOL DE MOSTAZA — Símbolo de la expansión de Júpiter y la manifestación de prosperidad.

ARBOL DE NAVIDAD (DECORADO) — Discípulo del corazón; iniciación durante la temporada de navidad (desde el 14 de diciembre hasta el 8 de enero) dominando la materialidad de Herodes.

Ornamentos del árbol de navidad — símbolos de gracia de fiesta.

ARBOL DEL MONO — Símbolo de telepatía tribal; chismes; malicia; travesura; los pensamientos desenfrenados de uno.

ARBOL DEL PAN — Símbolo de una memoria de génesis tribal; reverencia por el principio femenino.

ARBOL FRUTAL — Símbolo de dones espirituales.

ARBOL GOMERO — Símbolo del principio de adherencia.

ARCE — Símbolo de temprana memoria americana; también memoria de la corriente sanguínea y su contenido.

ARRAYAN — Símbolo de reserva tradicional, reaseguración doméstica.

BALSAMO — Símbolo de liberación de culpa, y la superación de prejuicios; unción de merced.

BAMBU — Símbolo de una vida china anterior; conflictos de génesis familiar.

BANANO — Símbolo de providencia y alimento para el cuerpo físico.

BANION — Símbolo de inseparabilidad; símbolo del amor protector del maestro.

BO ARBOLES — Símbolo de iluminación, y comunión con los mundos más elevados, símbolo de iniciación espiritual y de renunciar al mundo.

CAOBA — Símbolo de fuerza, durabilidad y sobrevivencia; un árbol Lemuriano.

CEDRO — Símbolo de paz, tiempo de gracia, unción y fe perfecta, preservación.

CEREZO — Símbolo de recuerdos de la niñez y la necesidad de volver a simplicidad en acciones; amor; emociones; castidad.

CICUTA — Símbolo de destrucción de sí mismo o suicidio forzado.

CIPRES — Símbolo de que uno debe entrar en un estado de ayuno, control y renuncia.

CIRUELO — Símbolo de tosquedad, seguridad.

COCO — Memorias de Lemuria; hambres instintivas sin satisfacer.

CORNEJO — Símbolo de la resurrección de Nuestro Señor y el poder de curación que tiene la resurrección que será dada al que sueña.

EBANO — Una memoria Africana;también símbolo de impenetrabilidad opaca.

ENEBRO — Recordatorio de que uno debe disciplinar o purificar su volición.

EUCALIPTO — Símbolo de imparcialidad racial y nacional; indicación de que una iniciación purificante se va a efectuar relacionada con raza y nación; migración.

FRESNO — Una pausa temporal en las regiones más elevadas de los planos astrales, que permiten a uno tener introspección en el sueño de la noche; símbolo de armonía doméstica.

GRANADO — Símbolo de la iniciación amarga de Nuestro Señor; también un recordatorio al soñador que le irán a pedir que pase por una situación amarga.

HIGUERA — Símbolo de la semilla o el gérmen racial.

LIMERO — Símbolo de purificación de la sangre; recordatorio de buscar el alimento de las células en el cuerpo físico.

LIMONERO — Símbolo de que uno va a tener control de su logos; una ocurrencia astringente o cáustica; agrio; hechos agrios.

MAGNOLIA — Símbolo de pureza, castidad; un recordatorio real de que ciertas cosas del espíritu son intocables por hombres profanos. Flor y árbol femeninos.

MANGO — Símbolo de que uno está investigando la época de Lemuria.

MANZANITA — Un árbol Lemuriano indicando memoria de Lemuria recibida físicamente por el sistema nervioso.

MANZANO — Representa la ley de gravedad; por medio de un recuerdo colectivo, mítico y alegórico. Al que sueña con el manzano le están avisando de una tentación por venir; su alma le está recordando que vive en un mundo de gravedad, donde su libertad espiritual está impedido por la sensualidad.

MELOCOTONERO — Una experiencia amarga y dulce, en la que uno reconoce que ha hecho mal, pero también sabe la prudencia que hay en la corrección.

MIMOSA — Símbolo de emocionalismo impulsivo; flor femenina; seducción sexual y mística.

MORERA — Símbolo de un recuerdo chino en el antiguo Catay.

MUERDAGO — Símbolo de la memoria iniciativa del misterio de Eliséo.

NARANJO — Símbolo de recuerdo del Mediterráneo.

NISA — Símbolo de terapia curativa para el menor cuerpo etérico, y de recibir una tercera vitalidad de los elíxeres invisibles del espíritu.

NISPERO — Si sueña con el níspero le están recordando que hay una ayuda astringente y purificante de la naturaleza, igual que una ayuda nutritiva en los alimentos. Le están recordando a uno que debe purificar su cuerpo físico y así recibir las recompensas de la disciplina de sí mismo.

NOGAL — Símbolo de robustez; de naturaleza masculina; ayuda de una persona paternal.

NUEZ DURA — Símbolo severo de génesis familiar.

OCOZOL — Soñar con un ocozol es recibir una bendición especial de un ángel especial.

OLIVO — Símbolo de la Pasión de Nuestro Señor en Getsamaní.

OLMO — Símbolo de domesticidad; tacto.

PALMA REAL — Símbolo de un iniciado quien tiene el don de curar los venenos astrales de una ciudad.

PALMERA — Símbolo de memorias arábicas y de revelación de Islam.

PALMITO — Símbolo de una oportunidad que necesita cultivo.

PALMO — Ver una palmera baja en sueños indica que personas y circunstancias cercanas le están ayudando para llevar su carga.

Hoja de palma — el símbolo de una oportunidad que necesita ser cultivada.

PECANO — Uno está llegando a conocer el residuo aceitoso en la naturaleza y de la potencialidad de su fuego y ayuda para las células del cuerpo humano.

PERAL — Símbolo de dependabilidad; también indica que el otoño es significativo para el soñador.

PICEA — Un ligero empujón del Angel de la Guarda para que el soñador sea más tolerante, más caritativo.

PIMENTERO — Símbolo de las epocas de Lemuria; investigación de los minerales pesados de las épocas de Lemuria; símbolo de la ayuda de una persona anciana y reverente.

PINO — Símbolo de los tiempos de Atlántida; también de la necesidad de investigar las humanidades combinadas y su significado. Símbolo de un iniciado de Marte.

ROBLE — Símbolo de honor, integridad.

La bellota — símbolo de las frutas de honor.

SASAFRAS — Símbolo de purificación de la sangre y en el cuerpo menor etérico.

SAUCO — Símbolo de toxicidad curativa y etérica.

SAUCE NORTEAMERICANO — Símbolo de ternura y afecto de los querubines.

SAUCE LLORON — Símbolo de curación en la noche para los que se han suicidado, y también para ayudar a aquellos que se han de suicidar. Cuando se siente una gran depresión al ver este árbol, es símbolo de que alguien que es muy querido por el soñador se ha suicidado , o que el soñador se ha suicidado en alguna vida anterior.

SECOYA — Símbolo de que despiertan los recuerdos de gracia de los días de Atlántida y Lemuria.

SICOMORO — Símbolo del recuerdo de Catay; símbolo de extender sus poderes intuitivos de mediación.

TECA — Símbolo del viejo Catay; indica que uno está preparando para recibir una resurgencia de recuerdos orientales, que mostrarán por fuera como un interés en las culturas y artes orientales.

TILO — Símbolo de alegría y paz doméstica; curación del átomo familiar por los ángeles.

YUCA — Símbolo de un recuerdo de Lemuria; indica que se está investigando la transición de ciertas plantas para que sean árboles; también símbolo de que uno está preparándose para una iniciación en el desierto.

ZUMAQUE — Zumaque venenoso — un recuerdo que viene de un ritual iniciativo de los Druidas.

Capítulo 9

SIMBOLOS DE FLORES

Los ángeles ministeriales dirán, "Ven" — los enfermos cambiarán sus fiebres por fervores alegres para Dios.

FLORES COMO SIMBOLOS DE GRACIA

Hay una afinidad entre todas las cosas vivientes. Dios usa los más grandes "fiats" arquetípicos o mandatos tonales arquetónicos o Su vibración de Verbo para enviar en varios grados de tono los anteproyectos de las especies para las flores y las plantas. Se debe observar con reverencia y veneración la Ley de Dios manifestada en el reino de las plantas; porque en las plantas y flores reina la individualidad, tal como en la vida del hombre.

Cada flor tiene su insignia de especie particular o definición. Cada flor ha sido diferenciada e individualizada por los varios tonos vibratorios que se emanan de los arquetipos florales. Así, la rosa es única para sí mismo, porque el cielo ha determinado que sea una rosa.

No importa cuanto el hombre quiera descomponer el mundo de las plantas (su hoja, su capullo y su flor) — y no importa como contaminaría el reino de las plantas, los mundos arquetípicos tienen la última palabra al determinar la diferencia en la planta, la hoja, el capullo, y la flor.

En la raíz de cada planta o flor hay un átomo vital que se relaciona con los arquetipos florales que habitan el cielo. Este átomo vital es un átomo sostenedor. No importa cuanto el hombre abuse de la tierra o descuide su viligancia del mundo de las plantas, la semilla que contiene el átomo sostenedor o el átomo vital encontrará últimamente la tierra fértil y con deseo de ayudar. Aquí florecerá, esperando una mano reverente y una persona que busca la belleza.

La flor es un recipiente de gracia dado al hombre para que pueda recibir en sus horas de depresión una confirmación de Dios, Su belleza y Su gloria en todas partes.

Cuando se ven flores en los sueños, se ha tomado una muestra especial de gracia. Los santos y los ángeles, usando las flores como símbolos telepáticos, frecuentemente llevan a los que viajan en la noche a expansivos campos de flores; y uno podrá despertar refrescado y con nuevo vigor con la vida virginal de estos jardines celestiales.

Todas las cosas tiernas tienen relación con el nivel de los santos. Niños, flores, mariposas, el ave que vuela en el cielo, todos son imágenes del Reino del Cielo, recordando al hombre que el mundo ni es árido ni desolado, y que el hombre, si quiere, puede hacer que sea sagrado y bello.

Las flores son un aspecto femenino de la naturaleza. Todos los Angeles Flora trabajan con el aspecto femenino de sus poderes andrógenos. Así, las flores son un testimonio tierno que reflejan la belleza que ha dado Dios. Cuando uno es conmovido por la belleza de una flor, algo de compasión, de ternura y de reverencia se siente en el ser. Por lo tanto, se acerca más a los ángeles cuando está rodeado por flores. La capacidad del alma es ampliada y su mente es enoblecida cuando contempla el origen y la intención de las flores y servicio al hombre.

En cada flor hay un tono que se relaciona con el tono vital del átomo de donde viene la flor. A pesar de los estragos de los años y la destrucción del hombre, las flores siguen floreciendo en el mundo.

Cuando uno entra en la simbología floral en sueños, está cerca del logo verbal de su alma. Todas las flores que se ven en un sueño son parte de la expansión emocional del cuerpo. Las flores que se ven en el estado de sueño más elevado siempre son señal de gracia o una bendición del cielo.

Los santos usan las fragancias de ciertas flores en sus santos auxilios. De esta manera, cuando uno entra al reino floral en el cielo, está cerca de los santos.

Quien ve flores durante la meditación, ha entrado en un grado de desarrollo que es el umbral de la más grande expresión de amor.

En cada flor hay una llama interior. Cuando uno logra la visión interior de dicha llama, podría investigar esta llama y determinar la Corriente de Luz o acción planetaria que afecta la flor en particular. Hay varios tonos de violeta como de Venus en la llama de la rosa roja. La rosa blanca tiene la llama de verde pálido de Neptuno. Y la llama aguamarina en la violeta se relaciona con Urano. La llama de cada flor se relaciona con un Angel Flora, el Angel de la Guarda que protege a la flor y con la Corriente de Luz del planeta que influencia la duración de vida de la flor.

Las flores tienen relación con las músicas curativas del cielo; y también tienen relación con los Angeles Querubines, porque las flores son embajadores de curación y alegría.

EL SIGNIFICADO ESPIRITUAL EN LAS FLORES

Cada persona tiene una flor física que se relaciona con su signo natal, y tiene una flor espiritual que se relaciona con su Corriente de Luz y su nombre sagrado. Por medio de meditación continua y alineamiento con su yo superior, le será revelado su flor espiritual. Cuando una persona desea sembrar o cultivar cierta flor en su patio o en su jardín, de alguna manera la flor está asociada con su desarrollo emocional.

Cuando uno es ofendido por flores con aromas fuertes, como el jazmín o la tuberosa, es porque tiene temor del mundo de los muertos. Cuando el polen de ciertas flores lo irritan, tiene algo que no se ha resuelto en el conocimiento racial.

Cuando uno se siente atraído por flores que tienen una humedad de terciopelo en sus pétalos, tiene un aspecto de gracia de los ciclos de la luna o lunar. Es ardiente, tierno y tiene tendencia a una reverencia pura y mística. Algunas de estas flores son: el madroño, la violeta, el cornejo, el arbusto dulce.

La rosa es la flor más pura del reino floral. Es una flor protectora que crea una atmósfera de pureza. También santifica el ambiente, porque los poderes de la obscuridad no pueden acercarse a una rosa pura.

Las flores cortadas que se han guardado demasiado tiempo por las floristas no tienen comunicación angelical. Estas flores en una habitación hacen daño en lugar de ayudar.

Cuando los hombres crean flores artificiales con telas o con materiales sintéticos, con el tiempo estas llegan a ser irritantes para los sentidos y una ofensa para el éter puro en el ojo.

Las flores que tienen espinas son símbolo del estigma que el hombre ha ganado en la iniciación.

El color de una flor es muy significativo. Cambiar la forma o usar colorantes en las flores ofende el átomo sostenedor dentro de la planta que produce la flor.

Las flores silvestres son purificantes. Aquel que busca las flores silvestres en sus estaciones es guiado por los ángeles, para que pueda recibir unción a su tiempo. Dondequiera que haya flores silvestres que no ha tocado el hombre, existe una polaridad espiritual llena de gracia de unción.

Donde hay lechos húmedos de helechos, los pequeños duendes y los Angeles Flora en miniatura trabajan para traer al mundo armonía y serenidad.

Cuando los arboles frutales producen sus flores, las geometrías entre la pureza y precisión del copo de nieve y el capullo de la fruta llegan a ser uno. En el tiempo de la primavera, los hombres ven la maravilla y la promesa de una vida creativa.

Una flor que se ve en sueños o en la meditación no es sólo un símbolo, pero uno tiene la experiencia de la misma flor. El ver una flor en sueños o en meditación afecta a uno de alguna manera — le da a uno una unción o una conmoción. Al ver una flor algo se conmueve dentro de uno; algo es creado en las emociones de uno. Las flores no son mentales; son emocionales y siempre se relacionan con los símbolos emocionales.

LA PALETA DE COLOR EN EL REINO FLORAL

Todos los atomos sostenedores en el reino floral se relacionan con la cuarta Corriente de Luz. Sin embargo, el color de la flor se relaciona con un valor separado de la Cuarta Corriente de Luz. Por ejemplo, flores blancas se relacionan al primer valor de la cuarta Corriente de Luz; flores color de rosa y rojas, al segundo valor; flores anaranjadas al tercer valor; flores azules, al cuarto valor; flores con tintes de verde, al quinto valor; flores violetas, al sexto valor; y flores amarillas o doradas al séptimo valor de la cuarta Corriente de Luz. Cuando una flor blanca tiene un poco de verde, se relacionaría al primero y quinto valores de la cuarta Corriente de Luz.

Todas las semillas, bulbos y raíces se relacionan a la cuarta Corriente de Luz que está bajo la dirección del principio del Padre. Si la semilla contiene un átomo viviente, la semilla se propagará, y producirá su prole floral.

La cuarta Corriente de Luz es la que forma y moldea. El principio del Padre usa los arquetipos florales para manifestar la planta en flor. Aquel que está en verdadera armonía con la cuarta Corriente de Luz, o está trabajando con el cuarto valor en cualquiera de las corrientes de luz tiene habilidad para la jardinería. Es un guardián sagrado de la vida y la forma de las plantas. Las plantas le responden con un conocimiento viviente. Las plantas, en particular las plantas en flor, no responderán a aquellos que tienen voliciones severas y temperamentos cáusticos.

Cuando uno da flores a otro, debe tratar de intuir la flor que tiene la fragancia curativa para esa persona. Flores para los enfermos pueden ser embajadores curativos.

Cuando los enfermos han absorbido toda la fragancia curativa de las flores, el Angel de la Flora que acompaña las flores retira su presencia. Deben retirar estas flores cuando se marchitan.

Cuando uno está cogiendo o cortando las flores, siempre debe saber que es el recipiente de un talismán curativo ensombrecido por un ángel. Debe tratar de no magullar ni doblar el tallo en que la flor florece. Debe tratar de atender la planta que lleva la flor, y recibir con alegría la fragancia, la forma, la belleza y el mensaje de la cara vuelta hacia arriba de la flor.

MATICES EN EL REINO FLORAL

Cuando las flores empiezan su estación para morir, el éter viviente que rodea el átomo sostenedor en la raíz de la planta es usado por el Reino Angelical para producir ánimos introspectivos en el hombre.

Cuando las flores están listas para brotar, se están preparando para realizarse con su belleza y su fragancia, y esto inspira a los hombres a ser creativos poéticamente. Los hombres se ponen en contacto con los Angeles Querubines, y el potencial edificador en el hombre es estimulado y conmovido.

Cuando el estambre dentro de la planta prepara la semilla de la planta, hay un bálsamo curativo en la atmósfera, emanando una fragancia acre dentro de los pulmones del hombre. Cuando la última porción del polen ha sido extraído por la avispa o el pájaro, la semilla en la flor se vuelve mineralizada; el hombre ya no puede absorber la esencia vital de la semilla.

La mala hierba, antagonista de la planta doméstica en flor, trabaja con el principio destructor para combatir y estimular la vitalidad química de la planta. Las flores no responden al cultivo del hombre donde hay malas hierbas antagónicas; sin embargo, hay una competencia sana entre las malas hierbas y las flores silvestres o plantas, que sostienen el fuego mineral dentro de la semilla. Así, las flores silvestres se reproducen cada estación, y no necesitan del hombre para que las planten.

Las flores que tienen pétalos como terciopelo se identifican especialmente con el desarrollo emocional del hombre. Los hombres escogen las flores con pétalos como terciopelo para bodas y ocasiones especiales porque tales flores tienen la influencia de la acción planetaria de la Corriente de Luz de Venus, y por lo tanto son conductores de emoción y amor.

Las plantas que producen flores que tienen sustancias lechosas o blancas en sus tallos son plantas astrales y absorben los venenos astrales en la comunidad o ambiente. Entre ellas es la poinsetia, que durante la Navidad sirve como amortiguador para la negación que confronta el drama de la Natividad en el mundo.

Ciertas flores venenosas son plantas astrales que curan las enfermedades de la mente y las emociones. Estas flores venenosas son mediadores que incitan la ignorancia del hombre. Con el tiempo, la ciencia de la química sabrá como destilar estos venenos para curar enfermedades del alma, la mente y el cuerpo. Frecuentemente el hombre ve estas flores y sabe que no son venenosas: guisante de olor, lantan, jacinto, dondiego de día, lirio del valle, iris, dedalera, vistaria, laurel del monte, frijol de ricino, tejo, y rododendro.

EQUILIBRIO ESPIRITUAL DENTRO DEL REINO FLORAL

Cuando hay cataclismos en la tierra las plantas que son injertadas por el hombre no pueden sobrevivir. Sólo sobreviven los átomos de flora originales. De esta manera, con cada purificación de cataclismo las plantas empiezan de nuevo en el mundo de la naturaleza sin importar como los hombres dan forma, cortan, injertan o plantan.

Todas las estaciones del año se dan en el reino de las plantas para que la Naturaleza no pueda apoderarse de la tierra. Cuando se ha logrado génesis del cosmo, y los hombres han hecho sus cuerpos emocionales, y están llenos del espíritu viviente en vez de la maldición magulladora, la Naturaleza y las flores saldrán de su crecimiento estacional. Cuando los planetas, la luna y el sol hayan cambiado sus órbitas de influencia sobre la tierra, habrá crecimiento y florecimiento perpetuo de las plantas. Sin embargo, la tierra no será invadida por el crecimiento, porque el mundo de las plantas será controlado por restricciones espirituales.

En el Capítulo 22, verso 5 del Libro de Revelación dice: "Y allí no habrá más noche". Aunque en el presente esto se relaciona con el cielo habrá un tiempo en el futuro distante cuando los hombres vivirán en un estado de día, ya que habrán logrado dominar las dualidades de las estaciones y los ciclos en el tiempo.

Las flores son la prenda nupcial de la naturaleza. Cuandoquiera que las flores estén floreciendo, hay una boda entre el alma del hombre y los ángeles.

FLORES Y RITUAL

Cuando los hombres usan flores en su adoración, los Angeles Querubines y los Angeles de la Presencia sostienen el amor, la esperanza y las oraciones de la congregación. Y si el ministro es sinceramente dedicado, su palabra será inspirada por el Espíritu Santo.

Las flores que se usan en el ritual de la muerte permiten al Angel de Luminosidad del muerto y los Angeles de la Resurrección trabajar con aquellos que se afligen por los que están muriendo. Si se omitieran flores para los muertos esto produce un ritual austero y estéril.

Durante el ritual para los muertos, la fragancia y la emanación vital de las flores permiten que los ángeles trabajen con los muertos para darles una bendición de fe, y también dejan que los ángeles de los muertos se acerquen más a los afligidos, dándoles consuelo.

Los hombres que ignoran el reino floral, en la vida o en la muerte, no se unen con la armonía y las bendiciones de Dios.

Las flores se han usado por los entendidos desde tiempos inmemoriales, porque han intuido que las flores están cerca del alma dentro de la vida de todas las cosas vivientes.

Si se ponen flores en la tumba de una persona, esto no lo une a la tierra. Tales señas de amor son recibidas en el cielo como una comunicación, y como confirmación de una creencia en la vida espiritual después de la muerte.

FLORES Y SU GRACIA

Hay doce capas de éter alrededor del átomo sostenedor eterno en cada semilla. Estas capas de éter son los siguientes: el punto más interno de éter, o el éter cósmico, conservado del sistema de eternidad anterior de donde vino el átomo de la semilla; la segunda capa de éter retenido del sol; la capa terrenal del éter; la capa lunar de éter; la capa de éter de Saturno; la capa de éter de Júpiter; la capa de éter de Venus; la capa de éter de Mercurio; la capa de éter de Marte; la capa de éter de Urano; la capa de etér de Neptuno; la capa de éter de Pluto.

Cuando se separó la tierra del sol, toda las semillas vivientes se quedaron en la sustancia ardiente, como gelatina, de la tierra que había de venir. Cuando la tierra se volvió sólida y la humedad empezó a penetrarla, brotaron las flores para hacer una alfombra de belleza que viéndola el hombre, le recordara su eterno yo. Brotaron los árboles con sus flores y sus frutas esperando que el hombre se solidificara en materia.

Dios creó los animales y plantas para que sirvieran al hombre y si fuera necesario, sacrificaran su vida por El. Cuando los hombres comprenden que el reino animal y el reino de las plantas son señales de la gracia de Dios, se compenetrarán de esa misma gracia, y sus almas recibirán la realización de abundancia que se ve en los animales, las plantas y las flores.

FLORES

ACACIA — Una flor Neptuniana que recuerda el genio inmortal del hombre. Cuando se ve en un sueño, es símbolo de esperanza, pensamiento resucitado y una mente inspirada. Si se pone las flores de la acacia en las manos del discípulo durante el sueño, quiere decir que el soñador está entrando en costumbres inmortales de acción.

ALHELI — Simboliza la armonía de la naturaleza; parte de la curación de los santos y de las obras de los santos.

AMAPOLA — Símbolo de la imaginación negativa; influencia de costumbres sutiles de vidas anteriores. Cuando se ve en sueños o en meditación, aviso de una influencia maligna o una influencia que forma hábito debilitando la voluntad.

ANEMONE — Símbolo de timidez, sensibilidad; precaución sobre el abuso de la sensibilidad de los otros; querencia de los días tiernos.

ASTER — Recuerdo de la comunicación del hombre con el cosmo. También símbolo de inofensividad; gracia de la comunidad; temperamento extrovertido. Aster en capullo — gracia para el próximo otoño.

AVE DE PARAISO — Cuando uno ve esta flor en un sueño es símbolo de que ha unido dentro de sí mismo las correspondencias entre la vida de las aves y el reino de las flores, y después ve todas las cosas vivientes como expresiones unificadas de Dios.

AZAHAR — Una boda; iniciación en aumento de uno mismo por medio de unidad con otro.

AZALEA — Símbolo de que uno requiere un ambiente especial para desarrollarse, aunque el ambiente parezca extraño para otros; nostalgia.

BEGONIA — Símbolo de que uno depende de circunstancias externas o de ayuda externa para desarrollar su prosperidad y expresión personal; persona extrovertida e inflexible.

BOTON DE ORO — Símbolo de aislamiento, disidencia y frigidez; el que se retira.

BREZO — Símbolo de curación obtenida como recompensa en otras vidas; símbolo de que uno tendrá valor en las iniciaciones que han de venir; símbolo de exclusividad de casta, o siendo escogido para hacer una obra pura.

CALENDULA — Símbolo de familiaridades puras y hogareñas; símbolo de la niña María antes de que fuera María, la madre de Jesús; una bendición del principio femenino para todas las jóvenes.

CAMELIA — Confirmación de desarrollo más allá del nivel pituitario o psíquico; símbolo de la curación de los tumultos emocionales astrales; lo mordaz de la paz.

CAMPANILLA — Símbolo de criaturas como duendes para un corazón que es como el de un niño; una alegría que se obtiene de la creencia en la ayuda pura, invisible; promesa de oído interno aumentado; una llamada a las criaturas como los duendes para aprender más de su reino.

CAPUCHINA — Símbolo de curación para el contenido de vitamina C en el cuerpo; purificación de la glándula pituitaria por medio de ayuda invisible en la noche; le recuerdan que está siendo oprimido por alguien cercano con una volición demasiada fuerte.

CARDO — Símbolo de una situación difícil que uno tiene, aviso para que sea firme.

CLAVEL — Flor doméstica que significa la protección de la Madre Divina y del Angel de la Guarda de la familia.

CICUTA — Símbolo de peligro de las voluntades de hombres brutales e ignorantes; uno debe prepararse para sufrir a manos de los ignorantes.

CONSUELDA REAL — Símbolo de una amistad fuerte y feliz; recordatorio de que uno debe observar la amistad sin posesividad ni reclamo.

CORNEJO — Símbolo de la crucifixión de Nuestro Señor y recuerdo de que uno debe "niéguese a sí mismo, y tome su cruz, y sígame". Símbolo patético de dolor interno, y muerte a la voluntad egoísta de uno.

CRISANTEMO — Símbolo de cortesías convencionales o hechas por el hombre haciendo más ligeros los desafíos competidores del mundo; iniciación otoñal.
Bronce — Símbolo de felicidad otoñal.
Blanco — Símbolo de aristocracia, y de comportamiento correcto.
Amarillo — Símbolo del sol físico; de curación difícil al menor cuerpo etérico que se obtiene de los rayos del sol.

DALIA — Símbolo de aclaración espiritual en ambientes más elevados o montañosos.

DEDALERA — Símbolo de actividades clandestinas; la yerba flor que se relaciona con el átomo del corazón y la salud del corazón.

DICENTRA — Símbolo del sufrimiento de Nuestro Señor; y símbolo de que se está acercando a una planicie de sacrificio. Una de las flores de gracia de María.

DIENTE DE LEON — Símbolo de gracia oculta; también de curación por medio de la naturaleza; se relaciona al planeta Marte y al sol físico.

DONDIEGO DE DIA — Uniendo con el reino de los duendes al levantarse temprano.

ENCAJE DE LA REINA ANA — Símbolo de perspectiva mental, e inspiración poética; símbolo de pensar sin restricción; una bendición de Santa Ana.

ESPUELA DE CABALLERO — Símbolo de castidad mental, de pensamientos libres de lujuria.

FLOR — Capullo del alma; algo de memoria.

Capullo de flor — poderes del alma sin desarrollar.

FLOR DE CACTO — Símbolo de curación por medio del arrepentimiento; de retiro dedicado para absolver los errores prominentes que se hacen aparentes por medio de la iniciación; una pureza curativa obtenida por medio de una perspectiva correcta; consciencia vigorosa.

FLOR DE CEBO — Símbolo de iniciación astral; de lecciones emocionales que el ego acepta; de disciplina matrimonial o desposorios que vienen. Si se lleva en la oreja izquierda, señal de sacrificio inútil. Si se lleva en la oreja derecha, señal de aceptación y sacrificio voluntario.

FLOR DE DURAZNO — Cuando se ve en meditación o en sueños indica que uno ha tocado los poderes de propagación de los Angeles Flora. También símbolo de una promesa de eventos nuevos y puros.

FLOR DE LIS — Símbolo de María, madre de Jesus, símbolo de telepatía con un Discípulo Cósmico; símbolo de inmortalidad, pureza espiritual; símbolo de eternidad e iniciación eterna.

FLOR DE MANZANO — Promesa de resultados espirituales por venir; talismán de estímulo por el esfuerzo hecho; recordatorio de que hay estaciones espirituales al igual que estaciones físicas.

FLORES SILVESTRES — Símbolo de recuerdos de épocas pasadas, y una seguridad de protección por medio de la providencia de la naturaleza.

FUCSIA — Armonía cercana con los Espíritus de la Naturaleza; devoción a lo puro.

GARDENIA — Símbolo de popularidad que no dura mucho; también símbolo de un período corto de gracia.

GERANIO — Símbolo de una persona segura de sí mismo, o de la necesidad de ser seguro de sí mismo.

GIRASOL — Símbolo de un iniciado del sol; de valor; de obediencia.

GLADIOLA — Símbolo de realeza, de nobleza, de dignidad y autoridad que se obtiene por el uso de la ética.

GUISANTE DE OLOR — Símbolo de los santos y su ayuda; guisante de color blanco significa gracia; ser inofensivo con otros.

HELECHO — Símbolo de protección; también indica comodidad en el futuro y comodidad en el Verbo; símbolo del poder psíquico que será elevado a lo espiritual.

Fronda o capullo de helecho — este símbolo indica el poder de dar consuelo a otros; el Verbo del Consolador (San Juan 14:16).

HELIOTROPO — Símbolo de un tentador invisible; también de una entidad que sigue en la tierra.

Ver un heliotropo en sueños indica que uno ha estado investigando el mundo de los muertos. Si uno lo ve o lo siente en meditación, debe estar de guardia contra el orígen de los procedimentos de sus pensamientos.

HIBISCO — Símbolo de génesis tribal inocente; símbolo de intuición obtenida de puros orígenes de génesis tribal; símbolo del recuerdo instintivo y puro que lo protege contra los cuatro vicios de génesis bajo; malicia, avaricia, lujuria y codicia.

HIEDRA VENENOSA — Pensamientos que crean alergias del cuerpo y la mente.

HIERBA BECERRA — Símbolo de impulsividad; preparándole a uno para lo inesperado.

IRIS — Símbolo espiritual para la flor-de-lis real, relacionada con curación, pureza, inmortalidad; el principio femenino.

JACINTO — Jacinto de agua — condición parásita o astral que sofoca la corriente vital. El símbolo de la planta del jacinto se relaciona con una situación temporal que requiere cuidado y diligencia.

La fragancia de un jacinto en maceta tiene la influencia del planeta Neptuno, y produce curación para los nervios de la espina.

JAZMIN — Soñar con el jazmín de vid o con el que florece de noche indica que uno ha tocado las regiones de purgatorio del mundo astral. El jazmín más grande que florece es señal de pureza espiritual; en sueños o en meditación es símbolo de haber dominado las regiones del purgatorio del mundo astral.

JUNQUILLO — Una flor de los querubines; como es de la familia de los bulbos, en el mundo de los sueños es símbolo de inmortalidad y resurrección, de esperanza y mejoramiento.

LILA — Símbolo de recuerdo; símbolo de que la memoria va a ser curada.

LIRIO — *Lirio cala* — Símbolo de iniciación lunar afectando el oído o la oreja; símbolo de oído interno que se ha recibido como señal de gracia de vidas anteriores.

Lirio de Pascua — Símbolo de resurrección, pureza y de la Virgen María.

Lirio del valle — Símbolo de matrimonio; de iniciación pura para obtener poderes espirituales.

Tigridia — Símbolo de recuerdos primitivos heredados por linaje.

Nenufar — Símbolo del Primer Cielo o el reino de los santos.

Lirio y capullo — Una ofrenda del alma de María y otra ofrenda (capullo) por llegar.

LOTO — Símbolo de iniciación del oriente o de yoga; también símbolo de recuerdos de Buda o de Brahamán. Si el loto es blanco puro es símbolo de que uno se ha puesto en contacto, o se ha armonizado con, el plano de Bodhisatva o el Primer Cielo.

LUPINO — Símbolo de recuerdo de génesis familiar de origen Anglosajón.

MADRESELVA — Símbolo de antenas telepáticas que atraen discípulos compañeros.

La fragancia la de madreselva en sueños simboliza que uno tiene la gracia de la intimidad sagrada o la armonía de átomos con un discípulo-compañero.

MADROÑO — Símbolo de nuevos principios, de promesa virginal, y de curación que se obtiene de la absorción de la naturaleza. También es símbolo de purificación y virginidad.

MAGNOLIA — Un lirio de Atlántida. El registro del mundo elevado demuestra que el loto y la magnolia tienen el mismo átomo de raíz arquetípico. En el oriente, el loto quedó bajo la influencia de luz astral, y llegó a ser un producto de agua y lodo. En los días de Atlántida, la magnolia creció arriba de la luz astral, y llegó a ser un árbol en el mundo occidental. Cuando uno ve una magnolia en sueños o en una visión, es símbolo de iniciación en recuerdos de Atlántida. Cuando uno ve un loto en sueños es símbolo de recuerdos de Lemuria, también algún contacto con Buda.

MALVA LOCA — Símbolo de elevación con ética, representando la escala de Jacobo. Todas las plantas altas representan personas individualizadas y los que no se asocian con otros.

MARGARITA — Símbolo de pensamientos humanitarios que se aceptan como cosa común, pero significativos como mensaje de buena voluntad entre los hombres; también símbolo de esperanza y honor; de humanidad; de génesis humano; de gracia de la familia.

MIMOSA — Coqueta; exótica; unión de matrimonio tribal; dulzura abrumadora; saturación.

MIRTO ENCRESPADO — Símbolo de tradición, de la vida hogareña, de granjas, de génesis familiar.

MUERDAGO — Símbolo de iniciación a los ritos célticos obscuros. Al que sueña con muérdago le están avisando contra las orgías y sus peligros.

MOSTAZA — Símbolo de abundancia y de curación para la química del cuerpo; le recuerdan que debe obtener una austeridad desinteresada mientras se encuentra en el medallón de abundancia.

NARCISO — Amor de sí mismo; vanidad; absorto en sí mismo. Narciso es símbolo de aquel que cree ser la persona más bella del mundo; la más inteligente de todos.

NARCISO TROMPON — Símbolo relacionado con los Angeles de Mercurio; símbolo de alegría y adoración.

NOMEOLVIDES — Símbolo telepático o recordatorio de alguien que ya no vive, se ha olvidado o se ha descuidado; aviso de que debe tener gratitud por amigos del pasado que han sido serviciales.

ORQUIDEA — Una planta parásita, indicando en sueños o en meditación que uno se ha puesto en contacto con el nivel de los mundos astrales donde ciertas entidades, moradores y elementales creen que el hombre debe sostenerlos. También puede significar que uno tiene una idea que no tiene ni tierra ni raíces — que es de muy poca duración. La orquídea es una planta glamorosa, astral que vive de los gases nocivos que emanan entre el mundo astral y la atmósfera de la tierra. La belleza de la orquídea es engañosa, y es simbólica de muchas cosas en el mundo astral que parecen tener belleza, pero no tienen vida perdurable.

PENSAMIENTO — Ver un pensamiento en sueños quiere decir que uno se ha puesto en contacto con los querubines; símbolo de pensamiento geométrico o simbólico y parabólico.

PEONIA — Símbolo de un niño pequeño y de inocencia.

PETUNIA — Símbolo de curación para el cuerpo menor etérico por medio de los rayos prismáticos del sol y los rayos calmantes de la luna.

UNA PLANTA FLORECIENDO EN MACETA — Símbolo del enclaustramiento y demasiada domesticidad. Sensación del encierro de la propia alma.

PLANTAS CON TALLOS LECHOSOS — Absorbedores astrales; aviso de una persona gorda con magnetismo astral. En el sueño, por lo general la persona está debilitando los fluídos magnéticos del cuerpo menor etérico — y así sostiene su propia vitalidad magnética; aviso contra una persona astral y parásita con quien uno está asociado.

POINSETIA — Símbolo de la victoria del fuego del Espíritu sobre el abismo astral.

PRIMAVERA — Símbolo de timidez, delicadeza. En una visión o en sueños cuando se ve la primavera con lodo viscoso o materia podrida, simboliza caer en una vida de vicio por medio de dilaciones.

RANANCULO — Símbolo de inocencia de niño, maleabilidad.

RODODENDRON — Símbolo de génesis familiar en lugares primitivos; un recordatorio cíclico de progreso familiar.

ROSA — *Rosada* — símbolo de devoción; de ayuda de los santos; de reverencia.

Azul — gracia del alma.

Roja — símbolo de la corriente sanguínea; de humanidad; del espíritu humano. Ahora uno está bajo la influencia de los santos y está aprendiendo sobre educación del cielo para las humanidades.

Negra — poderes de la magia negra; cuando tiene oro alrededor significa que los poderes de magia negra están dominados o bajo control.

Blanca — símbolo de pureza; de paz; de ritual ético. Expresión del ego en puro fuego espiritual.

Amarilla — símbolo de amistad íntima; de un pacto y acuerdo entre discípulos.

*Espina de ros*a — símbolo de que uno va a pasar por algún sufrimiento para elevarse luego hasta la armonía espiritual.

Rosa silvestre — soñar con una rosa silvestre o ver una en meditación es abrir los recuerdos de la libertad del hombre en la naturaleza; también recordar al soñador que debe volver a los manantiales virginales de la naturaleza.

TREBOL — Símbolo de paz y gracia refrescante; símbolo de dar y tener; curación de los imposibles.

TRINITARIA — Curación que viene de un santo; consciencia rectificada; talismán de consuelo de un compañero discípulo; y símbolo de curación cercana.

TUBEROSA — Símbolo de la muerte; también indica que está investigando el mundo de los muertos.

TULIPAN — Telepatía de un Discípulo Cósmico que se llama el Hollander; símbolo de meditación religiosa; pura devoción religiosa libre de prejuicio eclesiástico.

VARA DE ORO — Símbolo de cosecha, de conocimiento de las razas; símbolo de investigación yerbal dentro de los planos interiores.

VINCAPERVINCA — Símbolo de música y el mundo de los querubines y del mundo de las hadas; una llave mítica de los mundos invisibles.

VIOLETA — Símbolo de la séptima Corriente de Luz; de una curación espiritual que es efectuada por medio de una de las siete fuentes de meditación curativa.

VIOLETA, AFRICANA—Símbolo del Maestro R; curación de la intolerancia y prejuicio.

VISTARIA — Símbolo de recuerdos de una vida oriental anterior; símbolo de ánimos tiernos de recuerdos poéticos en vidas pasadas.

YUCA — Un recuerdo de Lemuria.

ZINNIA — Símbolo de una solterona o una mujer sin casarse que es conocida por sus buenas obras y su virtud.

ZUECO — Símbolo de comunión con criaturas que son como duendes.

DIOS

ESPIRITU ETERNO

DESEO   VIDA   LUZ   AMOR

ARCANGELES

JERARCAS

PADRE

CHRISTO

HIJO

ESPIRITU
SANTO

12 DISCIPULOS
DE JESUS

PRESENCIAS
SANTAS

ANGELES
SERAFINES

JESUS

ANGELES
CELESTIALES

SANTOS
MENORES

A.S.E.   YO SUPE-
RIOR

SANTOS MAS
ELEVADOS,
MARIA

HERMANOS
BLANCOS

MAESTROS

ANGEL DE
LA GUARDA

ANGEL DEL
REGISTRO

ANGEL DE
PURO
DESEO

M.   ALMA
E.S.

ANGEL DE
NISCIENCE

ANGEL DE LUMI-
NOSIDAD

ILUMINATI

MUERTOS
ASCENDIDOS

E.I.
PERSONA

NATURALEZA

ANIMALES

AVES

ANGELES
QUERUBINES
Y TERRESTRES

SERPIENTES

PECES

ASTRAL

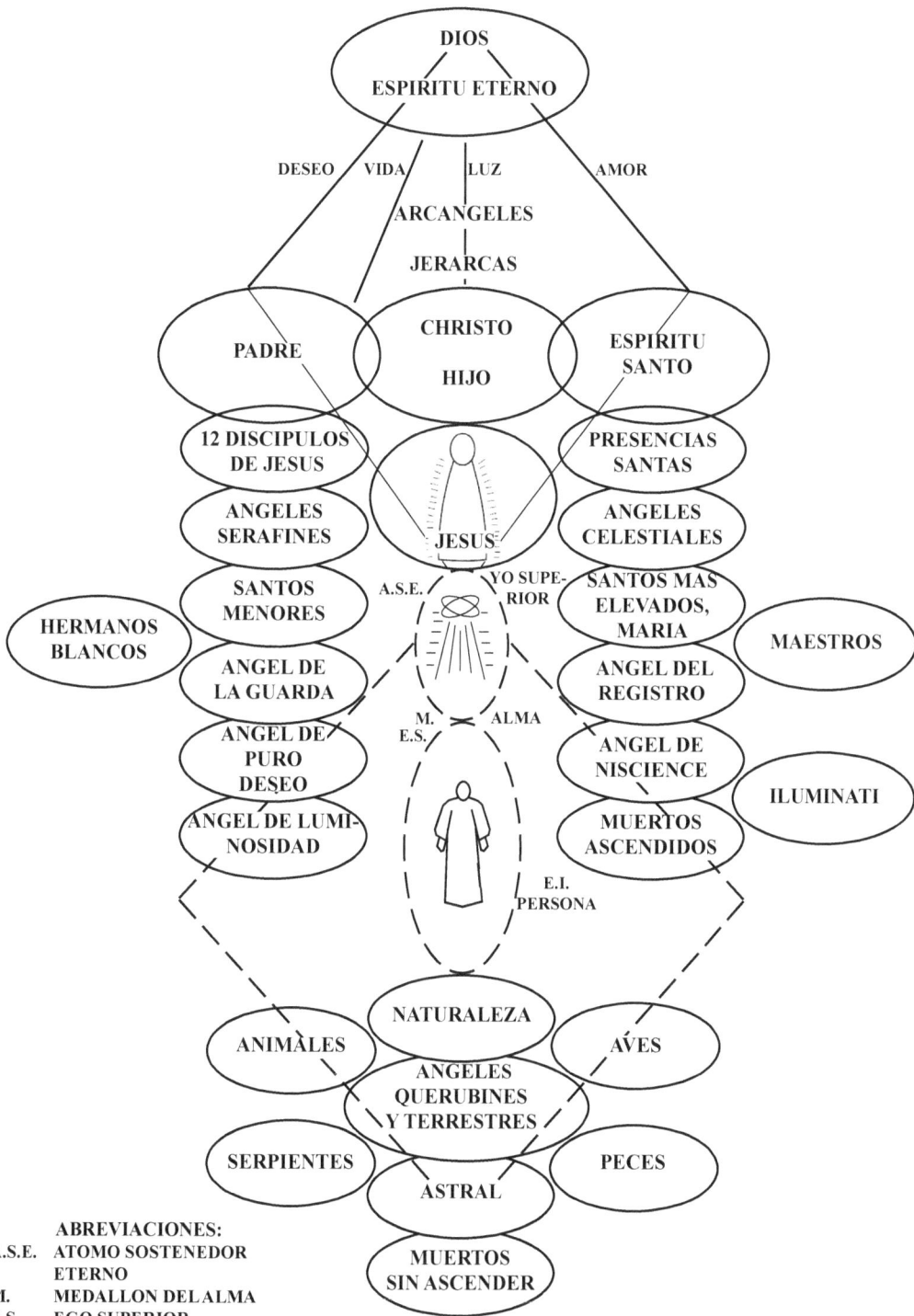

ABREVIACIONES:
A.S.E.   ATOMO SOSTENEDOR
         ETERNO
M.   MEDALLON DEL ALMA
E.S.   EGO SUPERIOR
         (EGOCENTRICO)
E.I.   EGO INFERIOR

MUERTOS
SIN ASCENDER

ESTACIONES DE MEDIACION

Capítulo 10

SIMBOLOS INTERCESORIOS

Hay pocos hombres mortales poderosos. Dios concede autoridad a aquellos que aman, y saben que la verdadera autoridad es la Ley de Dios y la Voluntad de Dios. Aquél que se nombra a sí mismo como autoridad camina hacia zarzas y escollos, ya que su mente está llena de fantasías y una volición cifrada en placeres para sí mismo. Mereced tu autoridad primero purificando las cosas insignificantes y quitando los fragmentos irritantes repulsivos de tu casa. Creed en la grandeza de tu alma, para que unas tu mismo con la grandeza en las almas de hombres inmortales.

Por medio de iniciación profunda en sueños y en meditación, uno toca el tesoro simbólico del cielo. Con el tiempo, llegará a familiarizarse con ciertos *símbolos intercesorios*. Estos símbolos identifican el grado del propio desarrollo, y lo informan del origen de su ayuda intercesoria.

Pueden recibir los símbolos intercesorios durante los sueños, la contemplación y meditación durante el día. Uno debe familiarizarse con los símbolos intercesorios para que pueda conocer el origen y nivel de su instrucción y orientación espiritual.

SERES INTERCESORIOS Y SUS SIMBOLOS IDENTIFICANTES

ANGELES CELESTIALES — Una arpa dorada; un diamante.

ANGELES DEL REGISTRO — Un libro; un manuscrito; una cadena dorada; básculas; una lección en estar a tiempo.

ANGELES DE LA GUARDA — Una llama perpetua; una chimenea; una mano pura y blanca; una lección en el misterio del espacio.

ANGELES QUERUBINES — Un cubo; un compás de música; un sonido musical que se oye en el oído interno; un poema de "freshet"; todos los grandes compositores reciben su música con la ayuda de los Angeles Querubines. Se construyen todas las grandes catedrales con la ayuda de los Angeles Querubines. Los Angeles Querubines son constructores del cielo; protectores; operadores que realizan lo que no está manifestado; entonadores de lo silencioso en las músicas. Los Angeles Querubines abren la sabiduría en el uso de akásia.

ANGELES SERAFINES — Seis alas en un ángel; muchos ojos que hacen un medallón; la pluma dorada de un pavo real; cristal. Un Serafín de seis alas en simbología tiene que ver con ideas; investigación de los Señores de la Mente o las ideas arquetípicas; la visión de un experto.

ANGELES TERRESTRES — Una visión de la esfera del mundo; un árbol derecho; un corazón humano; conocimiento de gravedad; una ave.

ARCANGEL GABRIEL — Una trompa; una trompa dorada; una rosa roja; un rubí; infante con la mano de un hombre en la suya; la Madona.

ARCANGEL MIGUEL — Una espada dorada en llamas; armadura y peto; básculas; un diamante.

ARCANGEL RAFAEL — Un caballo blanco; una rosa blanca; el sol naciente; un zafiro.

ARCANGEL URIEL — La aurora boreal; una esmeralda; un árbol al revés; (el arquetipo de la generación de la humanidad).

BODHISATVA — Un loto; una cueva; una vara de diamante; una serpiente blanca; un bastón de bambú.

ILUMINATI — Una pluma dorada de ganso; una librería de libros; un manuscrito; un frasquito de médico; un pincel de pintor; una brújula.

JESUS — Cayado de un pastor; una prenda sin costura; un pez; un pan; una mesa con mantel blanco; una paloma blanca; una paloma en una luz violeta; una cruz; una corona de espinas; un barco pequeño con velas blancas; una tumba abierta; una perla blanca; una puerta; una prenda blanca sin costura; una mano curativa; una sandalia; un niño de Cristo; un anillo de oro.

LOS GRANDES INMORTALES O MAESTROS INTERNOS

Maestro M — Corriente de Luz #1. Un libro; un báculo transparente como cristal; un anillo de matrimonio de oro; reloj de arena; un árbol arquetípico; un diamante; un unicornio; un grano de arroz; un nudo corredizo dorado, si uno ha ganado telepatía protectora; una lechuza. Si la lechuza está viendo hacia el este el discípulo está recordando vidas orientales. Si la lechuza está viendo hacia el oeste, el discípulo ha abierto la Luz de Cristo dentro de su mente. Si la lechuza está viendo hacia el sur, el discípulo todavía está ligado a sus ancestros. Si la lechuza está viendo hacia el norte, el discípulo será enviado a una polaridad nueva, y será requerido a explorar en un nuevo tema espiritual.

El Venerable — Corriente de Luz #2. Un báculo blanco; una rosa rosada; una paloma blanca volando en luz rosada; un rubí; una bellota; un grano de maíz.

El Maestro Sérapis — Corriente de Luz #3 — El Sello de Salomón; tres lazos eslabonados; una piedra ámbar; un báculo ámbar; una paloma volando en luz ámbar o anaranjada; Estrella de David; un tallo de grano mijo.

Maestro K.H. — Corriente de Luz #4. Silla de trono con joyas; símbolo de Hipócrates o una serpiente en una cruz; una rosa roja; tazón y toalla blanca del cirujano; una esmeralda; una paloma volando en una etérica luz verde y Neptuniana; un grano de centeno; luz azul añil.

Maestro Hilarión — Corriente de Luz #5. Una mariposa blanca; símbolo de Urano; un zafiro; una paloma volando en una luz zafiro azul; un grano de avena.

Corriente de Luz #6 (vea referencia a Jesús)

Maestro R — Corriente de Luz #7. Una rosa blanca; una violeta africana; básculas; una pirámide; un obelisco; un águila; ave fénix; una piedra amatista; una paloma volando en una luz color de amatista; una llave; grano de trigo; rácimo de uvas.

LOS SANTOS — Un arco-iris; siete cálices dorados llenos de aceite para untar; siete escalones dorados; una chancla dorada, zapato o sandalia azul.

MAHA CHOHAN — Una habitación adomedada con gradas; una pantalla; una escalera central con tapete rojo; un tubo que asciende para arriba.

MARIA — Un lirio blanco; una madre y un niño; un burro con una madre y un niño; tres mujeres y una cruz; un mediador para un milagro.

MUERTOS ASCENDIDOS — Una sensación de puro amor, una cara o una escena que se recuerda; una visión para avisar, para proteger.

SANAT KUMARA O EL ANTIGUO DE LOS DIAS — El ojo que ve todo; una silla dorada; un báculo de diamante; un arco-iris; un trono.

UN MAESTRO O GURU SAGRADO — Un pelícano; una montaña cubierta de nieve; un hilo de perlas o joyas. Un maestro vestido de una prenda blanca rodeado de luz como diamante es un gurú etérico de la orden más elevada. Un maestro con la parte baja de su prenda coloreada del éter rosado de la tierra, la parte de arriba como diamante, es un maestro que todavía vive dentro del alcance de gravedad, como en el Primer Cielo y el Segundo Cielo; tales maestros vienen sólo a iniciados avanzados.

SIMBOLOS INTERCESORIOS ADICIONALES

Si estrecha la Mano del Maestro en un sueño, es que está aceptado como novicio; hacer un pacto para aceptar la purificación kármica de uno y así hacer un servicio para ayudar en la liberación del alma de otros.

Cuando el Maestro besa a uno en la mejilla, el que recibe el beso ha sido aceptado como discípulo o iniciado. El iniciado debe estar preparado después para dar el beso de comunicación y salvación a otros.

Visión de un Gran Ser a lo Alto de una Escalera — El Maestro K.H. lo dirige a obras curativas; estar entrenado en curación nocturna. Combinarse con la ética de Hipócrates en curación; aprender técnicas etéricas de curación. Un tazón y una toalla de cirujano; un rubí rojo; una rosa roja; un escalpelo de cirujano; signos geométricos; se entrena el iniciado en las técnicas de anatomía etérica; curación solar de luz.

Voltear a la Derecha y Subir una Escalera Espiral significa que se está preparando para encontrar al Maestro K.H. y estará instruido para entrar en la cuarta Corriente de Luz en la curación de lo imposible; también se está preparando para mover dentro de los planos elevados para estudiar a sí mismo y la investigación akásica del registro del alma.

Bajando la Escalera — recuerdo de volver al cuerpo después de dormir.

Ver una Luz Azul en meditación significa que uno se ha puesto en contacto con uno de sus ángeles cercanos. También ha visto una porción de su puerta espiritual del átomo abrirse en la garganta o entre las cejas. Esto podría significar que uno se está poniendo en contacto con una presencia pura de la luz, como un ángel, un ayudante invisible, un gurú más elevado, uno de los Maestros o un querido muerto ascendido. Siempre se debe dar gracias por esta visión para aumentar el tiempo de la bendición de la presencia.

Arco iris — Querubín; protección de un santo; también Antiguo de Días; el poder para elevarse al Primer Cielo y recibir la ayuda de los santos.

Maestro o un Ser con los Pies en el Piso — significa que el que se ve está viviendo en el mundo. Si sus pies están arriba del piso, está en el estado etérico u omnisciente. Si está sentado en la postura de "yoga", es la seña de poderes de Maestro omnipresente o estar permanentemente ligado con su aprendiz protegido en la tierra.

Pies en la tierra — trabajador de la tierra y maestro de la tierra; también ayudante invisible y servidor nocturno con poderes de visitación.

Pies Encima de la Tierra — maestro con poderes de ascensión en los mundos espirituales. Tales maestros dan poderes de levitación al iniciado terrenal, para que pueda elevarse hasta alcances más grandes de luz, y levantar a aquellos en el mundo de sus enfermedades, aflicciones, dolores y costumbres torpes.

Aliento en una Visión o en Sueños — el Espíritu Santo; uniéndose con "prana" o fuerza vital cósmica; la necesidad de unirse con el punto de pulsación del medallón del alma para estar armonizado con el poder sin vibración de Dios.

Jesús Visto en una Visión con una luz azul añil en la orilla interior de Su nimbo de cabeza significa que uno se ha puesto en contacto con la consciencia de Cristo.

La Llama del Espíritu Eterno o la Luz de la Mente de Jesús siempre se ve en una luz azul cerúleo de llama fresca, celestial y dando paz.

TELEPATIA ESPIRITUAL

Telepatía espiritual es el arte de comunicación y comunión entre mentes físicas y espirituales en ondas de luz similares. En la comunión espiritual por medio de la telepatía, no hay comunicación a menos que las mentes que se comunican tengan grados de luz similares o iguales. Se está completamente separado de la telepatía espiritual cuando se pone en corto circuito el grado de luz dudando de Dios como El que une la Volición, la Vida, la Luz y el Amor.

En la telepatía espiritual, la escala de velocidades de pensamiento entre almas puede variar, pero el grado de luz debe ser el mismo. Un Ser Elevado tiene el poder de aminorar la velocidad e intensidad de su luz. Por lo tanto, un Ser Elevado podría comunicarse con uno que tiene un grado menos de iluminación.

Una persona eleva su grado de luz teniendo una fe inquebrantable en Dios. De esta manera, puede recibir pensamientos telepáticos de luz de Seres que tienen un grado de luz más grande que él. Sin embargo, cuando uno tiene escepticismo, duda, odio, enojo, temor, hostilidad o arrogancia, abre su mente en sueños y estando despierto a una multitud de ideas invertidas que son telepáticamente negativas y que degradan.

En la comunión telepática por medio de fe en Dios, uno recibe inspiración y dirección sin interrupción. Cuando uno trata de recibir telepatías de comunicación física teniendo fe en objetos mecánicos como la Ouija, bola de cristal, cartas Tarot o drogas alucinantes, se expone a la obscuridad, trastorno mental y anormalidades psíquicas.

Las Telepatías de la Vida-de-Dios son transpuestas por medio de la restoración vital, del sostenimiento vital, del suministro vital y del conocimiento vital.

Las Telepatías de la Luz de Dios son transpuestas por medio de la Mente de Cristo hasta las mentes omniscientes y las mentes más elevadas y la luz del alma del ego. Por medio de las telepatías de la Luz-de-Dios uno recibe poderes trascendentales.

Las Telepatías del Amor-de-Dios son transpuestas por medio de Nuestro Señor y el Espíritu Santo, tranquilizando, consolando, perdonando, curando; el hombre siente todo esto teniendo fe en Dios. Las telepatías del Amor-de-Dios transforman el ser.

NIVELES ESPIRITUALES DE TELEPATIA

DIOS — Espíritu Eterno; las telepatías de la Voluntad-de-Dios son transpuestas por medio de los Seres Celestiales como poderes sin vibración y quietud, trayendo paz y haciendo posible que uno conozca a Dios.

ESPIRITU DE CRISTO — Trabaja con las telepatías arquetípicas y las ideas más grandes; revelación vibracional.

PADRE — Trabaja con la telepatía de figuración, formación y creación.

JERARCAS — Trabajan con la telepatía temperamental, prototípica y la que forma la volición usando las energías planetarias y cósmicas de la constelación zodiacal que acompaña nuestro sistema terrenal.

JESUS — Trabaja con la manifestación del Salvador, del amor, de la curación, del perdón, y de las telepatías de la ética; dominando fuerzas cósmicas eternales, energías cósmicas, corrientes astrales por medio de Su cuerpo éterico como un instrumento de mediación.

DISCIPULOS DE JESUS — Trabaja con las telepatías de la ética prototípica; ofrendas de los apóstoles, poderes, éticas prototípicas y gracia del registro del alma.

LOS CUATRO ARCANGELES (Rafael, Gabriel, Miguel, Uriel) — Telepáticamente sueltan las ideas arquetípicas durante las cuatro estaciones; sacan los hombres de las fijaciones kármicas. Los tres arcángeles que quedan — Raguel, Zerachiel y Jeremiel — sueltan telepatías para aumentar el poder espiritual del Espíritu Santo hacía las almas de los hombres para que no olviden su Dios.

ANGELES CELESTIALES — Trabajan por medio de iniciados y expertos para revelar las verdades de Dios.

ESPIRITU SANTO (Dominio de los Arquetonos) — Trabaja con el arquetono o la corriente de sonido, sonido audible o vibración, el VERBO; trabaja con telepatías y poder carismáticos, señas y maravillas espirituales. Se puede oír el Espíritu Santo en sueños o en meditación en ecos supradimensionales como la voz de Dios.

ANGELES SERAFINES (6 alas) — Protectores de las grandes ideas arquetípicas; en sueños o en meditación uno encuentra los Angeles Serafines para poder recibir iniciación en la mente más elevada. Los Angeles Serafines trabajan con las seis puertas del alma de la mente, desenvolviendo así el espírutu más elevado en el pensamiento.

ANGELES PLANETARIOS DEL VERBO — Trabajan con tonos telepáticos planetarios más elevados y telepatías de Esferas-de-Luz. En sueños uno se inicia en las Esferas de Luz planetarias reflejadas, uniéndose con creación universal y cósmica. Cada planeta contiene una variación de tonos que un iniciado debe vencer. De una vida a otra el iniciado incorpora los tonos de los planetas por medio de la ayuda de los Angeles del Verbo Planetarios. Con el dominio de los tonos de los planetas uno tiene el poder de sincronización.

ARCANGELES DEL SOL — Trabajan con María; protectores del experto; trabajan en la noche durante los sueños y durante meditación para librar el fuego solar en el hemisferio del cerebro. El ángel solar mayor se llama Metatrón.

MARIA — Telepatía de milagros; poderes de levitación; poderes de transmutación; poder de visitación por orden de los átomos eternos de los cuatro cuerpos; el poder de aparecer en crisis a peticionarios o suplicantes; ver a María es tocar el Segundo Cielo y comunicarse con los Santos más elevados quienes están bajo su mando y el mando de su Hijo. Se puede poner en contacto con su símbolo y sus señas cada día al mediodía. Si sueña con María es que estará limpio y purificado de hostilidades. Si la ve en una visión recibirá una bendición con poderes de santificación muy especiales.

24 ECLESIASTICOS — Telepatía de patriarca; autoridad para los merecidos; los Jerarcas dobles o Elohím trabajando con las cromosomas del hombre.

ANTIGUO DE DIAS — Telepatía del tiempo; pruebas y sucesos iniciativos avanzados; el principio del Padre benigno expresado por un progenitor omnisciente del Padre del cielo. Se le ve en sueños cuando va a aprender algo del tiempo y su orden, y así llegar a ser independiente del tiempo.

JEHOVA — Telepatías raciales y tribales en sueños y despierto; purificaciones del átomo familiar. En meditación Jehová, trabajando sobre el aspecto más bajo del tálamo divino, manda las imágenes de culpabilidad del mundo sobre la pantalla de la mente del iniciado, para que pueda hacer un pacto de dar la liberación del alma a la humanidad.

LUNARES — Telepatías de propagación; recordando fuerzas del cuerpo etérico menor. En sueños y en meditación un psíquico lunar usando las fuerzas menores psíquicas recibe temerosa aprensión, visiones y profecías de los Angeles Listos. El psíquico lunar más elevado recibe de los Angeles Lunares presagio de cosas verdaderas, de modo realista, dirigidas a la necesidad y comodidad vitales del hombre.

SANTOS MAS ELEVADOS — Telepatías y obras milagrosas; en meditación asegura el iniciado de comodidad, paz y protección. En sueños los Santos Más Elevados o Bodisatvas llevan al iniciado a escenas del recuerdo del martirio; más específicamente, el martirio de Jesús es revelado por los Santos Más Elevados.

ANGELES QUERUBINES — Telepatías de crecer y crear; estímulo telepático de humor; telepatía con música; curando los deprimidos. Si uno está enterado de los Angeles Querubines en meditación y sueños es que sabe que tendrá ayuda sobrenatural en su desarrollo en los planos físicos, mentales y espirituales. Los querubines apoyan a todos los que sirven a Dios con sostenerlos con habilidades intachables.

SANTOS MENORES — Telepatías curativas; curando a los perseguidos; podría verse en meditación como amigos invisibles que traen regalos de los planos invisibles. Su merced ayuda en sueños a dar confianza que uno es bendito, guiado y consolado. Cada persona tiene un santo que trabaja con él en ciertos tiempos de sueños y meditación. El santo lleva una cara que es una copia de la suya, pero no es el mismo. Con el tiempo, uno aprende con intuición divina lo que le dice su santo.

MADRE DIVINA — Las telepatías son recibidas como dirección para amar más, para dar más, ser más tierno, para aumentar el principio de amor por medio del principio femenino. Sus símbolos telepáticos son el loto blanco y la rosa blanca. Por medio de la telepatía ella advierte a un iniciado masculino que sea más tierno, misericordioso, amoroso y compasivo. A una iniciada femenina le da dirección telepática para ser más caritativa, misericordiosa y para que dé más de sí. A una iniciada femenina le da dirección telepática para usar sagradamente las funciones femeninas de su cuerpo como maternidad, dando a luz, el acto sexual, tareas de la casa, el manejo de la comida, la educación de los niños.

MELCHISIDEC — Telepatías de manifestación y contra manifestación. Hace iniciaciones con fuego.

MAHA CHOHAN — Telepatías de directivos del cielo. Hace iniciaciones con organizar el principio de la ley.

ANGELES DEL JUICIO — Telepatías de culpabilidad y consciencia.

ANGELES LITURGICOS — Telepatías que activan la adoración.
Trabajan con las vibraciones del Espíritu Santo.

ANGELES DE LETANIA — Telepatías rituales. Trabajan con el ritmo.

HERMANOS BLANCOS (Hombres en Atavío Blanco) Protectores de las telepatías de los Muertos sin Ascender. Trabajan con el cuerpo emocional más elevado.

MUERTOS ASCENDIDOS — Telepatías protectoras. Exorcismos. (Nota: en la experiencia espiritual es necesario entender e interpretar las telepatías de los muertos sin ascender para poder obtener poderes de exorcismo. Las telepatías de los muertos sin ascender se relacionan con obstrucciones mal dirigidas, telepatías kármicas y telepatías de magia obscura).

ANGELES TERRESTRES — Telepatías de sabiduría relacionada con granos, plantas y todas las cosas que reproducen en el dominio del hombre y del animal.

ILUMINATI O EXPERTOS ELEVADOS — Telepatías creativas. Ellos son directores telepáticos mentores sobre todos los artistas.

GRANDES INMORTALES O LOS MAESTROS — Telepatías de instrucción; trabajan para que el discípulo se quede en el sendero; para traer ideas sin manifestarse.

ANGELES PERSONALES DEL HOMBRE — Los compañeros del hombre desde el principio de este sistema de eternidad.

    Angel de Luminosidad — telepatía de cuidado del cuerpo y de la hora de la muerte.

    Angel del Puro Deseo   telepatía de respuesta emocional.

    Angel de Niscience — telepatía de pensamiento puro y la ética de pensamiento.

    Angel Registrador — telepatía del registro akásico.

    Angel de la Guarda — telepatías de aprensión y protección.

YO SUPERIOR — Telepatías de la realidad eterna.

ALMA — Telepatía del registro de gracia akásica y telepatía del "hum" vibratorio.

EGO SUPERIOR (Egocéntrico) — Telepatías de realizaciones de vidas pasadas.

AYUDANTES INVISIBLES — Telepatías curativas, de ética, tranquilizadoras, e inspiradoras soñando o despierto.

INTERCESION DEL ESPIRITU SANTO Y LOS SIETE SESOS DE DIRECCION

El poder del Espíritu Santo entra por los empeines de los pies, moviéndose para arriba entre los sesos bio-magnéticos o los dos centros del plexo sacral en la base de la espina dorsal. El Espíritu Santo utiliza el tercer seso de dirección, el plexo del ombligo y plexo solar para unir al hombre con el poder solar jerárquico. Luego el Espíritu Santo entra al cuarto seso de dirección, el corazón, para unir el hombre con la energía kinética y electromagnética, disponiéndolo para recibir la ayuda sobrenatural de los ángeles. El corazón manda con elevada dirección al seso de dirección del plexo solar; usa la energía cósmica de ese sistema eterno. El corazón está situado en una posición de exaltado amor, arriba del hígado, el páncreas y el bazo, uniendo el cuerpo con el amor cósmico del Padre.

Cada seso de dirección tiene su propia memoria y técnicas para revelar las cosas que han de pasar. Las siete memorias que dirigen las compulsiones físicas y espirituales del hombre son las siguientes:

(1) El seso de dirección serpentina o el seso terrenal interior, situado bajo los empeines — el recuerdo de la consciencia Edénica del hombre. Nota: El caminar sobre la tierra, en el suelo o el césped abre esta consciencia.

(2) Los dos sesos del plexo sacral o bio-magnético — el recuerdo de impulsos glandulares, poderes kinéticos instintivos heredados de los ancestros. Los dos sesos más bajos o bio-magnéticos, uniéndose con el recuerdo glandular de los ancestros, producen prole con la ayuda de los Angeles de la Procreación que emanan curación pránica y fuego lunar.

(3) El plexo del ombligo o del plexo solar es el centro para el seso de dirección de la Jerarquía. Contiene la memoria de la formación y configuración Jerárquica del cuerpo físico.

(4) El seso de dirección del corazón trabajando por el hígado, el bazo y el páncreas. El corazón contiene el recuerdo de las experiencias atómicas del cuerpo físico y de sus impulsos prototípicos en vidas pasadas y en esta vida.

(5) La dirección psíquica del "quelle" en la base del cráneo que se relaciona con la garganta contiene el recuerdo de los reflejos más altos del cuerpo menor etérico y el recuerdo instintivo ganado en muchas vidas pasadas. El seso de dirección psíquica o del "quelle" también contiene el recuerdo de acciones y pensamientos hostiles y extraños.

(6) El seso de dirección pituitario entre las cejas contiene el recuerdo de obras imaginativas en vidas pasadas y en esta vida. También contiene el recuerdo del poder akásico de manifestación trabajando por medio del principio femenino o de la Madre Divina.

(7) El seso de dirección pineal o seso reluciente centrado en la corona de la cabeza contiene los impulsos memoriales de obras creativas e inspiradas en esta vida y en otras vidas. También trabaja con el recuerdo de poderes de manifestación por el principio masculino o del Padre.

El poder del Espíritu Santo se mueve hacia arriba por los empeines, estimulando la abundancia de memoria contenida en los siete sesos de dirección. Cuando alguien está prendido por el Espíritu Santo o si ha abierto el tono del Espíritu Santo en cualquier seso de dirección en particular, es que realiza una experiencia creativa dirigida por el Espíritu Santo. El Espíritu Santo trabaja con tono y poder. El Espíritu Santo manifestó sus poderes antes de Jesús. Por medio del tono, el Espíritu Santo agita al hombre, purificando sus pasillos de la formación y configuración, para que pueda ser una vasija para Dios y una mente por medio del Cristo.

Desde la llegada de Jesús, el Espíritu Santo ha aumentado el sonido de su tono en el seso de direccción del plexo solar, usando el corazón y los pulmones del hombre, para que este pueda inhalar el poder del Espíritu Santo, y eventualmente dar el aliento de la vida a todas las cosas que están formadas y configuradas por amor creativo. Desde la llegada del Espíritu de Cristo, los poderes del Espíritu Santo han aumentado los impulsos del recuerdo del corazón del hombre, para que pueda abrir sus átomos mentales de la mente superior hasta poder prever cosas maravillosas por venir por medio del Cristo. Cuando esto ocurre, el seso físico será un instrumento perfecto para la mente superior del hombre. Todas las fases de la intuición más elevada son activadas por el Espíritu Santo, para que el hombre pueda llegar a ser un profeta perfecto para Dios.

ESPIRITU SANTO Y EL TIEMPO ACEPTABLE

Por medio de los pies el hombre se convierte en un instrumento magnético y complaciente. En génesis nómada o tribal, los impulsos de seso de dirección del Espíritu Santo impelen hacia arriba el fuego astral, kundalini, sutil y serpentina por entre los pies hasta los sistemas nerviosos y musculares del hombre tribal. Los impulsos sacrales y biológicos obligan al hombre a propagar y a engendrar prole tribal que expresan pensamientos sensibles. *Los pensamientos de génesis tribal tratan de proteger a la tribu en vez de la persona individual.*

En la génesis humana o génesis familiar, el Espíritu Santo, trabaja con la Jerarquía de Elohím; concentra su poder sobre el seso de dirección del plexo del ombligo de hombres que son de génesis familiar, impulsándolos a ser prototipos específicos del zodíaco que piensan, como Aries, Tauro, Geminis, Cáncer, etc. *El pensar del hombre de génesis familiar es dirigido a la sociedad, la comunidad, la propiedad de la familia y el prestigio de la familia.*

En menor génesis de sí mismo, el Espíritu Santo maneja Sus tonos de poder sobre el seso guía del plexo-solar del hombre, en donde puede hallarse el átomo individualista. *El pensamiento del menor génesis de sí mismo atañe a pensar que uno mismo es de total importancia, a pensar en los propios intereses de uno mismo antes que en los intereses de los demás. La persona de menor génesis de sí mismo es adquisitiva y centrada en sí misma, produciendo trabajos egoístas. Los corazones endurecidos producen mentes a las que no se les puede enseñar.*

En menor génesis de sí mismo, el Espíritu Santo concentra su trabajo en el átomo sagrado del corazón. Entonces las emociones amorosas del corazón son dirigidas a todas las sensaciones, pensamientos y centros orgánicos del hombre. El Espíritu Santo trabaja de manera que el corazón del hombre pueda producir las doce formas apostólicas de amor, y así dejar que el hombre logre el pensar de génesis de sí mismo. *Tales personas tendrán acceso, solamente en esencia, al seso de direccción preservativa y telepática protectora del pensar instintivo y de los recuerdos tribales instintivos, y así estar libres de los impulsos hostiles del "quelle" del pasado.*

En génesis de sí mismo elevado, el grupo de amor es unido con la mente superior. El pensar de hombres desarrollados se mueve entre el molde puro y etérico de mente cósmica, donde es imposible separar las mentes — armonizando todas las mentes en los flúidos vórtices del Cristo del Espíritu. *Los pensamientos de génesis de sí mismo elevados ven a todos los hombres o almas unidos bajo Dios, semejantes como hijos de Dios.*

Nota: Los siete sesos de dirección empezando en los pies del hombre no son los mismos que las puertas de kundalini de la espina dorsal.

Capítulo 11

SIMBOLOS DE ANATOMIA ETERICA

Parte I

*Que los cojos encuentren su caminar alegre en las horas de sueño.
Que los lisiados sean acelerados hasta la felicidad. Que los enfermos
asciendan arriba de sus pensamientos febriles para recibir el bálsamo
de éxtasis curativo.*

SALA DE APRENDIZAJE

En los sueños inciativos todos los iniciados deben investigar el cuerpo físico, los
cuerpos etéricos, el cuerpo astral y emocional y el cuerpo mental. Los grandes Jefes Supremos de instrucción se encuentran con sus protegidos en la Sala de Aprendizaje o las
Universidades de la noche. Aquí, en los laboratorios de planos super-conscientes, enseñan
a sus protegidos las funciones de todos los cuerpos. Todos los iniciados que reciben esta
instrucción nocturna llegan a estar más enterados de sus necesidades de aprender los
procedimentos de los cuerpos para que puedan rendir un servicio en todos los planos.

En el Primer Cielo, en el centro del cual está la Sala de Aprendizaje, los iniciados
van a clases nocturnas durante los sueños y estando dormidos. Estas clases son dirigidas por los Maestros, los Iluminati, los Santos Maestros o Bodisatvas y algunos que,
estando viviendo en la tierra, son ayudantes invisibles o instructores de la noche.

Se puede encontrar en la Sala de Aprendizaje todo lo que el hombre debe saber y
aprender por experiencia en la tierra relacionado con su cuerpo y el uso de su cuerpo.
En la Sala de Aprendizaje en lo presente, una actividad más grande está ocurriendo.
Esto pertenece a la ciencia y al hombre como estará en la tierra en los próximos 3,000
años. Todo lo que ha de manifestar el hombre en el mundo físico es examinado y anteproyectado en la Sala de Aprendizaje antes de que sea utilizado por la ingenuidad de
mentes en la tierra que son responsivas y competentes.

Muchos iniciados al recordar sus sueños activan sus diagramas y anteproyectos que
han recibido en la instrucción de los laboratorios de la Sala de Aprendizaje.

Todas las ideas de la iniciación nocturna eventualmente flotan hacia abajo hasta las
mentes y almas de inteligencia más elevadas de la tierra. Si tiene conocimiento de estos
sueños de instrucción nocturna es que es una confirmación de que uno es de verdad
cumpliendo su verdadera tarea en el mundo físico.

En sueños y en meditación, cada parte del cuerpo tiene una simbología interrelacionada que se relaciona con las emociones, pensamientos y acciones — pasados, presentes,
o futuros.

Cuando uno sueña con símbolos de anatomía etérica, o con ciertas áreas de su cuerpo, se debe preguntar: "¿De qué nivel estoy recibiendo esta instrucción, y porqué la estoy recibiendo?" Si uno responde conscienzudamente a la instrucción que recibe en sueños, con el tiempo su cognición de sueños se unirá con su iniciación e instrucción nocturna. Llegará a definir si su símbolo etérico en sueños proviene de su consciencia, de su Angel de la Guarda, su propia iniciación, o los curanderos invisibles de la noche.

El campo psicosomático de la medicina está empezando a investigar las puertas subconscientes que están conectadas con, y funcionan por medio del lado etérico de la anatomía. La psiquiatría está probando y explorando el terreno psíquico del subconsciente. Sus descubrimientos eventualmente los llevará a depender de básicos símbolos del maestro arquetípico que soportan todos los símbolos. Todos los símbolos están registrados en la parte etérica o interna del hombre. Tal como la piedra Roseta abrió las puertas memoriales de reencarnación de Egipto, igual saldrá a la luz el conocimiento de los reductos ocultos e íntimos del hombre. Un universo queda oculto en el cuerpo etérico y consciente de uno.

Revelación iniciativa acerca de la anatomía física y etérica es realizada durante sueños y meditación. Al obtener dominio sobre los símbolos de sueños y meditación, la puerta se abre a presciente sabiduría acerca del desarrollo del hombre en los niveles del alma, la mente, las emociones y el cuerpo.

Los hombres más primitivos, igual que los hombres avanzados, durante todas las épocas han contado con recordatorios simbólicos como medio de corrección y dirección. Conforme los hombres piensen más en las interrelaciones entre el alma y el cuerpo, ellos recobrarán el antiguo conocimiento simbólico en el nombre de la ciencia. Todos los iniciados que son expertos en la ciencia del alma son peritos en símbolos de sueños y meditación.

En los sueños cada porción y función de la anatomía física tiene un significativo simbólico y correlativo. Estos símbolos dicen al soñador que cada órgano y cada acción del cuerpo son directamente influenciados por una energía positiva psíquica y negativa psíquica. También revelan que cada órgano, apéndice o porción del cuerpo tiene un equivalente etérico que lo soporta y que las energías planetarias influencian y afectan sutilmente el equivalente etérico de cada miembro, órgano y célula del cuerpo físico.

El iniciado de la vida interior, con el tiempo, llegará a percibir las causas kármicas y etéricas y también los procedimientos iniciativos relacionados con enfermedades, males, dolencias o accidentes. Observará que el hombre en el mundo está sujeto a constantes y variadas etápas de ataques de procedencia visible e invisible; y por medio de estos conflictos — exteriores, interiores y anteriores — está desarrollando un cuerpo perfecto y una consciencia individualizada para que pueda manifestar y crear dentro de la tierra, así realizando el plan y la Voluntad de Dios.

AMIGDALAS

Ver las amígdalas en un sueño es símbolo de influencia astral en el pensamiento y en el hablar. Cuando *el arco de la garganta que soporta las amígdalas es iluminado*, significa que uno tiene el poder de "entrar y salir" de los mundos espirituales con protección.

En el aspecto negativo, las amígdalas son el almacén psíquico de venenos astrales.

APENDICE

El apéndice es un órgano astral que colecciona la filtrición astral o derramamiento de las emociones psíquicas y rebeldes de uno. Es un órgano primal que trabaja con el inferior aspecto de quelle del subconsciente.

Sentir dolor en el apéndice o ver el órgano del apéndice en un sueño es símbolo de infiltración astral en las emociones. Ver la área del apéndice en la luz durante un sueño o en meditación simboliza que uno merece el derecho de aislarse sí mismo contra las fuerzas astrales obscuras.

BAZO

El bazo trabaja con las *energías solares o del sol* como algo que trae luz y vitalidad al cuerpo etérico menor. Cuando se ve o se siente el bazo en un sueño, indica que uno necesita revivicación en el cuerpo etérico menor. El bazo, en el lado izquierdo y más vulnerable del cuerpo, también puede ser una puerta abierta a los principados y fuerzas de la obscuridad. Durante el vuelo nocturno, *los ayudantes curativos invisibles* trabajan para aislar la puerta del lado izquierdo del cuerpo etérico menor para prevenir interrupción psíquica de los vivos y los muertos. Cuando se ve el bazo en una luz clara en un sueño, indica que uno ha ganado la gracia de aislamiento y protección. (Vea Cinto de la Vida)

BRAZOS

Los *brazos levantados* como suplicando en un sueño indica que uno ha entregado su voluntad a Dios, y en adelante estará iniciado en las leyes de obediencia.

Cuando *los brazos son tendidos horizontalmente* en un sueño, es símbolo de que uno ha de ofrecerse como un sacrificio supremo, y que después de eso se encargará de los dolores y heridas de otros.

Cuando uno siente que está *cargando a alguien* en el refugio de su brazo, ha recibido gracia de ternura, y después de eso será un refugio para aquellos que estan abatidos o cargados.

Si uno *cargara una criatura*, un animal, tiernamente en sus brazos, está emulando al Cristo.

Soñar con *encontrar a un adversario* que hiere o golpea los brazos indica que uno ha de encontrar un adversario que querrá quitarle su iniciativa.

Abrazar a alguien con amor apasionado en un sueño demuestra que uno está realizando una evaluación de sus deseos sexuales y su propósito de amor.

Si uno *abrazara a una persona tiernamente* en sus brazos en un sueño, revela al soñador que ha obtenido el lado reverente de amor.

Si uno viera *la estatua sin brazos* de la Venus de Milo en un sueño, esto indica que él ha abusado del amor en un nivel sexual en vidas anteriores, y por lo tanto es incapaz de retener a un compañero fiel o un amor personal gratificante. Le están diciendo que su amor estará frustrado.

Si uno está *nadando vigorosamente* con una brazada rítmica, esto indica que ha dominado las corrientes astrales y es un verdadero nadador en el mar espiritual de la vida.

Cualquier *actividad atlética* con el uso de los brazos que es enfatizada en un sueño indica que uno se está preparando para crisis o peligros en el futuro.

Si uno soñara que está siendo *marcado, tatuado o vacunado* en uno de sus brazos, o si una *víbora lo mordiera* en uno de sus brazos, esto indica que se ha expuesto a tendencias ocultas del bajo mundo psíquico.

Si uno soñara que le están *abriendo una vena* y ve que sale sangre, esto indica la pérdida de una parienta consanguínea.

CABELLO

Cuando observa en un sueño *la textura del cabello*, lo espeso, el color, está viendo a una persona que vive en la tierra. Podría determinar que clase de persona está viendo por la vitalidad en el pelo. Si percibiera *una mujer con el cabello rubio y suelto o rojo fuerte*, está contemplando a la tentadora, y se debe preparar para una prueba sexual.

Cuando ve *los mechones de los querubines* está enterado de luz dorada bruñida en nimbo en la cabeza con bucles de los querubines. Habrá recibido gracia de querubín en nimbo, y podrá anticipar con alegría a un elevado sentido de felicidad en los futuros días. Aquellos que lo rodean verán su propia gracia de nimbo con la visión interna.

Cuando uno ve *la cabeza parcialmente calva de los viejos*, le están enseñando que se está preparando para estar bajo el tutelaje de sabiduría con longevidad, y por lo tanto debe desarrollar prudencia, carácter, fidelidad y veracidad.

Cuando uno ve *pelo negro, erizado* en un sueño, está recibiendo conocimiento de génesis tribal. En lo futuro comprenderá mejor el origen de génesis tribal. Tales personas usan energía psíquica de inspiración tribal.

Cuando uno toca *un mechón o una cabeza con pelo vibrante*, recibe una transfusión de fuego etérico dentro de su cuerpo etérico menor.

Si uno *lava el pelo en un sueño* quiere decir que uno está purificando el cuerpo etérico menor y así tranquiliza y neutraliza la estática de energía etérica. Sueños atávicos y primitivos ocurren con frecuencia con uno que todavía tiene que balancear su naturaleza moral. En estos sueños podría *ver un mono o un mandril*, o personas cuyos cuerpos son *como Esaú, peludos*. Tales sueños vienen para recordar que debe hacer más puro su ética en relación con el sexo, y que debe examinar sus motivos relacionados con la lujuria.

Ver una *cabellera espesa* en una persona en sueños indica que el que se ve tiene un cuerpo etérico menor saludable o es inmune a ciertas debilidades y agotamientos físicos.

Cuando uno ve *pelo castaño con tintes de luz dorada*, es símbolo de un humanitario sumamente desarrollado.

Cuando uno ve *pelo seco, insalubre y lánguido*, es símbolo de que el cuerpo etérico menor está desmagnetizado y no puede regenerarse durante el sueño.

Cuando un ve *mechones brillantes de pelo negro* con tonos de azul, es símbolo de una persona que tiene un sentido de humor picante, además una exactitud tradicional.

Cuando uno ve *cabello que se ha teñido de rojo fuego* con tonos anaranjados, es símbolo de que la persona está bajo el tutelaje de poderes astrales subvertidos.

Cuando uno ve *pelo rubio saludable*, indica intrepidez, características belicosas; también supersensibilidad en relación con el orgullo.

Si el *pelo está arreglado artificialmente en sueños* simboliza vanidad y amor de sí mismo.

Si uno ve *pelo aceitoso en un sueño* es símbolo de una mente astuta; uno está viendo a una persona con un cuerpo grande que quiere entrar a la fuerza por aperturas pequeñas.

Si uno *ve una persona que se jala el pelo* es símbolo de locura, de trastorno mental.

Si ve a una persona que está *peinándose o cepillándose* simboliza introspección y purificación.

Si ve *bichos en el pelo* indica fiebres de una naturaleza infecciosa o contagiosa. También es símbolo de falta de resolución, libertinaje, amoralidad.

Si el *pelo está siendo afeitado* o cortado, esto es un símbolo do sacrificio, renunciación.

Si ve *uno con peluca en un sueño* es símbolo de que tiene dos personalidades; una que sabe que es él, y la otra es una afectación deliberada o el deseo de ocultar algo de sí mismo.

Si uno ve su *propio pelo encaneciéndose*, o el pelo de otra persona poniendose gris, es símbolo de que se está acabando el tiempo, y que uno debe apurarse para estar al tanto con las exigencias del alma.

CADERAS

Las caderas, la segunda axis polaridad del cuerpo, son símbolo de confianza en sí mismo, ecuanimidad, y son símbolo de la volición sexual y personal.

Soñar que le tocan a uno en las caderas o muslos — como en el cuento de Jacobo luchando con el morador, o su contricante iniciativo — es símbolo de que uno está siendo probado para más elevados grados de génesis y que debe estar preparado para las futuras pruebas de génesis iniciativo.

Sentir que las *caderas están balanceadas*, y que uno está proporcionado rítmicamente por la estructura de sus caderas, indica que ha llegado a un grado de control de sí mismo. (El centro del control de sí mismo está en la base de la espina dorsal). Por medio de movimiento sin esfuerzo al caminar, uno viene a comprender las fuerzas y corrientes etéricas. *El caminar etérico o con libre vitalidad* diurno es resultado de la liberación etérica que se recibe en acción de vuelo nocturno.

Recibir un *golpe en las caderas* en un sueño indica que uno debe prepararse para confrontar obstáculos de una naturaleza ancestral o génesis familiar. También debe estar sobre aviso para que no caiga en el abismo de una prueba sexual.

Ver a uno que *lleva una colgadura en las caderas*, similar a la colgadura que llevaba Jesús en Su crucifixión, es símbolo de renunciación, sacrificio, sufrimiento, dolor y humildad.

Soñar con cualquier clase de *prenda de vestir de tiempos antiguos* como un *cinturón de castidad*, indica que uno tiene peligro de cometer un acto amoral en el sexo. La interpretación buena de tal sueño, si una mujer lleva el cinturón, indica que ha llevado un cinturón de castidad en una vida anterior. En sueños cualquier *tela que sujeta* puesta sobre las caderas de una mujer o un hombre es símbolo de que le están enseñando a subir el fuego primitivo de la volición en la base de la espina y el centro pélvico hasta el fuego espiritual o akasia.

CEJAS

Cuando se ven en un sueño, cejas fuertes muy juntas y hacia la nariz son símbolo del iniciado de Marte quien trata de seguir su camino a pesar de los obstáculos.

Cejas muy separadas vistas en un sueño significan una persona benigna, más observadora que actuante.

Cejas espesas que ensombrecen los párpados son símbolo de sabiduría reservada. Cuando las ve en un sueño indica que uno se ha acercado a una persona que ha aconsejado a muchos.

Cejas enarcadas indican incredulidad y sofisticación.

Una ceja más alta que la otra simboliza una persona que es parcial intelectualmente, o que es desequilibrada en sus emociones y en su mente; también indica snobismo.

Cejas ralas o delgadas indican demasiada frugalidad al dar y compartir de sí mismo.

Ver el *punto de la puerta, o estrella centrada* entre las cejas quiere decir que uno está abriendo el centro de mando preparándose para escuchar el "sonido audible".

CELULAS

En sueños o en instrucción nocturna iniciativa, el iniciado aprende a observar, escrudiñar y estudiar la vida de las células en la corriente sanguínea. Le enseñan que cada célula contiene tres puntos de vida trabajando en una acción tríada o piramidal. Estudia el equilibrio celular entre los tres puntos de vida dentro de la célula. Observa el movimiento de la célula en la sangre; y le enseñan por la iniciación como la célula mantiene sus puntos cambiables de equilibrio, y como la célula en cada órgano tiene una función más superior o espiritual, una función de ego o individualista y una función instintiva que es ancestral. Se da cuenta de como las células del hígado, el corazón, el bazo, el cerebro y todos los demás órganos son sensibles a un tono que es apropiado para cada órgano. Ve como el átomo sagrado en el corazón mantiene el tono dentro de cada célula. También ve como la célula maestra en el corazón sobre todas células, cuando está fuera de foco o trastornada, pone al cuerpo físico fuera de equilibrio. Se multiplica la degeneración en las células; se derrumba el éter que mantiene la vida en el órgano, las células se vuelven perezosas, débiles y a veces malignas.

Los órganos del cuerpo son constituidos para que cada uno funcione en una polaridad positiva o negativa hacia otro órgano. Por ejemplo, el bazo y el hígado son antagonistas uno al otro; el páncreas, a las glándulas suprarrenales. Cuando las varias funciones antagonistas se balancean en su función de polaridad, hay salud en los órganos y en el cuerpo. Las células también trabajan en funciones positivas y negativas en sus puntos tríada de vida.

El tono de átomo sagrado dentro del corazón manda las acciones negativas y positivas de los órganos y de las células. El tono del corazón del átomo sagrado también manda al ritmo rechazando de las células, para que la vieja célula pueda morir y una célula nueva pueda tomar su lugar.

Si la imagen prototípica que mantiene el ego en el átomo sagrado del corazón se mueve fuera de armonía con el ritmo del tono del átomo sagrado, la función celular tríada se vuelve una llama purificante. Falta de armonía entre la imagen prototípica y el tono de átomo sagrado del corazón es causada por un deseo continuo de escapar de la vida, o un deseo continuo de morir. Por medio de iniciación el discípulo se da cuenta de que las personas que tienen esos deseos de suicidio pierden contacto con la célula, el órgano y la función prototípica del ego.

Las células vitales que sostienen el tipo de salud en el cuerpo trabajan con la sangre en un estado de movimiento continuamente flúido. Las células que se mueven con la corriente de sangre son pesadas y avaloradas minuciosamente por el átomo sagrado en el corazón, donde las imagenes prototípicas del ego que se acumulan en los tres puntos de vida en la célula, se registran en la imagen prototípica en el corazón. Si la imagen reflejada de la célula reflejara la célula ancestral como predominante, el átomo sagrado registra este énfasis en la imagen prototípica. Se registra aquí para que sea conservada. Si la célula reflejara la imagen de una actividad demasiada acentuada en el punto de vista individualista en la célula, el resultado es registrado sobre la sustancia etérica y nublada de la cubierta egotista. (La porción de la cubierta egotista alrededor de la envoltura del corazón contiene todas las acciones de la propia volición en esta vida y en vidas pasadas).

Cuando el punto de vida más bajo o ancestral en la célula es predominante, la salud del cuerpo físico está propensa a enfermedades heredades ancestrales. Cuando el énfasis está en el punto de vida individualista dentro de la célula, el cuerpo físico podría sufrir muchas fases de enfermedades sin definir o sin diagnosticar. Si la imagen del punto de vida espiritual en la célula no es activa, la imagen no se refleja sobre el átomo sagrado del corazón; esto se debe a que uno ha dependido sólo en la volición instintiva en vez de la volición espiritual. Así uno es separado del flujo espiritual del alma.

En el estudio de la célula por iniciación, con el tiempo el discípulo encontrará la solución del enigma de toda la estructura celular.

En la *última parte de la era de génesis de sí mismo*, un cuarto punto de vida que todavía está latente en toda la vida celular, se activará en la sangre, tejido y órganos de los hombres que son sumamente dearrollados. Este cuarto punto de vida en la célula se relacionará con una célula omnisciente en el cerebro. El funcionamiento de esta *célula omnisciente* producirá el hombre espiritual.

En la Sala de Aprendizaje los hombres estudian temas diminutos, como las células, durante el tiempo en que los rayos de las constelaciones enfocan su velocidad sobre el planeta Mercurio. A la vez, esto baja a los laboratorios fisicos del mundo, para que se pueda estudiar todas las formas de vida diminutas o microscópicas.

Los iniciados que tienen Mercurio elevado en sus cartas astrológicas podrían encontrarse en la noche en sueños trabajando bajo la dirección de las presencias cósmicas superiores. De esta instrucción y aprendizaje vienen hombres que tienen talento para lo intrincado y lo infinito y que tienen paciencia con una fase de la vida que por lo común otros hombres no observan.

En una parte de la Sala de Aprendizaje hay un inmenso techo o cubierta transparente como cúpula. La materia que forma este techo transparente está sumamente cargada de energía pulsando que sirve de receptor vibratorio y distribuidor de los grandes rayos planetarios y de las constelaciones de Jerarquía que se emiten desde las constelaciones del espacio exterior. Estos rayos de Jerarquía emiten dentro de los vibrantes rollos mentales de investigadores nocturnos, dando una acción informante. Estos grandes rayos de energía determinan lo que los hombres han de aprender en ciertas épocas en los laboratorios cósmicos de la Sala de Aprendizaje.

CEREBRO

Cuando *se ve el cerebro en un sueño* uno está investigando las zonas del cerebro. Le están enseñando que el cerebro contiene un panal de zonas o estaciones energetizadas para la mentalidad y no para el órgano de la mentalidad. Durante iniciaciones de anatomía etérica en la noche *ve los átomos mentales* que mantienen las zonas del cerebro trabajando. También aprende del poder de imágenes (lóbulo frontal), el poder de la voluntad (la corona de la cabeza), el poder de la memoria (base del cráneo). Si viera el cerebro bañado de luz en un sueño, indica que es activo espiritualmente, comunicando con el lado iluminativo de su alma.

Soñar que uno ve *la parte de atrás de la cabeza de una persona* o la parte de atrás de varias cabezas quiere decir el fin de su asociación con ellos, o la negación del que se ve de reconocerlo como un ego o como una persona. Cuando sólo se ve la parte de atrás de la cabeza de un Maestro, está siendo rechazado por el.

Soñar con una *operación para un tumor del cerebro* significa la eliminación de pensamientos de culpabilidad.

Una *hemorragia cerebral* en un sueño es un aviso de que uno tiene una consciencia sobrecargada, y así tiene impulsos de vida incontrolables. El ego desea renunciar a la responsabilidad como una persona que piensa.

En sueños una *calavera blanca* significa iniciación o muerte al carácter mundano o materialista. Una *calavera color café* es un aviso de muerte al cuerpo físico; una *calavera negra* es un aviso de una fuerza obscura obsesionante.

El cerebro físico es un panal y red de células, tejidos, arterias y nervios. En la vida espiritual el cerebro es el punto focal para una función más enorme: los tres átomos triada mentales están localizados cerca del cerebro; y el medallón del alma también medita sobre el cerebro.

Investigar el cerebro en un sueño o en meditación, o soñar que está entregado por completo a cualquier porción en particular del cerebro, indica que le están instruyendo a uno sobre ciertas iniciaciones conque podrá obtener más conocimiento de su carácter interior que mantiene su alma y su consciencia mental.

Hay cinco puertas iniciativas de la volición. La primera puerta está situada en la base de la espina dorsal. La segunda es la puerta occipital del cerebro que mantiene la base de la calavera. La tercera es la puerta de médula-oblongata, que se llama la boca de Dios, que contiene el aliento del ego, iniciando a uno en la volición primitiva o primordial y la volición cósmica. La cuarta puerta iniciativa de la volición es la puerta del cerebelo que mantiene la vida subconsciente del quelle donde uno está iniciado en los impulsos emocionales de amor u odio, gustos o aversiones. Por medio de esta iniciación uno aprende a vencer la hostilidad y a dominar el lado negativo de su volición emocional. También asume ciertos grados de valor y de intrepidez. La quinta puerta o la del cerebro inicia a uno en el grado superior de acción de pensamiento, y une los pensamientos de uno con la Volición de Dios. Por esta puerta de iniciación llega a ser una identidad consciente, espiritualmente legando su vida, sus emociones, sus pensamientos; llega a ser un instrumento sereno y perceptivo para Dios; llega a ser un creador y no una criatura.

Soñar con el cerebro de uno o ver el cerebro en una visión indica que le están instruyendo en los mundos superiores sobre el propósito del cerebro, para que pueda calcular su capacidad e influencia sobre el alma, la mente, las emociones y el cuerpo.

Cuando el *cerebro parece ser magnificado o aumentado* en un sueño, uno empieza a estar iniciado en la puerta occipital del cerebro. Esta puerta es la segunda puerta a la volición y tiene la llave de la memoria de el origen de la vida. El río de la vida se mueve por la puerta occipital. El origen de los impulsos iniciativos occipitales empieza en la raíz de la espina dorsal. Estos impulsos se mueven para arriba por cinco chakras mayores dentro de la puerta iniciativa occipital y estimula la voluntad de vivir, de sobrevivir. Cuando uno empieza a observar estas corrientes conectadas en la base de la calavera, está evaluando su origen; también está aumentando su deseo de vivir; sus poderes de sobrevir son aumentados; tiene acceso a la gracia de longevidad; y su deseo de vivir se une con la vida restorativa y vigorizante cósmicas.

La raíz de la espina, que se relaciona con la puerta occipital, recibe sus más poderosas influencias y compulsiones de los arquetipos de generación. Estos arquetipos o anteproyectos hacen presión en la base de la espina, estimulando a uno para que engendre y procree.

La puerta occipital soporta la calavera. Esta puerta es la entrada a las iniciaciones de médula-oblongata, donde uno se inicia en una comprensión de los centros de nervios vitales que controlan su aliento; y también lo une con las mareas vitales pránicas de su alma que entran y salen. En las iniciaciones occipitales y de médula-oblongata uno se une con los origenes etéricos de la humanidad; tiene acceso al recuerdo de los principios primordiales de la humanidad.

Cuando se penetra externamente y fuera de tiempo la puerta en la raíz de la espina, la puerta occipital y la puerta de la médula-oblongata son penetrados externamente fuera de tiempo, el resultado es un trastorno mental. Cuando uno usa las prácticas de meditación incorrectas o se expone por su propia volición a hipnosis irresponsable, se daña estas puertas de la volición y alguna forma de irracionalidad será el resultado. Si una persona ofende las leyes, caerá en trampas mentales que son subversivas y peligrosas. Si tiene la gracia de protección recibirá sueños de gracia de protección y se dará cuenta de dónde se encuentra la debilidad en el uso de su volición.

Cuando uno siente las iniciaciones de la volición por la receptividad del cerebro etérico, observa al hombre como uno que tiene libre voluntad; se da cuenta de que *la volición es el atributo más elevado* que Dios puede dar al hombre. También observa que cuando uno abusa de la volición se impone castigos.

Con concentración, contemplación, meditación pura, el decir mantrams y oraciones a tiempo, uno puede librar los conductos o chakras de fuerza vital dentro de los procedimientos de la espina, dejando abierta la puerta de la volición para que uno pueda llegar a ser un iniciado de la volición para Dios.

Los símbolos de los sueños son el vocabulario del alma. Cuando uno tiene la iniciación de la volición por medio de magnificación etérica del cerebro, debe estar sobre aviso de las circunstancias externas que desafiarían los impulsos de su volición. En sus oraciones debe suplicar que sea casto en sus actitudes y acciones sexuales; que sea caritativo y amoroso con sus prójimos; que sea responsable de sus propios actos; y que use su voluntad como un instrumento para Dios.

EL CEREBRO RELUCIENTE

Vuelo nocturno y experiencia en sueños con conocimiento se establecen cuando uno ha logrado un nivel de desarrollo espiritual donde sus emociones son puras, su mentalidad está completamente dedicada y sus obras son entregadas a lo bueno. Si las emociones de uno no son maduras o si tiene rasgos de egotismo, la experiencia en los sueños es distorcionada y descolorada por medio de funciones físicas que vienen de los símbolos fálicos del bajo mundo astral.

En vuelo nocturno el cordón plateado es relajado y reducido en su sujeción sobre el bazo, el hígado, el corazón, la garganta y la corona de la cabeza. En vuelo nocturno sin interrupción el iniciado se suelta libremente de su cuerpo con aflojar el cordón plateado.

Con la coordinación del vuelo nocturno, uno deja al cuerpo físico y al cuerpo etérico menor descansando sobre la cama. Los procedimentos de su cuerpo etérico mayor asume el mando de sus cuerpos emocional y mental. Cuando está fuera de su cuerpo físico, puede observar, estudiar y servir en las ondas mas elevadas de la vida interior.

Al estudiar la anatomía etérica, en la noche se entera del cerebro reluciente que está situado directamente debajo de la corona de la calavera. El cerebro reluciente es producto de la glándula pineal. En vuelo nocturno, uno observa esta función del cerebro más elevado y ve que sus funciones son similares a un sistema de eternidad — la glándula pineal son el sol y las doce proyecciones esféricas de luz que orbitan alrededor de la glándula pineal son como las planetas. Cuando uno está en profunda meditación, y está en armonía con el punto de pulsación del medallón de su alma que está en la corona de su cabeza, se activa el cerebro reluciente — y el cerebro total es bañado en luz iluminativa. Se magnifica el procedimiento de hacer imágenes, y la volición del iniciado y la Volición de Dios llegan a ser uno. Entonces la memoria empeza a funcionar en un estado de atemporalidad donde el iniciado puede contemplar cosas eternas y condiciones eternas y ver cosas que todavía no se manifiestan — y así sabrá que son parte del Plan y Volición eternos de Dios.

Hay veces durante las primeras etapas de meditación cuando uno siente un movimiento rotativo, como espiral o circular dentro de la corona de la cabeza. Esto es el principio de la actividad del cerebro reluciente. A veces, cuando uno haya logrado este estado de meditación, siente un flujo de calor en la corona de la cabeza. Esto ocurre porque ha logrado unir la pulsación del alma con el cerebro reluciente.

Cuando el cerebro reluciente es activado así, los sentidos cargados de gravedad son apurados, llegando a ser inactivos; y las facultades del alma o percepción sensorial más elevada se posesionan de los pensamientos de uno. Uno debe estar sobre aviso de esta experiencia en meditación para que pueda quedar receptivo durante este período y retener el conocimiento de sus experiencias meditativas. Si se permitiera entregarse al movimiento rotativo del cerebro reluciente, se encontrará fuera del cuerpo. En la iniciación del cerebro de anatomía etérica uno debe recordar que es necesario siempre retener la consciencia relacionada con lo que está haciendo, viendo, oyendo y diciendo.

Cuando uno está demasiado tenso en meditación, por la intensidad de la volición podrá proyectarse de su cuerpo físico y etérico menor fuera de tiempo. Esto es cuando debe proyectarse con decir un mantram para que sus cuerpos puedan estar estabilizados, y así evitar un choque psíquico o una interrupción.

Cuando el cerebro reluciente está libre en acción, uno podrá, con el tiempo, sin dañarse, soltarse de sus cuerpos estando despierto. También lo permite tener visitaciones diurnas etéricas que se llama proyección astral, y registrar lo que ve y oye mientras controla su consciencia. Los expertos son capaces de salir de sus cuerpos y viajar eticamente a grandes distancias, ayudando a aquellos que lo necesitan en tiempo de crisis o realizando algo en particular por un co-discípulo. Usan su cerebro reluciente sin interrupción, estando en alineamiento constante con las ondas más elevadas del mundo interior, quedando enterado conscientemente de la proximidad de las fuerzas invisibles. Tales expertos están libres para hacer cosas extrañas en el mundo mientras todavía realizan cosas del espíritu.

TRES GRANDES INICIACIONES

Mientras que todos los hombres funcionen por sus átomos del corazón igualmente con su volición y mente espirituales, continuarán sometiéndose a tres fases sobresalientes en iniciación: *iniciación del cerebro original* por el "quelle" inferior o Centro Q que está situado en la base del cerebro; *iniciación del cerebro lunar* por el plexo solar, la iniciación del sol divino o *iniciación del cerebro reluciente* funcionando por la corona de la cabeza.

Iniciación del cerebro original, cuando primero realizada por el iniciado espiritual, es una experiencia aclarante y aterradora. En iniciación del cerebro original uno debe someterse a un resumen de los impulsos genéticos, los impulsos procreativos y los impulsos sexuales individuales del hombre. Por medio de la iniciación del cerebro original uno se une con eventos morales de su época. Se estudia sus propios valores morales. Se pone a consideración los motivos sexuales y los instintos morales de vidas pasadas. En el plano físico le presentan muchos eventos que pertenecen al deseo sexual, actitudes sexuales y a reciprocidad sexual. En ciertos niveles de iniciación en los planos interiores, el iniciado masculino se encuentra con la tentadora; o si es mujer, la iniciada se encuentra con el tentador. Soñar con la tentadora o el tentador, o tomar parte en un acto sexual significa una evaluación de su propia castidad sexual.

El iniciado aprende por medio de instrucción espiritual en los planos interiores que el sexo es dado al hombre en el mundo físico como un acto de amor. El domina la iniciación del cerebro original cuando acepta las leyes que gobiernan el amor en la vida sexual. Si sus actos sexuales del pasado se han realizado con reverencia con el lado creciente del desarrollo, es decir, llegado a ser más selectivos por intuición con cada acción de la vida,su gracia de propagación lo protegerá durante la inicación del cerebro original. Recogerá la esencia de castidad en sus relaciones sexuales, y así contribuirá a la pureza del mundo.

Estudiantes principiantes de la ciencia interna del alma son obligados en sueños a investigar sus compulsiones sexuales, examinar sus motivos sexuales. Para tener confianza deben referir a la ética de Jesús relacionada con el sexo; tomando en cuenta esto, pueden aceptar lo que su Angel de la Guarda les dice en la acción de la noche durante el sueño.

Iniciación del cerebro lunar o del plexus solar magnifica la respuesta de uno a los rayos lunares afectando el cuerpo etérico menor. El iniciado del cerebro lunar debe sostener muchas pruebas de sensibilidad para que pueda comprender los ciclos de sus respuestas de periodicidad. También debe comprender la proporción de tono funcional del cuerpo físico, como está hecho y como funciona estando durmiendo y despierto. La iniciación por el cerebro lunar que controla los procedimientos etéricos del cuerpo físico introduce a uno a las energías de los diferentes planos de la vida: mineral, planta, animal y el hombre. Todas las energías cósmicas, crudas o sin mezcla son vencidas hasta cierto punto por la experiencia del cerebro lunar que está centrado en el plexus solar.

Cuando el énfasis es puesto en la experiencia del cerebro lunar, uno se vuelve capaz de ver la consciencia en toda cosa viviente; aumenta el campo magnético de las emociones o cuerpo astral. Es necesario que se aumente y se controle el ego de uno para que pueda funcionar en un campo más amplio de la percepción de sus propias emociones y sensaciones y de las de otros. Hasta que uno no haya dominado ciertos poderes iniciativos por la iniciación del cerebro lunar, no es capaz de sentir una empatía por otros en el mundo; por lo tanto será imposible que pueda curar y contribuir con consecuencias duraderas a la felicidad y armonía de otros. Debe llegar el momento en la vida de todos los iniciados cuando sale el Maestro a preguntar: "¿Qué has hecho por otros en el mundo?" Solamente entonces empezará a abrir la tercera fase de la iniciación al iniciado.

El cerebro reluciente queda inconsciente de lo que pasa hasta que uno haya ofrecido su devoción, su amor, su simpatía y deseos desinteresados al propósito de Dios. Solamente entonces saldrá la nube que está obscureciendo la luz más brillante de su propio espíritu, concebido del espíritu eterno de Dios.

Iniciación del cerebro reluciente es la iniciación más elevada que recibe el hombre en este sistema de eternidad cósmica. Iniciación del cerebro reluciente se realiza después de largas ayunas de espíritu, ansias por el espíritu y deseosos anhelos por el espíritu y sólo el espíritu. Cuando están listos el cuerpo, las emociones y la mente de uno, el espíritu viene a ser el poseedor total del alma que habita el cuerpo, las emociones y la mente.

Las oraciones, la devoción, la purificación y la disciplina propia — todo impuesto a sí mismo y aceptado — son los pasos para librar al cerebro reluciente. Todas las iniciaciones empiezan con un paso. Ningún procedimiento físico en el mundo puede iniciar a uno en las iniciaciones del cerebro reluciente — sólo contacto directo con el Espíritu Eterno es el Iniciador. Al ascenderse, la iluminación atrae a uno a más grandes expansiones de percepción, revelación y conocimiento. Para que se inicie en el cerebro reluciente, uno domina los matices telepáticos mentales y del alma de todas las almas del mundo, de las almas de los que todavía no nacen, de todas las almas en el cielo. El iniciado debe tomar el mando y dominar a los poderes dobles en el pensamiento, para que pueda usar, estando completamente consciente, la tercera o espiritual capacidad de sus átomos mentales, físicos y emocionales.

En la era que se aproxima al hombre, el iniciado de acuario o el que está sumamente desarrollado se iniciará simultaneamente con los tres procedimientos de iniciación; cerebro original, cerebro lunar y cerebro reluciente. El Hijo divino, o la Luz de Cristo, hablará a la mente del iniciado y lo instruirá. Todos los iniciados y estudiantes de las ciencias espirituales y del alma deben tratar de balancear sus vidas para que puedan participar en la corriente convergente de receptividad iniciativa como la que es dada por la Luz del Cristo.

Los pasos iniciativos antes de recibir la iniciación del cerebro reluciente incorporan las primeras dos iniciaciones mayores; cerebro de origen y cerebro lunar. Ay del que busque la iniciación del cerebro reluciente sin preparación, sin honradez, sin deseo puro. El caerá — y sólo Dios sabe cuando recibirá redención.

CINTURA

Los símbolos que se ven debajo de la cintura tienen relación con la tierra y pasiones de la tierra, y entusiasmos terrenales de la volición.

Los símbolos que se ven arriba de la cintura son espiritualmente creativos y sagrados.

Cuando se ve un Maestro de pie en la tierra, y se ve su cuerpo entero, es un Maestro terrenal y todavía está conectado con sus átomos de gravedad.

Cuando se ve un Maestro arriba de la cintura o del corazón, es un Gran Inmortal que se ha librado de la rueda de encarnación.

COLON

Cuando uno es receptivo espiritualmente, le pueden avisar en sueños de inminente mala salud, ya que primero se registran todas las enfermedades en el *equivalente etérico de un órgano*. En los sueños la réplica etérica del cuerpo físico es magnificada para un iniciado de los sueños. Cuando esto ocurre, si hay gracia, durante un sueño el grado de tono negativo de la energía en el órgano puede ser cambiado; también puede ser posible la rectificación del órgano etérico con oraciones y mediación, y así es restaurado el órgano físico.

El Angel de la Guarda y el Angel de la Luminosidad de uno a veces entregarán la adivinación del desequilibrio etérico; y si uno tiene gracia, recibe alivio o remedio por *cualquier medio* que tenga la llave de la ayuda curativa. Al aplicar esta dirección, la salud es restituida.

Si uno sueña con el *corredor intestinal* es que está iniciado en las leyes de ingestión en el nivel físico. Los sueños que revelan *trastornos físicos* del colon significan una falta inflexible de cooperación o resistencia a soltarse. Los sueños que representan un *trastorno del nivel emocional* del colon significan conceptos falsos de castidad y falta de aceptar los procedimientos funcionales de la vida. La investigación de los sueños sobre los trastornos etéricos del colon, relacionados con infantes o jóvenes, revela que la debilidad etérica es producto de resistencia en vidas pasadas a las reglas de la vida.

El duplicado etérico del colon trabaja con la función de gravedad de la constelación de Virgo, el planeta Mercurio y el planeta Marte. La investigación interna confirma que todos los procedimientos de eliminación del cuerpo también son influenciados por las magnéticas acciones de la luna y el flujo y reflujo de la marea.

Si sueña constantemente con el proceso de eliminación en cualquier parte del cuerpo esto significa que uno está siendo purificado. Soñar con eliminación de los intestinos o del riñón, y sentirse apenado en el sueño, quiere decir que uno ha de ser purificado, pero también que será castigado públicamente de alguna manera. Ya que toda ingestión empieza en la boca, a veces los sueños de eliminación significan que uno tiene que purificarse de conversaciones innecesarias.

La salud espiritual es sagrada; la salud perfecta del cuerpo es un reflejo de acciones, emociones y pensamientos sagrados y bien ganados. Los sueños dirán la palabra curativa y correctiva cuando uno deja sus sueños con los ángeles.

CORAZON

En los símbolos de sueños de anatomía etérica *el corazón es el órgano iniciativo de amor.* Durante el sueño nocturno a veces se percibe el corazón como teniendo muchos corredores o portales. Esto indica que uno está realizando la iniciación del corazón, o que está meditando sobre las muchas facetas del amor. Cuando se ve *el corazón sombreado o en la obscuridad*, el Angel de la Guarda le está enseñando a uno que ha dirigido mal su amor o que de alguna manera ha abusado de él.

Soñar con *dolor en el corazón* indica que uno está implicado en lucha emocional para poder abrir los corredores del corazón. Sentir dolor en un sueño indica que uno debe estar sobre aviso en relación con peligro físico en la salud. Estar enterado en sueños de que el corazón es un órgano del cuerpo físico indica que uno debe examinar sus tensiones físicas y relacionarse con su karma en cuanto al amor o con sus actitudes de gratitud hacia el amor.

En sueños, durante una iniciación, un iniciado podría regresar al tiempo en que fue víctima de sacrificios del corazón como lo practicaron los Indios Incas y vivir de nuevo el terror de su experiencia. En tales sueños es necesario que uno retenga una tranquila separación hacia estos recuerdos de reencarnación para que pueda recobrar la esencia del significado de la época que está viendo. Con frecuencia después de tales sueños uno se despierta con el pulso agitado.

En un caso notado en un sueño que fue interpretado por la autora, cierto iniciado fue herido por un compañero discípulo con un balazo en el corazón. Este drama en el sueño fue presentado al iniciado para prevenirlo que un compañero iniciado habrá de ser el instrumento kármico para poner en peligro su vida espiritual. Es gracia cuando uno sueña previendo obstáculos que se ponen en el camino del desarrollo propio o de otra persona a quien puede ayudar.

CUELLO

Soñar con un cuello como cisne o un *cuello arqueado* indica que la persona tiene ciertas tendencias pasivas y flota en la corriente de la vida en vez de nadar en ella.

En un sueño *un bocio en el cuello* es símbolo de que uno tiene avaricia oculta, también envidia excesiva.

Un *cuello roto* es símbolo de que uno tiene peligro de perder su equilibrio mental; también significa karma de traiciones de la luz en vidas anteriores.

Un *cuello con cuerdas de músculos* es símbolo de fuerza bruta, de impenetrabilidad.

Barba doble que descansa en el cuello simboliza que uno tiene que vencer demasiada indulgencia.

Soñar que le *están guillotinando* es un recuerdo de una experiencia de una vida pasada; un presentimiento de estar separado de la consciencia.

Un toque de fuerza o *ira en el cuello* es símbolo de que uno está sujeto a ataques astrales invertidos.

Si *besan a uno en el cuello* es símbolo de que uno todavía tiene deseos de infante.

DEDOS

El pulgar es el dedo de autoridad. Cuando se ve el *pulgar izquierdo* en un sueño o visión, indica fuerza, agresión, dominio y tiranía. Cuando ven el pulgar derecho en un sueño o visión, indica que lo están iniciando en la volición más elevada, y por lo tanto recibirá ciertas lecciones relacionadas con la modificación en el uso de la volición; y con el tiempo logrará tener autoridad espiritual.

El índice es *el dedo de influencia.* Cuando se ve *el índice izquierdo de otra* persona en un sueño o visión indica peligro de someterse a influencia hipnótica del nivel de un gurú astral o de una persona física que usa poderes hipnóticos. Si es el *índice izquierdo* de su propia mano, le están enseñando que está usando la volición hipnótica para anular la volición de otra persona. Cuando se ve el *pulgar derecho* están asegurando a uno que está bajo dirección y se está preparando para aprender verdadera discriminación.

El dedo de en medio es *el dedo de mentalidad.* Cuando ven *dedo de en medio* en un sueño o visión, indica que uno está usando el lado negativo de su intelecto. Si *el dedo de en medio izquierdo* es de otra persona indica que uno está expuesto a los pensamientos inexpertos de la persona, o que está recibiendo telepatías negativas de un origen invertido. El *dedo de en medio derecho* indica que uno está usando sus facultades mentales en un nivel más alto, o que las Presencias del cielo aprueban sus pensamientos.

El *dedo de matrimonio de la mano izquierda* se relaciona con las lecciones de asociación físicas. Soñar con un anillo en el *dedo de matrimonio de la mano izquierda* significa que uno ha hecho un pacto para caminar por el sendero izquierdo. El *dedo derecho de matrimonio* se relaciona con iniciación espiritual, o matrimonio espiritual entre el alma y el espíritu; ver un anillo en el dedo derecho de matrimonio indica iniciación espiritual. Las siguientes descripciones de anillos pertenecen al dedo derecho de matrimonio:

Un *anillo de oro* indica iniciación espiritual y gracia del alma.

Un *anillo de diamante* indica que están iniciando a uno en el verbo del yo superior y en el medallón eterno rodeando el yo superior.

DEDOS DEL PIE (Vea Manos)

DIAFRAGMA (Vea Laringe)

DIENTES

Soñar con una persona con *dientes afilados o limados* indica que la persona tiene un temperamento canabalístico, o que es como vampiro, un destructor de almas; es anormalmente y demasiado posesivo. Este símbolo también indica que irán a exponer a uno a una persona amoral o degenerada.

Soñar con *dientes grandes y bien formados* es símbolo de hospitalidad.

Soñar con dientes de arriba saltones o salientes indica que la persona tiene tendencias de acaparar, como ardilla.

Soñar que *uno pierde sus dientes* indica que va a morir a sí mismo. Ver a *otra persona que pierde sus dientes* es símbolo de la muerte que se acerca para él que se ve, o un pariente del que se ve.

Soñar con *muchos dientes que faltan* indica que uno ha perdido su reserva de vitalidad por descuido o pobre administración.

Soñar que *pierde un diente* quiere decir una muerte; el fin de una situación.

Soñar que le *sacan un diente* indica que uno tiene que sufrir una forma de sacrificio doloroso. Sacar los dientes representa una muerte o un nacimiento.

Ver *dientes postizos* o dentaduras en un sueño quiere decir que el que se ve no tiene el sentido de soltar o renunciar.

Soñar que uno está *masticando la comida* con sus propios dientes indica que uno está aprendiendo el arte de asimilación.

Soñar que uno está en *la silla del dentista* y que le están empastando los dientes es símbolo de que le están parcialmente mitigando o resolviendo karma.

Soñar con un persona que tiene *pequeños e inmaduros los dientes de arriba* — con cada diente formado igual — es símbolo de una persona que es como vampiro, o de uno que quita la vitalidad de otros; un agotador psíquico.

Soñar con un *cepillo de dientes* indica que uno debe empezar a purificar su manera de hablar; una iniciación purificadora.

LAS ESPINILLAS

Las espinillas son los receptores telepáticos de nuevos ambientes. *Sensibilidad en las espinillas* denota temor a nuevos ambientes o lugares. Si uno contempla los resultados trascendentales de mediación curativa y sus compensaciones benéficas, y si armoniza con las ayudas sostenedoras en el mundo visible e invisible, acogerá nuevos ambientes como parte de su circunferencia y acción en la Luz.

Cuando el discípulo sueña en la noche que está caminando en *agua pura o clara al nivel de los tobillos*, indica que lo están preparando y aislando contra la negación, las telepatías ambientales de los mundos físicos y psíquicos. Si el agua en el sueño fuera lodosa o turbia, es un aviso de aprensión de su Angel de la Guarda que el iniciado está acercándose a alguna experiencia desagradable que lo conmoverá emocionalmente y lo confundirá mentalmente. Un aviso del Angel de la Guarda modificará el impacto de la experiencia y también permitirá al iniciado a percibir lo que le está hablando en su fase corriente de desarrollo.

Dolor en los tobillos significa que el discípulo no quiere enfrentarse con nuevos ambientes.

ESTOMAGO

Soñar con el estómago indica que uno tiene un fuerte deseo de tener cuidados maternales, o que tiene necesidad de encontrar seguridad por el principio de la madre. Ver *el estómago encerrado en una luz azul, blanca o rosada* indica que uno está asimilando sus lecciones, y que está adquiriendo la calidad de ternura.

FRENTE

Soñar con una frente redondeada indica alegría, jovialidad, generosidad.

Soñar con *una frente como bóveda* debajo de una calavera engrandecida indica que uno está expresando intolerancia, egoísmo, fanatismo.

Soñar con una *frente cuadrada* indica que la persona aprende con lentitud, pero que está bien organizada.

Soñar con *una frente angosta* hundida en las sienes indica una naturaleza ascética.

Soñar con uno *que tiene el pelo demasiado bajo en la frente* indica que uno va a recibir un choque mental o restricción sobre sus facultades imaginativas; también indica tendencias de génesis tribal.

Soñar con *una banda o cinta* en la frente es un símbolo de restricción debido a la autoridad.

Soñar que *le besan en la frente* es símbolo de una bendición de unción dando paz.

GONADAS

Soñar con las gónadas simboliza que uno está examinando sus impulsos sexuales y evaluando la necesidad de castidad y pureza.

HIGADO

El hígado es símbolo de la volición emocional; inicación de la volición emocional. En simbología *el hígado es el órgano de vida emocional*. Cuando uno tiene un sueño en que le enseñan algo relacionado con el hígado, es símbolo de que debe examinar su volición emocional.

EL CINTO DE LA VIDA

El cinto de la vida abarca el hígado, el páncreas y el bazo. A veces se le presenta el cinto de la vida como las fuerzas positivas invisibles que influyen en la vida. Soñar con los tres como unidad indica que el que sueña está examinando su valor en relación con la volición, la vida y la luz.

El hígado en sueños es símbolo de valor emocional y volición emocional. *El páncreas en sueños* es símbolo de fuerzas de vida; por ejemplo, la forma del hombre o el diseño del anteproyecto del hombre. El que sueña ve *el bazo* como el origen de la vitalidad o el que reestablece la luz y las corrientes vitales en el cuerpo.

Aquel que ofende o abusa el cinto de la vida en las negligencias diurnas del cuerpo será avisado en los símbolos de los sueños que algo no está bien en el equilibrio tríada de estos tres órganos.

Si se usa fuerza en los planos físicos para expresar la volición emocional, producirá un debilitamiento y degeneración del hígado.

Si se niega a participar en la experiencia y asociación de primera mano con otras personas en el mundo, resultará en una función discordante del páncreas.

El ser indiferente a las leyes de la Naturaleza, el rehusar a adaptarse y usar las leyes de la Naturaleza, el separarse de las ofrendas vitales regeneradores de la Naturaleza, aparecerá en sueños como un ejército de bacterias extrañas en el éter que mantiene el sistema celular del cuerpo. El resultado será el debilitamiento del sistema sanguíneo que controla las células del cuerpo.

Los sueños vienen a avisar a uno cuando ha ofendido las leyes morales y éticas. Soñar con los niveles del alma, de religión y del espíritu es entrar en una previsión con que uno puede acelerar su consciencia, y así trabajar constructivamente con su alma en las reflecciones nocturnas y las contemplaciones diurnas.

El Angel de la Guarda del sueño dirige al soñador a examinar sus debilidades y sus puntos fuertes. Aunque muchas veces se demora la contestación, inevitablemente uno responderá a lo que dice el Angel de la Guarda en la noche. Porque el Señor ha dicho a cada uno: "Todo lo engendrado en el día y todo lo recordado en la noche es mi voz; y cuando viene la obediencia, viene el consuelo como paz alada, inspirado por los Angeles de Amor".

HOMBROS

Cuando *los hombros aparecen en un sueño* significa que uno está examinando la primera o más alta puerta de axis del cuerpo.

Ver hombros *anchos y sustanciales* indica que uno es capaz de cargar una carga kármica.

Si ve un jorobado es símbolo de que uno ha abusado de la volición psíquica en una vida anterior; en su aspecto más elevado es símbolo de que uno ha sido martirizado con alguna forma de brutalidad de la inquisición.

Ver hombros caídos es símbolo de que uno preferiría que otros asumiera sus responsabilidades.

Hombros que parecen ser desesperados, *caídos y cansados* significan que uno está sobrecargado.

Cargar un yugo en los hombros es símbolo de que uno se ha privado a sí mismo y ha cargado su cruz.

Si le *tocan en el hombro izquierdo* es símbolo de que una fuerza sutil le está dirigiendo negativamente.

Si le t*ocan en el hombro derecho* es símbolo de que le están dirigiendo al camino de la derecha.

Sentir que alguien amoroso ha puesto su *brazo alrededor de los hombros* es símbolo de que uno estará apoyado y soportado en sus esfuerzos.

INTESTINOS

El ver cualquier parte de la *region intestinal* en un sueño es símbolo de que uno debe estar preparado para renunciar y eliminar.

Ver el *área rectal* en un sueño indica que uno está realizando una iniciación para vencer orgullo falso y lujuria.

Soñar con una *evacuación de los intestinos* indica que uno tiene necesidad de examinar su consciencia relacionada con culpabilidad, y también que debe aprender a elimimar pensamientos y actitudes manchados sobre las funciones naturales en la vida.

LABIOS

Los labios son *los portales del paladar* o el sentido del sabor. Los labios también son *los portales del verbo* o el habla sagrado. Cuando uno abusa del sentido de sabor, sus labios son sensuales, voluptuosos. Cuando uno abusa del habla sagrado, sus labios representan cinismo y escepticismo.

El *habla cáustica* produce labios privados de belleza. Cuando uno dice palabras de amor continuamente, sus labios revelan una ternura y caridad interiores hacia todos los hombres.

Ver en un sueño *labios que bajan en los extremos* indica falta de fe, depresión, negatividad.

Ver *labios desiguales y con un extremo hacia abajo*, revela una persona de naturaleza satírica; también indica que el soñador podría anticipar alguna experiencia rara.

Ver labios de los cuales salen *humedad o saliva* indica lujuria sin control y sensualidad.

Ver *labios que se rien con alegría* indica que uno ha hecho contacto con la felicidad de los querubines.

Ver *labios tarareando o cantando* o chiflando indica que uno debe estar preparado a inesperada instrucción feliz y remuneradora.

Labios temblorosos indican que uno va a recibir un desaire por cierta desviación, o que uno se está preparando para sentir un dolor de lo más profundo de alguna naturaleza.

Ver *labios amoratados* indica que irán a corregir a uno por hablar fuera de tiempo o fuera de orden.

Cuando uno ve *dedos sobre los labios* en un sueño, es símbolo de que uno debe quedarse callado y así evitar complicarse en una situación.

Recibir un *beso casto en los labios*, la mejilla o la frente en un sueño indica que uno está recibiendo una señal del Espíritu Santo. Si se recibe un beso de una persona que el soñador conoce, y si hay alguna prolongada sensualidad en el beso, indica que uno debe estar sobre aviso para sentimientos desentrenados que esa persona dirige hacia él. Si uno sueña que recibe un *beso casto* de un iniciado compañero o de uno que está por iniciarse, indica que el que lo besa es un compañero iniciado que conoce en el ministerio nocturno.

Soñar que está *besando a una persona* en la mejilla es símbolo de que los dos están en la misma Corriente de Luz y que están haciendo la misma cantidad de trabajo en la noche.

Cuando uno sueña con *los labios abiertos de otra persona* como si tuviera dolor, está viendo sufrimiento y se vuelve sensibilizado contra una reacción más tierna hacia el dolor.

Si los *labios de uno están abiertos y está llorando*, uno debe estar preparado para compartir el pesar con otra persona.

Si los *labios parecen que están comiendo comida* es símbolo de que le están instruyendo y previniendo de sus costumbres de dieta y alimentos y su asimilación y digestión de sustancia espiritual y física.

Si uno ve que salen *corrientes de luz* de la boca de un Querubin o de cualquier ángel, indica que el ángel está trabajando para corregir alguna condición que es aparentemente inalterable.

Capítulo 12

SIMBOLOS DE ANATOMIA ETERICA

Parte II

*Cuando me vence el sueño, las exigencias del día cesarán de atarme,
ya que en la noche estoy libre para sumergir mi corazón en la fuente
renovadora de la paz perfecta de Dios.*

LARINGE Y DIAFRAGMA

El *escuchar voces* de belleza efímera durante meditación o en sueños significa que han abierto las corrientes de sonido en los aspectos elevados del oído interior. Definir el origen de las voces que se oyen es gracia espiritual. Obedecer las sugerencias espirituales produce talentos inmortales. Si uno es sometido a los aspectos psíquicos del oído izquierdo por medio de la palabra hablada cuando despierto o soñando es una tragedia.

Muchos en el mundo son víctimas del habla invertida y sutil. Las voces del mal tienen influencia sobre una mentalidad temorosa y poco receptiva, evocando acciones de odio y hostilidad.

La *laringe es una caja vibracional* u órgano de voz; el órgano que lo acompaña es el diafragma. Cuando se usa espiritualmente, la laringe es el *"pulso creativo del Hum"* o corriente de sonido para la voluntad más elevada para la destrucción de karma. Cuando uno une su voluntad superior con la Voluntad de Dios, sueña interiormente con las imágenes arquetípicas sin manifestarse y murmurantes hacia puras formas tangibles y externas.

El diafragma trabaja directamente con la laringe. Cuando el diafragma es agitado repetidamente y sensualmente debido a la baja voluntad del ego, la laringe produce tonos y sonidos de voz roncos, estridentes e irritantes. Cuando se usa espiritualmente, el diafragma, situado en la corona del plexo solar, es el punto de cruce centralizado por el cual fluyen los impulsos más finos de las emociones. Si las emociones son negativas, se mueve dentro del diafragma de una manera contraria a la dirección de las agujas del reloj, y el cerebro lunar primitivo en el enorme fuego de la acción inferior del plexo solar es activado. Si las emociones están en un nivel elevado, se mueven dentro del punto de cruce del diafragma en dirección de las agujas del reloj, y el cerebro espiritual en la corona de la cabeza se abre para funcionar.

La desobediencia a las leyes establecidas de la sociedad, la indiferencia a la propiedad y a los derechos individuales de los otros, la violación de la ley de Dios con desviación testaruda, el ignorar las leyes morales de los Diez Mandamientos, el ridiculizar la ética que fue establecida por Jesús, profanar, calumniar, contar chismes con malicia, declarar cosas que no son verdades, hacer pactos débiles o jurar algo sin intención de cumplirlo, seducir a otros para que apoyen los intereses de uno, hablar místicamente sin claridad, todo esto mantiene vivo el cerebro primitivo que está centrado en el lado inferior del plexo solar.

El habla pura es un poder de manifestación y demanifestación. Cuando se usa la palabra apoyada por el movimiento de flujo diafragmático, se habla creativamente. *La curación empieza con elogiar*. Los impulsos primitivos y los instintos irracionales se quedan vivos por medio de la preservación de sí mismo a expensas de otros y con actos de agresión de sí mismo imponiendo crueldades brutales en los impotentes y los débiles.

Cuando la acción del diafragma funciona en el plano de amor de sí mismo, resuena en el oído de aquel que lo escucha con matices aceitosos. Los tonos de la voz contienen magnetismos irritantes, y la reciptividad tonal de aquel que lo escucha es ofendida.

La laringe puede ser un órgano para hablar vibrante y creativamente o un órgano para un hablar destructivo. Si uno se ha movido con las mareas espirituales, su voz deja de resonar los tonos primitivos que crean el caos que resulta del habla estridente o inoportuno.

Cuando el habla tiene tonos de rubí, la laringe y el diafragma se unen y funcionan a la perfección; honor, justicia e integridad entran en la voz. La laringe viene a ser un órgano de salud para el que habla y una inspiración para el que escucha.

Cuando el habla tiene tonos de oro, la pulsación del alma en la corona de la cabeza y el punto radiante del diafragma en el plexo solar llegan a ser uno; se escucha el verbo del alma. El que habla escucha interiormente tonos del alma, y los hace sonar por medio de su hablar en el oído interior del que lo escucha embelesado.

El diafragma es un tablero sonoro tonal que reune los tonos de los sentidos, emociones y pensamientos en un punto central o de diamante que trabaja junto con el plexo solar. Hasta que el hombre viva en armonía con la pulsación de su alma, el diafragma enviará los tonos primitivos de los sentidos y emociones dentro de la laringe. Los tonos de voz de aquel que habla tendrán tintes de magnetismos manchados que emanan del cerebro primitivo.

Se puede encontrar en *la criatura alada* o pájaro, dos laringes, una en cada extremo de la tráquea. En el hombre se usan la laringe y el diafragma, aunque están definidos separadamente, como mecanismos gemelos para producir el habla.

Cuanto más perfecto espiritualmente es el hombre, más puros son los tonos de su voz. Uno juzga la voz pura y la voz genuina por cuan pacíficamente caiga en su corazón y su mente; y como conmueve y alegra su espíritu. Conforme uno gana poder espiritual, los sonidos que salen de su laringe llevarán integridad espiritual.

El volumen de la voz no denota espiritualidad. Sonidos puros y palabras puras expresados por un magnetismo saludable, dichos con el deseo de inspirar sin ofensa, se quedan con el que escucha. Se escuchan tales voces como confirmación de lo que uno ha probado y también de lo que es deseado en el lado mejor del alma.

El uso continuo de la palabra pura como un instrumento de oído espiritual, o el escuchar lo bueno y el registro de palabras espirituales no escuchadas por los egoístas, con el tiempo darán libertad al diafragma; el que suena y el que envía, que son creativos, aumentarán el volumen de la voz.

Soñar repetidamante que escucha voces con notas calladas sutiles, o escuchar palabras no sinceras e insinuantes significa que uno está usando las emociones inferiores y el cerebro primitivo en vez de su razón o cerebro espiritual reluciente. Después de tales experiencias, uno debe decidir que al despertar hablará con amor, que sus palabras y emociones no tendrán presión ni fuerza.

Una *acción diafragmática invertida o contra las manecillas del reloj* estimula la percepción negativa del cerebro primitivo, y uno está sujeto a la visita de entidades. Voces sutiles de trastorno mental y envidia tratan de seducirlo y causar su caída espiritual. Las voces de entidades sin cuerpo penetran el nivel inferior de su oído. Voces inspiradas por Satanás también causan duda de la realidad de Dios. Con más frecuencia las personas inseguras, indecisas y dudosas reciben estas voces sutiles y destructoras. Aquél que realiza tales iniciaciones tiene miedo de dormir; llega a tener inseguridad de sí mismo y tiene sospechas de otros.

Estando despierto, *prestar atención a falsedades, calumnia o acusación* provoca el cerebro primitivo. Cuando los indoctos, celosos o nerviosos abren los planos psíquicos, uno puede estar influenciado por voces magnéticas manchadas. Desgraciadamente, uno puede llegar a estar bajo las voliciones magnéticas y mal dirigidas de personas que tienen interés en sí mismos y que están en los planos astrales y en el mundo físico, y resulta una influencia perjudicial para el alma y para la salud espiritual. Por medio de las iniciaciones diurnas y nocturnas los que tienen puro el corazón llegan a ser oyentes puros. Llegan a percibir la ética en la palabra que está motivada por una voluntad desinteresada.

Cuando uno busca reverentemente la instrucción espiritual, aprende a definir la diferencia entre un verdadero maestro y un maestro falso. Sabe que aquél que se relame para enfatizar sus palabras es dogmático, y depende de las teorías de otros en vez de la revelación espiritual directa y probada. Ve que aquél que habla, trata de embellecer a su oyente, como una persona quien en realidad es patéticamente insegura, extasiada con el sonido de su voz egotista. Ve al que habla como austero, como un hombre temeroso que quisiera ser virtuoso. Ve el daño que se hace en los reflejos de los nervios del oyente por hablantes que cortan las palabras; comprende que todos son ineficaces físicamente con la laringe y el diafragma. Oye una voz quejumbrosa y sabe que es la voz de un debilucho y un engatusador quien, con repetidas presiones e irritaciones, logra sus propósitos.

El discípulo hace un pacto para armonizar sus emociones con amor. Hace una dedicación para pensar en cosas verdaderas, trata de saber cosas verdaderas, y hablar de ellas con fe y valor. La *"demostración de Espíritu y de poder" (1 Corinto 2:4)* entrará en todo su ser, haciendo que su laringe y diafragma sean recipientes vocales para Dios.

LENGUA

La lengua es el símbolo de la espada de dos filos; el símbolo del verbo; el símbolo del espíritu de la verdad. Cuando uno tiene una lengua revoltosa, sueña con los clamores y ruidos astrales. Le advierten que está malgastando sus palabras. En la vida diurna descubrirá que no harán caso a sus palabras o no las creerán. Cuando uno ha sido *indiscreto en conversaciones*, durante el sueño su Angel de la Guarda le advierte que debe guardar sus palabras y estimar la palabra creativa. Por medio de la palabra creativa aprende a pronunciar y escuchar su nombre sagrado en los planos interiores del mundo de los sueños. También aprende a decir ciertas palabras clave de poder, para que pueda alcanzar grados más elevados de luz dentro de la noche. La lengua es el órgano del hablar, y la forma de comunicación en el mundo físico. Cuando la lengua viene a ser un instrumento para el Verbo, llega a ser un manantial de aguas purificadoras, porque la palabra de amor es la palabra curativa.

En Santiago, Capítulo 3, versos 3 a 11, uno podría aprender de Santiago el apóstol sobre iniciación por la lengua.

Si uno sueña con cierta forma concentrada de instrucción para hablar, en *hablar o en conversar*, le están iniciando en el hablar por medio del espíritu del Espíritu Santo, porque uno no puede ser instrumento para el Espíritu Santo hasta que use su lengua con palabras impolutas.

La glándula tiroides es el centro para el verbo planetario de Mercurio que envía sus rayos de energía dentro de la lengua. Cuando hay un Mercurio adverso, un Mercurio retrógrado, o cuando Marte y Mercurio están ajenos uno al otro, uno tiene tendencia a hablar con sarcasmo, armargura, cinismo, malicia. Durante períodos planetarios negativos, pensamientos amargos y dudosos pueden entrar en la lengua y el que escucha es herido, ofendido y repelido. También es posible que uno sea demasiado locuaz o propenso a chismes en períodos en que Mercurio es negativo o retrógrado.

Cuando *se usa la lengua para adulación*, el oyente está recibiendo un insulto, ya que ha prestado su tiempo y su atención a un mentiroso y un tramposo.

Palabras de verdad en la lengua, cuando las escucha un mentiroso, son ofensivas, y agitan su consciencia.

Uno debe tratar de *anotar las palabras que se oye en un sueño* igual que los aspectos significantes que se oye en las palabras.

Cuando uno está sufriendo pruebas difíciles en las regiones sutiles del mundo astral, con frecuencia escucha palabras *que contienen burlas, mofas y desprecio*. Estas pruebas pretenden producir inseguridad en el iniciado. Si se niega a renunciar autoalabanza egotista, invitará las pruebas satánicas de desprecio tanto en los mundos sutiles como en los mundos exteriores de personas con quien se pone en contacto en su vida cotidiana.

Ser *insincero con la lengua*, o ser impulsivo al hablar, o prometer algo que sabe bien que no podrá cumplir, es establecer una acción invertida que causa pérdida de tiempo y energía.

El discípulo aprende a usar el órgano de la lengua como instrumento de la verdad. En las iniciaciones más elevadas, le manifiestan el fuego espiritual que *se encuentra en la raíz de la lengua* relacionado con la glándula pineal y el aspecto más elevado de la volición.

El iniciado pretende alabar cosas verdaderas, cosas buenas, cosas limpias y cosas bellas.

En iniciación el iniciado hace un pacto y una dedicación de tranquilizar las aguas de agitación a base de hablar sin miedo. Aprende a odiar una lengua dividida o conversación demasiado mística. Le enseñan la lección de brevedad. Por medio de contactos diarios con otros, le enseñan que cualquier palabra pronunciada que contiene superficialidad, irresponsabilidad, exageración o fantasía será repulsada groseramente, ya que no hay reproche más duro para quien quiere ser espiritual que reproche del mal hablar y de la palabra fuera de tiempo.

El verbo que hace conocer los mundos más elevados es disponible para el iniciado una vez que ha abierto la puerta al poder de las palabras; este se logra cuando la palabra se convierte en acción por medio de la voluntad.

En las iniciaciones más elevadas, le enseñan a un iniciado taciturno un verbo libre. Quien que conversa incesantemente tiene que enfrentarse con la necesidad de ser breve. El iniciado aprende que una persona que habla entre dientes no está segura de la verdad de sus palabras y que la persona que habla para excitar con sus palabras es un explotador.

El iniciado se entera de que su lengua es un órgano de poder espiritual cuando aprende como defender a aquellos que no se expresan bien, o están ausentes y no pueden hablar por sí mismos. Aprende a defender a su compañero hablando por una causa en la medida correcta del tiempo. Cuando por fin ha perfeccionado el hablar con santidad, hablará por Dios, y entrará en él el Espíritu de la Verdad, curando, manifestando.

Los Angeles Registradores y los Angeles de la Guarda, con los Angeles del Verbo Planetario, mandan sus ideas y sus impulsos por medio de la volición, la memoria y la imaginación del iniciado. Cuando la lengua se vuelve un órgano espiritual, el iniciado hablará por Dios, y el Espíritu Santo lo usará.

LOMOS (incluye los muslos, el recto, los órganos generativos, los intestinos bajos y las caderas)

En el Viejo y en el Nuevo Testamento se puede encontrar numerosas experiencias iniciativas relacionadas con el poder de generación, propagación y procreación.

"Porque (Abraham) aún estaba en los lomos de su padre cuando Melchisedec le salió al encuentro". (Hebreos 7:10) Este pasaje en el Nuevo Testamento se refiere a iniciación antes de nacer y asociación catalizadora con Seres Superiores. Tal como Abraham conocía a Melchisedec antes de su vida como Abraham, igual algunas personas sumamente desarrolladas tienen conocimientos antes de nacer de una asociación con Seres Superiores.

"Había gigantes en la tierra en aquellos días, y también después que entraron los hijos de Dios a las hijas de los hombres, y les engendraron hijos: estos fueron los valientes que desde la antiguedad fueron varones de nombre". (Génesis 6:4) Los "gigantes" en este pasaje se relacionan con los Elegidos Superiores que se conocían como los Grandes Inmortales quienes habitan los mundos espirituales ahora. Estos Seres espirituales con poderes celestiales se llamaban "los hijos de Dios" porque trabajaban conscientemente con la Jerarquía en el comienzo de la creación de la tierra. Estos gigantes o Grandes Inmortales se proyectaban etéricamente en la tierra después de que la humanidad de Adán había establecido sus actos de generación o propagación. Ellos cohabitaron con las hijas de los hombres y generaron otros de los Elegidos un poco menos desarrollados. Los hijos de ellos habrán de ser hombres fuertes, quienes han sido grandes en otras eternidades antes que este mundo. (Vea "*...desde la antiguedad fueron varones de nombre*".) Tales hombres habrán de ser en vidas posteriores los grandes prototipos

como Noé y Abraham.

La referencia a las *hijas de los hombres siendo "hermosas" (Génesis 6:2)* indica que eran virginales tal como María era virginal, o quiere decir, de un grado de desarrollo celestial en vez de terrenal.

Desarrollo celestial pertenece a aquellos que han vencido ciertos grados de desarrollo Jerarquial en sistemas de eternidad anteriores. Desarrollo terrenal pertenece a los que han vivido en otras eternidades similares a la tierra.

"Dárale pues él (el sacerdote) a beber las aguas; y será, que si fuere inmunda y hubiere hecho traición contra su marido, las aguas que obran maldición entrarán en ella en armargura, y su vientre se hinchará, y caerá su muslo; y la mujer será por maldición en medio de su pueblo. Mas si la mujer no fuere inmunda, sino que estuviere limpia, ella será libre, y será fecunda". (Números 5:27,28) Números, Capítulo 5, versos 12-31 son pasajes Bíblicos que presentan el trabajo del sacerdote en Génesis tribal con los Angeles del Juicio y con los Angeles Tribales de Propagación. Cada tabú sagrado contenía un grado de maldición. El alineamiento con los Angeles del Juicio y los Angeles Tribales de Propagación por medio de los tabús sagrados daba al sacerdote en génesis tribal el poder de maldición directa. Así, podían esterilizar a los que habían cometido adulterio con la maldición del sacerdote para que no profanaran a la tribu con prole contaminada. Leyes protectoras por los Angeles del Juicio existen en algún grado en cada nivel de génesis. Donde hay una acción profana o lujuriosa en los poderes de generación, esto es pagado *"sobre los hijos y sobre los hijos de los hijos, sobre los terceros, y sobre los cuartos". (Exodo 34:7)*

Como los hombres se desarrollaron por los años hasta grados más elevados de génesis, el poder de maldición cambió del sacerdote hasta la consciencia del individuo. Cuando esto ocurrió, actos promiscuos e irreverentes empezaron a causar enfermedades y achaques dolorosos en el área desde los muslos hasta las caderas, o la región de los lomos.

"Y quedose Jacobo sólo, y luchó con él un varón hasta que rayaba el alba. Y como vió que no podía con él, tocó en el sitio del encaje de su muslo, y descoyuntose el muslo de Jacobo mientras con él luchaba". (Génesis 32:24,25) El "hombre" en este pasaje Bíblico era el morador de génesis tribal quien tocó en el sitio del muslo de Jacobo porque los muslos son el centro iniciativo de los genes, generaciones y génesis. Cuando Jacobo luchó con el morador el centro iniciativo de los muslos se cambió a otro sitio para que Jacobo, en futuras vidas, podría encarnarse en un grado más elevado de génesis. Todas las personas tienen iniciaciones por el área de los lomos antes de elevarse en génesis.

"Y él dijo, no se dirá más tu nombre Jacobo, sino Israel: porque has peleado con Dios y con los hombres, y has vencido". (Génesis 32:28) Jacobo, por su iniciación del morador y victoria recibió su sagrado nombre de génesis de "Israel." En cada transición entre los génesis una persona incorpora un nuevo nombre sagrado, o nuevo ímpetu. Como habrá muerto a su génesis anterior, tiene un nacimiento a la siguiente etapa de génesis, y así le dan nuevos vocablos y consonantes en su nombre para expresar el futuro génesis. Lo siguiente son algunos ejemplos en las Escrituras de cambios de nombre antes de una elevación en génesis: Abram a Abraham; Simón a Pedro; Saúl a Pablo. A Jacobo lo llamaron "príncipe", que quiere decir un maestro de los mundos más elevados.

El hombre "bendíjolo" (Génesis 32:29) significa que la experiencia de Jacobo con el morador de génesis tribal fue consumada victoriosamente. Después de esta iniciación Jacobo encontró a Esaú, y su encuentro fue amoroso y armonioso, revelando que se había resuelto las deudas tribales entre ellos. (Génesis Capítulo 33)

Antes de que Jacobo encontrara al morador de génesis tribal, había empezado su renuncia a viejas demandas tribales como la renuncia al posesivismo tribal de Labán, su suegro. Jacobo recibió consejo en un sueño que dejara a Labán. (Génesis 31:11,13) Labán también tuvo un sueño que lo retuvo de contener a Jacobo. (Génesis 31:24)

La *compulsión de Sansón* de mezclar su línea de propagación con otra tribu denota el período en la Biblia en que los hombres empezaron a expresar el ímpetu racial más que el ímpetu tribal dentro de génesis tribal. El matrimonio de Sansón y una mujer Filistea profanaba su pacto Nazarito y trajo sobre él los poderes de seducción del mundo astral a través de Dalila y su gente. Se hizo posible la gran fuerza de Sansón por su alineamiento con los Angeles de la Guarda de la Raza. La fuerza relacionada al pelo denota la vitalidad etérica y eléctrica de su cuerpo etérico menor. La vida de Sansón representa matrimonio mixto, celos y conflicto. (Jueces, Capítulos 13 a 16) Al enterarse de que su esposa fue entregada a su compañero o amigo (Jueces 14:20), los celos de Sansón causaron una serie de pruebas iniciativas. La pérdida de su vitalidad etérica por indulgencia sexual con Dalila lo separó de su comunión con los Angeles de la Guarda de la Raza. La traición de Dalila, la pérdida de su pelo y su vista y su esclavitud, todo eso representa la prueba sexual del iniciado y de estar expuesto a peligro de los niveles seductores del mundo astral. En el tiempo de Sansón el matrimonio mixto de personas de diferentes tribus ofendía a los tabúes tribales y por lo tanto producía inseguridad y celos. Cuando hay degeneración de la acción de amor, hay pérdida de la fuerza etérica y de la visión o perspectiva. La prueba o iniciación de Sansón es recapitulada de alguna manera por cada discípulo en su acercamiento hacia poderes más grandes, ya que es necesario que el discípulo domine cualquier lujuria de la carne que queda o adhiere adentro.

David, en una prueba iniciativa, ofendió tanto las leyes de purificación de generación como el Fíat de la Vida porque codiciaba la esposa de Urías y fue el responsable de la muerte de Urías para tomar a Bath-sheba. El resultado de sus actos adúlteros y asesinos fue la muerte del primer hijo de su unión, ya que la ley de ojo por ojo, o justo castigo que funciona con los Angeles Tribales del Juicio, condenó a David por sus actos invertidos. Cuando los hombres pervierten las leyes generadoras con sus lujurias y sus voliciones de sí mismo, el resultado es tragedia y muerte.

Salomón tenía el poder de manifestación. Por lo tanto, tenía el poder de magnificar y multiplicar sus posesiones en forma exhorbitante. Su vida de poligamia, su adquisición de inmensos territorios y grandes porciones de plata y oro denotan poderes de manifestación. Sin embargo, debido a sus excesos y el hecho de que tomó para sí mismo los ídolos de su esposa, se retiró de los grandes poderes iniciativos. La vida de Salomón es un ejemplo de "hasta aquí pero ni un paso más", porque algunas personas en el mundo logran tener mucha sabiduría pero les falta la vida viviente, o la comunión con Dios, para poder usar los poderes de transubstanciación, o el poder de tener acceso a los arquetipos celestiales relacionados con el centro de la tierra. Este poder también es conocido como "entrar y salir" o reencarnar a voluntad igual que explorar los planos interiores con libertad.

Los lomos, que son el centro para los genes, generación y génesis, son el punto focal para cuatro pruebas de morador de génesis: (1) génesis tribal, (2) génesis de familia, (3) génesis de sí mismo y (4) el morador satánico antes de lograr tener génesis de sí mismo superior y eventualmente génesis del cósmos. Cuando un discípulo está preparado para elevarse a un grado de desarrollo más alto tiene una prueba iniciativa mayor dentro del área de sus lomos. Cuando un discípulo se dedica a vivir con más reverencia y a descubrir el velo de la flama purificada del corazón para que el alma pueda hablar, el proceso iniciativo empieza. Puede realizar más que un estado de anterior acción de génesis de varias maneras: (1) Por medio de experiencias en sueños, (2) por la salud, (3) por asociaciones en karma, como personas en su vida, (4) o podría estar expuesto a ciertas tentaciones que le presentan personas amorales y sin ética.

Dolor y sufrimiento *son causados más rapidamente por ofensas contra el acto de generación* que en cualquier acto en las vidas de los humanos. Cuanto más elevado es el desarrollo de génesis, tanto más severo es el castigo por una vida amoral. Dolencias, debilidades y condiciones crónicas centradas en los muslos, los órganos generativos, el recto, o los intestinos bajos son el resultado de algunas acciones generativas sin equilibrio en esta vida o en vidas anteriores.

MANOS

Dar la mano a alguien en un sueño o en una visión significa que uno está haciendo un pacto. Si las *manos están bajo sombra* quiere decir que uno está haciendo pacto con fuerzas de la obscuridad. Si las *manos apretadas están en la luz*, uno está haciendo un pacto y ha consentido aceptar la disciplina que acompaña la iluminación más grande.

Ver el puño izquierdo cerrado en un sueño o en visión indica una amenaza; el puño derecho cerrado indica necesidad de firmeza y una promesa de protección.

Ver las palmas de las dos manos extendidas en un sueño o en una visión indica la propia renuncia, y el reconocimiento de su propia impotencia. *Ver la palma de la mano izquierda extendida* indica que uno tiene peligro de ser engañado. La *palma de la mano derecha extendida* indica que le están pidiendo a quien sueña que reciba y que dé más de lo que está dando en lo presente.

Manos rezando son símbolo de intercesión de los mundos más elevados. Cuando *manos curativas* son puestas sobre un órgano enfermizo o en una parte del cuerpo que está debilitada, es símbolo de que uno está recibiendo socorro curativo e invisible del cielo.

NARIZ

Se usan t*odas las añadiduras del cuerpo* como antenas para los sentidos. La nariz es la antena para el sentido de olfato. Es un corredor abierto al aliento de la vida que sale del alma.

Cuando uno sueña con las narices, le están enseñando algo relacionado con sus atributos que sostienen la vida.

Si uno está enterado de que está *respirando por las narices* en un sueño indica que a uno le están iniciando en la respiración prototípica con que podría aprender caridad y tolerancia hacia las razas; también podría estar investigando las corrientes del alma que afectan la mente y el cuerpo; también dominando el fuego lunar y solar que sostienen su ego y la acción del alma.

En la simbología de los sueños el *tamaño y forma de la nariz* simbolizan la herencia ancestral. Si uno sueña con una nariz grande y con caballete, indica que ha tocado un recuerdo ancestral que revela orígenes montañosos. Si la *nariz es puntiaguda*, indica que uno tiene herencia ancestral codiciosa. Si la nariz es *respingada*, es símbolo de avaricia, amor a las cosas sensuales; también símbolo de irresponsabilidad. Si las *narices son anchas*, rutilantes, y tienen señas de temblar, simbolizan pasión, odio, fuerza, anarquía. Si *la nariz es bulbosa*, simboliza disipación y vicio. Si es *una nariz clásica* indica pureza.

Soñar con una nariz sin características distintivas indica que uno es de alguna manera demasiado curioso con los asuntos de otros.

Si uno soñara con *cirugía en la nariz*, quiere decir que está sometiéndose a corrección por curioso, preguntón e intruso.

Cuando uno sueña que ha *sufrido una nariz rota*, es un aviso de que ha cruzado los límites de seguridad en su deseo de saber más de lo que es capaz de asimilar.

Soñar con un *tumor en la nariz* es símbolo de que uno ha asumido honores asignados por él mismo que todavía no los ha ganado.

Cuando uno sueña con *oler un olor repugnante* es símbolo de escándalo con resultados desagradables.

Cuando uno sueña que *huele una fragancia dulce* o un perfume agradable, es símbolo de que ha tocado las Presencias Sagradas del cielo y que le están curando por medio de las fragancias ministeriales de los santos.

Cuando uno *huele un perfume sensual* en un sueño, es símbolo de que está expuesto astralmente a niveles adúlteros de sensualidad, o que habría abierto una fase del *portal pituitario* de sensibilidad psíquica.

Cuando uno realiza gracia de constelación, *o un toque etérico*, en las narices izquierdas, su Angel de la Guarda le está avisando que su sentido de dirección instintivo es defectuoso. Su Angel de la Guarda le está avisando que debe analizar la prudencia de su pensamiento, motivo y acción.

Cuando uno recibe *el toque etérico de constelación* en la ventana derecha de la nariz, le está diciendo su Angel de la Guarda que siga adelante; esto es una señal de "luz verde" de los mundos superiores.

Cuando uno siente *comezón intensa* de las narices, con una sensación de anticipación agradable en la punta inferior de la nariz, le están avisando de un evento que se acerca que de alguna manera es importante para su vida espiritual.

Cuando las dos ventanas de la nariz reciben *éxtasis* de constelación simultáneamente del Angel de la Guarda, es un símbolo que confirma una bendición que se aproxima.

Cuando uno tiene tendencia a ser *temoroso o subjetivo* la *ventana izquierda de su nariz* es más pequeña que el lado derecho. Cuando *la ventana derecha es más grande*, es más positivo con su volición y su iniciativa.

OMBLIGO

Ver el ombligo en un sueño es símbolo de que uno está investigando viejos secretos egipcios que pertenecen al cuidado de los muertos, y que uno está estudiando los niveles bajos del plexo solar de recuerdos del lado obscuro de ritual; *también denota los procedimientos conectivos entre madre e hijo.* El ombligo es el centro del plexo solar. El elemento del plexo solar es el fuego. Es el centro para el cerebro original donde uno ve instintivamente. Negativamente, el ombligo o centro del plexo solar es el símbolo de avaricia. El uso positivo del plexo solar es pura visión primitiva, dando alivio y vitalidad a los cuatro cuerpos.

OREJAS

Se percibe la corriente unitiva del sonido que sostiene toda vida en sueños igual que en la acción diurna. Primero se percibe el sonido audible o el Verbo en la oreja derecha en éxtasis de energía en el cuerpo. Durante la meditación uno se une por la puerta entre las cejas con el "Nadam" o gran vibración, y su cuerpo se vuelve un susurro vibratorio de felicidad divina. La puerta estrellada o el centro de mando entre las cejas se abre cuando es puesto en contacto con el gran "Nadam" o el Verbo.

Estar unido con la corriente de sonido es estar en armonía con el Espíritu Santo y estar vivo dentro de la corriente de vida divina. Esta corriente abre para el iniciado el ojo interno donde uno ve dimensiones desconocidas al hombre físico, y donde uno oye el gran "Nadam" o nombre o Verbo. A veces escucha el gran Verbo del Cristo. Con más frecuencia escucha una conversación de "Nadam" con su Maestro. A veces escucha a los ángeles. Si ha abierto la completa vibración de "Nadam" del Espíritu Santo, tiene el poder de ver, escuchar y hablar espiritualmente, y al hablar puede cambiar las corrientes kármicas en las vidas de aquellos con quien habla.

Cuando percibe el gran "Nadam" en sueños es que le están instruyendo, purificando y vigorizando. En sueños uno puede abrirse a "Nadam" si comprende las corrientes maestras del sonido.

El sentido del oído en el plano físico en sueños es magnificado. Si uno tiene percepción extrasensorial sin desarrollar, es más probable que escuche en sueños por la puerta de su oreja izquierda. Así, las voces que escucha en la noche serán voces sutiles, insinuadoras. Uno usa la corriente del sonido si está inclinado en la dirección de las verdaderas corrientes del sonido y ha llegado a estar bajo el tutelaje de su propio Maestro; y escucha la música cósmica de los eternos, las voces y la música angelicales, las ideas arquetípicas de los serafines. Las palabras que se escuchan en el "Nadam" nocturno son corrientes de sonido significativas, penetrantes y duraderas. Uno debe estar alerta, y debe decidir para recordar el tono de las voces que escucha en la noche, aunque afecten sus temores o su comprensión y su ánimo.

En los símbolos de sueños las orejas significan *receptividad*, comunicación, agradable o desagradable. Si una voz hablara en el *orificio de la oreja izquierda* durante un sueño, es el símbolo de que uno se ha expuesto a las tendencias ocultas sutiles de los mundos invisibles. Si uno sintiera en un sueño que están *tocando el lóbulo de su oreja izquierda*, indica que le están engañando. Si sintiera que le tocaron *la parte de arriba de la oreja izquierda* indica que ha entrado demasiado profundamente en los malvados niveles de la obscuridad.

Si uno ve el lóbulo de su *oreja derecha en un sueño*, es símbolo de que los mundos angelicales han aprobado sus acciones materiales diurnas. Cuando siente que alguien le está hablando en el *orificio de su oreja derecha* en sueños, indica que le han seleccionado para hacer una obra específica. *Si siente que la parte de arriba de la oreja derecha es tocada en sueños* significa que le están asegurando a uno que los mundos espirituales le están bendiciendo y fortaleciendo en sus obras espirituales en el mundo.

Cuando uno sueña con una persona con *las orejas como cervato o con punta*, le están diciendo que la persona es un instrumento para lo astral inferior o la obscuridad. También le enseñan que la persona es un ángel psíquico para las criaturas o elementales del dios Pan.

LAS OREJAS COMO ANTENAS O PUNTOS DE SENSIBILIDAD EN EL CUERPO ETERICO MENOR

Hay setenta y dos mil constelaciones de "nadis" o puntos de sensibilidad del zodíaco en el cuerpo etérico menor. Si uno ha ganado *gracia de constelación* de una vida pasada, las telepatías de los ángeles son comunicables a la antena de la constelación o puntos de "nadis" en el cuerpo etérico menor. La gracia de constelación ha sido ganada en vidas anteriores a base de obediencia a dirección espiritual. Las orejas son una constelación de antenas sumamente sensibles para un cuerpo etérico menor. A veces el Angel de la Guarda usa las sensibilidades de la antena de la oreja para dirigir y orientar a una persona que tiene gracia de constelación. Esta señal de gracia de los ángeles es una señal sagrada; por lo tanto, uno debe tener cuidado de poner atención al logos silencioso perteneciente a esta forma en particular de dirección y ayuda de los ángeles. *Logos silencio* es librado con el acto de escuchar contemplativamente.

Si en sus oraciones uno ha pedido sabiduría y dirección, y si está en armonía perfecta con su Angel de la Guarda, las directivas angelicales le fortalecerán. A veces sentirá algo cálido o una *sensación* de comezón en ciertas áreas de las orejas. Esto lo causa un ángel que envía su luz a esta parte en particular del cuerpo.

Los ángeles usan las sensibilidades de los nadis o de la constelación de las orejas para avisar o para alentar y bendecir. Si lo cálido o el hormigueo ocurre en el lóbulo de la *oreja derecha*, el angel está diciendo que uno está realizando cierta acción positiva en el mundo físico. Esto significa que uno lleva buen camino y lo que está haciendo tiene la aprobación de los mundos angelicales. También puede significar buenas noticias o telepatías positivas de personas físicas. Si recibiera el *hormigueo en el orificio de la oreja derecha*, su Angel de la Guarda le está diciendo que va a tener una confirmación audible de bondad aceptable, y alguna forma de elogio en el mundo físico le ayudará a propagar sus obras. Si el hormigueo ocurriera en la *parte de arriba de la oreja derecha*, le están enseñando a uno que Dios ha escuchado sus oraciones, y que el cielo le ha reforzado; que está al borde de hacer algo que abrirá la gracia para él y sus obras; le están dando buenas noticias o telepatías positivas de los mundos más elevados.

Cuando uno siente un *hormigueo o algo cálido dentro* del centro de la oreja derecha, es un significado aprobatorio de que los ángeles que cuidan su progreso espiritual están trabajando para eliminar lo negativo. Este poderoso factor de nadis energía de constelaciones es protectivo y es una forma de gracia que ahorra el tiempo. Si uno está alerta pasará por este proceso de investigación de los ángeles. Uno debe estar alerta a estas velocidades de aprobación estimuladas por los nadis en su oreja derecha o en el lado derecho de su cuerpo.

Si la armonía o la circunstancia directora aprueba el lugar o locación donde uno debe estar, o para tener una cosa física que uno desea, esto es realizado como una sensación cálida en el *extremo bajo del lóbulo de la oreja derecha*. Si pertenece a un lugar o una obra de gracia que uno está por recibir, se siente la vibración en el orificio interno de la oreja. Si *la parte más elevada de la oreja* llegara a estar sumamente cálida o electrizada, uno debe saber que tiene extrema aprobación por un acto o por una condición. Esto siempre denota una bendición espiritual.

Si el hormigueo o lo cálido ocurriera en el lóbulo de la *oreja izquierda*, esto indica que uno va en la dirección equivocada o que está fuera de la medida del tiempo con algo físico o material; también es un aviso de peligro físico. Cuando uno siente un hormigueo o algo cálido en el orificio de la *oreja izquierda*, personas o lenguas negativas están hablando de él malvadamente, o está a punto de recibir *noticias desagradables* o comunicación de fuentes negativas. Si la parte de arriba de la *oreja izquierda* tiene comezón o hormigueo con insistencia, esto es símbolo de que uno debe rezar para que le protejan contra fuerzas sutiles e invisibles; debe examinar su consciencia para ver si hay algo de codicia o avaricia en su mente; también es un aviso telepático de negación. El Angel de la Guarda está avisando a la persona que está bajo un ataque negativo de los mundos sutiles, y por lo tanto podría tener un accidente o realizar alguna ocurrencia desagradable. Cuando insiste la *vibración en la oreja izquierda* es para que uno no haga algo incorrecto, o para que no empiece a hacer algo que será una pérdida innecesaria de tiempo o energía, o para avisarle de personas negativas o egoístas que va a ver por primera vez.

Si el aviso admonitorio viene en la parte superior de su oreja izquierda *mientras viaja en un vehículo*, le están avisando que está en peligro de tener un accidente debido al descuido de un conductor que se aproxima, o alguna otra clase de accidente causado por una persona quien, siendo neutral, podría ser instrumento de las fuerzas obscuras para cometer un acto de violencia en la persona física de uno.

OVARIOS (Igual que Gónadas)

PALADAR, SENTIDO DE SABOREAR, SALIVA

Cada órgano y miembro del cuerpo físico tiene un equivalente. En los símbolos de sueños uno puede investigar el equivalente etérico de un órgano o de un miembro del cuerpo físico y así darse cuenta de las relaciones espirituales, emocionales, mentales y físicas para instrucción, iniciación y progreso en el desarrollo.

La estructura etérica que impregna y encierra el cerebro permite a uno usar los vórtices de luz que rodean sus átomos mentales para *pensar etéricamente durante el sueño*, y ver claramente la causa del desvío de la salud en emociones, mente y cuerpo.

El paladar físico tiene un umbral duro cerca de los labios. El paladar suave está atrás del arco como catedral de la boca. Cuando los equivalentes etéricos de los paladares duro y suave trabajan al unísono, uno tiene un saborear selectivo o una selección correcta de alimentos; esto mantiene la química física del cuerpo. Cuando los paladares etéricos tienen funciones separadas, el resultado es falta de discriminación al escoger los alimentos, o uno tiene un deseo excesivo por alimentos ricos y estimulantes.

Uno puede desorientar el paladar etérico con demasiada estimulación mental, o concentración demasiada intensa en alguna emoción desagradable durante el consumo de alimentos.

Las funciones del paladar etérico se vuelven defectuosas cuando uno está expuesto durante una comida a incidentes temerosos, a escenas desagradables, o a conversación irreverente.

Gratitud sagrada por la comida, reverencia al preparar la comida, santidad en el consumo de la comida mantienen el balance en el paladar etérico.

En sueños *el paladar es un símbolo iniciativo* del Agape Sagrado o la cena con el Señor. También es símbolo por la tapa sobre el arca de la Alianza. Si el discípulo no ha comprendido el sacramento al partir el pan, los actos irreverentes que violan este sacramento le serán revelados.

Glotonería sin dominar causa exceso en la bebida, en el fumar, en la comida, en conversación, en el sexo, en entusiasmo y en obras. Si la consciencia descubre la causa de la glotonería, uno puede corrigirse con remordimiento o iniciaciones de arrepentimiento. Cuando uno ha logrado el alivio de la glotonería, su Angel de la Guarda pone en reversa las corrientes del sabor que trabajan con la saliva y el paladar, y entonces uno es repelido con el sabor y el olor del alcohol; el tabaco llega a ser demasiado irritante para los pulmones y la garganta; la comida que se ansía con exceso llega a causar náuseas. Cuando uno siente lo repelente etérico en el paladar, el saborear y las glándulas salivales, esto es gracia — y corrección es inminente.

Si uno ha retenido la glotonería en su naturaleza, *le enseñan el castigo por medio de sueños* — escasez de comida; o ve que le es impuesto un ayuno, o con moderación al escoger los alimentos o con la eliminación forzosa de comida causada por enfermedad o el cuerpo físico.

PANCREAS

Cuando uno ve el páncreas en una visión o en sueños le están recordando que él es uno de los doce prototipos del zodíaco. Su alma le está pidiendo que incorpore en su naturaleza y temperamento algo de los otros once prototipos que existen en el mundo. Cuando uno sueña con el páncreas repetidamente, está recibiendo lo que llaman la *iniciación de panes de proposición*. (Vea Cinto de la Vida)

PANTORRILLAS

Las pantorrillas de las piernas reflejan el entusiasmo y el impulso del cuerpo. Una pantorrilla *debilitada* indica temor de fracaso. *Un calambre muscular en la pantorrilla* significa retraerse de participación o de hacer su parte en el mundo. Durante las horas diurnas, *calambres espasmódicos* en las pantorrillas son causados por un agotamiento de éter; una separación del flujo psíquico afecta el calcio en el cuerpo y produce la necesidad de calcio. Si se ha frustrado el impulso de entusiasmo, hay una falta de alineamiento etérico entre los músculos y los huesos de las piernas. Si uno se despierta en la noche con un calambre espasmódico en la pantorrilla es una indicación de que el cuerpo etérico superior ha dejado de soltarse perfectamente al trabajo nocturno y que hay algún obstáculo psíquico que es causado por acción que no se conforma con deberes o responsabilidades físicos.

Si uno dijera un mantram y así alinearse con su Angel de la Guarda antes de dormir, podría poner en orden su vida relacionada con la medida del tiempo; vencerá prisa y decisiones impulsivas; y dominará sus timideces ocultas que pertenecen a obstaculos insuperables. Por lo tanto mitigará las tensiones musculares y librará su voluntad superior a todos los movimientos de sus miembros, produciendo aplomo, gracia y coordinación.

Capítulo 13

SIMBOLOS DE ANATOMIA ETERICA

Parte III

*Doy gracias por una mañana nueva proporcionada por el ángel
que estimula la pauta y el plan de mi alma.*

PECHO

Cuando se ve con objetividad en sueños el *símbolo del pecho* se relaciona con el principio femenino nutritivo que da sostenimiento o la leche de verdades espirituales. Si ve en sueños *una mujer que no tiene pechos* es que le están recordando que le están negando el principio femenino o le están impidiendo el medio de sostenimiento de la vida. Si uno ve el *símbolo Amazónico de una mujer guerrera* con un seno es que reconoce por medio de los símbolos de los sueños que una mujer está usando más del principio masculino que del principio femenino. El pecho, cuando se ve como símbolo en sueños como quimera, a veces se siente por medio de sensación sexual. En tales sueños, uno está investigando su carácter sexual perteneciente a lujuria.

Cuando el *símbolo de la tentadora* es visto en sueños nocturnos por un iniciado masculino, con mucha frecuencia revela una parte seductiva del torso del cuerpo femenino. Al iniciado masculino que está *expuesto a la tentadora* en sueños le están avisando que debe estar enterado de la experiencia física exterior poniendo a prueba su actitud hacia el sexo y su control de sí mismo y reverencia hacia el sexo.

Soñar que *uno es un infante* de nuevo al pecho de su madre es símbolo de inmadurez emocional y un aviso de que está negando a confrontarse con las exigencias maduras de la vida.

Cuando una mujer sueña que *está amamantando a un niño*, es símbolo de que se está uniendo con el principio de la Madre Divina.

Uno de los símbolos en sueños de la clave etérica que es más frecuente en la vida de un iniciado es el *símbolo de un niño*. Si uno está teniendo un niño, cargando un niño, viendo un niño recién nacido o abrazando a un niño, es el símbolo de que uno ha nacido al sí mismo más elevado. En el sueño le están diciendo sus ángeles y el monitor de su inconsciencia superior que ha dado a luz a un nuevo sí mismo y en lo futuro pondrá en práctica las primeras etapas puras de la vida espiritual, o de que está naciendo de nuevo. Todos los soñadores semejantes deben estar sobre aviso de la manifestación exterior del nuevo sí mismo en sus vidas.

Si uno se niega a tomar al niño en un sueño significa que uno está volviendo la cara a las responsabilidades que le exigen en la iniciación del sí mismo superior.

PESTAÑAS

Cuando uno ve en un sueño que *las pestañas de una persona* son largas, espesas, lozanas, indica sobre-idealismo.

Cuando uno ve *proyectiles de luz obscurecida, como lanzas* alrededor de los ojos, está contemplando una criatura sub-elemental, sin encarnar o una entidad que tiene contacto con tales entidades.

PIERNAS

Las piernas representan la volición.

Soñar con una *persona caminando* es símbolo de progreso. Si *una persona está corriendo*, es símbolo de la necesidad de acelerar su progreso.

Una herida en cualquier parte de las piernas quiere decir que algunas restricciones exteriores están impidiendo el progreso.

Soñar que alguien está *sentado con las piernas cruzadas* significa que aquel que se ve está encerrando el fuego sensitivo que se recibe normalmente por la planta de los pies.

Si uno se ve con *las piernas cruzadas en posición de yoga* le están enseñando que está poniendo en contacto con los niveles sagrados de Bodhisattva.

Si uno ve *una cicatriz o una marca en las piernas* es símbolo de que tiene una mancha en su volición — una mancha que interrumpe su progreso; también simboliza un recuerdo de castigo por retraso en vidas pasadas.

Si uno ve *piernas que son muy peludas* es símbolo de que debe evitar una demostración de emociones primitivas.

Si uno ve *una pierna amputada* le están enseñando que en lo futuro debe progresar a pesar de alguna desventaja o responsabilidad adicional.

PIES

Si uno ve *los pies en un sueño* significa progreso, adelanto, apoyo, comprensión. Si *los pies están quietos*, representan apoyo o comprensión; si están caminando, representan progreso.

Cuando *los pies están caminando* en piedras desiguales, esto indica que está por caminar la parte más difícil del camino. Si *las piedras son lisas* esto indica que uno tendrá una repetición de algo familiar que ha realizado en otras vidas. *Si las piedras son afiladas*, denota una nueva experiencia dolorosa y poco familiar que requiere sacrificio y control de sí mismo.

Si *los pies están subiendo por las piedras*, indica que uno empieza una nueva prueba con la cual dominará el arte de pensar verticalmente.

Cuando los *pies están acostados*, denota un estado de muerte o de inercia.

Si los *pies están corriendo con felicidad*, indica que uno se acerca a su meta. Si está *tomando parte en una carrera* con otro, indica que una persona o condición competidora le va a desafiar. Si uno está *huyendo de un perseguidor indistinto en un sueño*, indica que el soñador cree que ha agravado a otra persona y por lo tanto debe rectificar sus acciones, porque su perseguidor es su propia culpa o pecado.

Cuando uno está *bailando en su sueño* es que le están enseñando la ley del ritmo en los planos interiores. El bailar en un sueño también quiere decir que uno debe aprender como relacionarse rítmicamente con personas cercanas o compañeros iniciados. Si el baile es tribal, indica que uno todavía tiene que vencer algo de los sensuales humores de génesis tribal.

Si uno está *caminando de puntillas en un sueño*, debe seguir con sus asuntos con tacto y diplomacia.

Si uno está *saltando a la comba*, está aprendiendo a usar las reglas menores en la vida.

Si uno está *saltando con pértiga*, le están enseñando el poder de levitación, para que pueda ascender sobre las regiones tumultuosas del mundo astral.

Si uno se *da un tropezón con el dedo gordo del pie* es símbolo de que tiene peligro de cometer un error social.

Si uno ve un *pie en posición de patear*, indica que se está imponiendo la volición menor; si ve *patear un objeto*, es símbolo de que rehusa a reconocer sus propias debilidades y defectos, y por lo tanto no es maduro emocionalmente. Si está *pateando a una persona* con el pie derecho, indica que debe buscar las tendencias vengativas en su corazón. Si *una persona está pateando a uno* le están diciendo que ha colocado mal su amor o admiración.

Si uno está *haciendo tropezar a una persona*, le están enseñando que está usando el lado astuto de su volición.

Si una persona *pisa el pie* de uno, indica que se ha impuesto a la volición de otro. *Si un animal pisa el pie de uno* en un sueño indica que ha excedido los límites entre el animal y el hombre, y que ha entrometido en la función de los Angeles de las Especies de los Animales.

Si uno *pisa lodo en un sueño*, significa que va a estar complicado en una calumnia.

Si uno ve *el talón del pie* en un sueño indica que se ha hecho vulnerable, o se ha expuesto de alguna manera a peligro o condenación. También le están avisando que tiene un lugar debilitado en su ego y por lo tanto es vulnerable a la adulación. Si uno ve *el talón derecho bajo el pie*, es símbolo de que vencerá su debilidad y la aplastará. Ver *talones con alas* es símbolo de vuelo nocturno.

Si uno ve el *empeine de su pie*, le están enseñando que está listo para vencer una situación.

Si uno está con los *pies desnudos*, y hay una sensación de libertad y felicidad, es símbolo de que ha llegado a la humildad espiritual. Si los pies están desnudos y hay una sensación de verguenza, es símbolo de que le van a ridiculizar o descubrir.

Si los *pies o los tobillos están atados en un sueño*, le están enseñando que está preso de una situación, y no tiene libertad para actuar.

Si hay *una herida abierta y sangrando en cualquier pie*, indica que uno ha logrado estigma, y que ahora es un verdadero discípulo de Jesús.

El *pie derecho en un sueño* o en una visión es el pie progresivo. Si lleva una sandalia dorada, es símbolo de progreso espiritual; una sandalia blanca es símbolo de que está haciendo progreso en pureza espiritual; una sandalia azul, va a conocer a un maestro;

una sandalia color de rosa, observará una actitud piadosa.

El pie izquierdo en un sueño o en una visión significa que uno se está retrasando, aunque tenga posibilidades espirituales.

Los siguientes símbolos pertencen a los zapatos en los dos pies:

Zapatos negros — están llevando al soñador por el sendero obscuro.

Zapatos verdes — uno está progresando en salud.

Zapatos azul obscuro — están llevando a uno por el sendero de la disciplina.

Zapatos azul zafiro — están llevando a uno por el sendero de iluminación mental.

Zapatos color café — están llevando a uno por el sendero de la materialidad.

Zapatos rojo bermellón — le están exponiendo a uno a la excitación física.

Zapatos anaranjados — están pidiendo a uno que cumpla una obligación ancestral.

Zapatos color rubí — uno se está preparando para caminar en el sendero de integridad y honor.

Zapatos color de rosa — uno se está preparando para caminar en el sendero de la devoción.

Botas — uno está protegido contra cieno o mancha astrales.

Tocar los pies de un Maestro en un sueño indica que uno está saludando a su propio Maestro y entregando su propia voluntad a Dios por medio de la voluntad del Maestro. Tal como María de Betania lavó los pies de Jesucristo, su Maestro, así todos los discípulos reconocen que los pies de su Maestro son sagrados bajo Dios.

PULMONES

Los pulmones son símbolo del espíritu de la vida. Cuando uno sueña con los pulmones, le están recordando que el Padre sopló dentro de él el aliento de la vida. También le están enseñando que la intolerancia y el prejuicio tienen una influencia sofocante y congestionante. *Pedro respiró en los enfermos* para curarlos. Cuando uno ve los pulmones rodeados de luz, ha tocado el poder del Espíritu Santo. Le están enseñando que hay un sagrado aliento que contiene el poder de curación y de restauración.

RESPIRACION

Los astrólogos antiguos, comprendiendo los poderes aumentados del alma, declararon que la primera respiración al nacer registraba la identidad solar de uno. Estos grandes profetas dijeron que la iniciativa del ego empezaba con la primera respiración.

Por medio de investigación de los sueños en la Sala de Aprendizaje, uno se da cuenta de que la respiración durante el día es estimulada por las energías solares; la respiración después de anochecer, por las energías lunares.

Los pensamientos diurnos estimulados por las energías solares son pensamientos de sobrevivencia, percepción, perspicacia. Los pensamientos que son estimulados por energías lunares son pensativos, separados y pertenecen más a los humores que al pensamiento activo.

Algunas personas que tienen vitalidad etérica bajada en el cuerpo etérico inferior son más propensas a las energías lunares durante las horas despiertas o diurnas. Estas personas respiran con la parte superior de sus pulmones, en vez de la capacidad completa de sus pulmones; ellas reaccionan mejor a la respiración lunar — y por lo tanto son más introspectivas e inclinadas a tener humores. Las personas que usan toda la capacidad de su respiración, ya que tienen una vitalidad alta en su cuerpo etérico menor, son más realistas al pensar.

Si ha habido fuertes prejuicios raciales o rígidas costumbres raciales del pensamiento en vidas pasadas o en la vida presente, es más seguro que uno respire por las vitalidades lunares, y así sufra enfermedades respiratorias o formas de congestión en los pulmones.

El uso de los pulmones para respirar se relaciona con el poder refulgente y emanante del alma. Cuando uno haya puesto en balance los ritmos del alma, los ritmos mentales y los ritmos emocionales, tiene mando sobre la respiración solar y lunar. Su respiración se une con el flujo y reflujo de la médula-oblongata de la pulsación del alma. Sus cuerpos etéricos menor y mayor, ya que han logrado tener equilibrio, le dan libertad para atraer en sus pensamientos creativas ideas cósmicas saturadas de pura vitalidad pránica.

Técnicas de respiración inexpertas y precoces para el discípulo occidental, cuando no tienen un maestro o gurú, aumentan demasiado la facultad de imaginería entre el alma y los átomos mentales de la antena. Cuando un discípulo del occidente usa métodos avanzados orientales de respiración o "pranayama" sin un instructor, acelera el murmullo vibratorio del medallón del alma y abre poderes atávicos y físicos — poniendo en peligro su salud física y tambien su salud psíquica que tiene influencia sobre sus actitudes morales. Uno nunca debe usar las técnicas avanzadas de respiración, a menos que tenga la supervisión y dirección de un verdadero maestro.

El discípulo occidental puede balancear mejor la acción de la respiración solar y lunar con yoga poca avanzada o con ejercicios cósmicos — caminando, diciendo mantrams; con reprimirse con oraciones, con meditación y con quietud.

RIÑONES

Soñar con los *riñones* quiere decir que su alma le está pidiendo que examine su volición personal. También le están enseñando la importancia de control y confianza en sí mismo.

Soñar que los riñones son activos, o vaciándolos, indica que uno está eliminando impurezas de la volición, o soltando algunas estigmas emocionales.

RODILLAS

Si uno se *cae de rodillas* en un sueño y tiene moretones, es un aviso duro que debe rezar más y observar meditación reverente.

Si uno está *de rodillas con temor reverencial*, ha logrado tener adoración y devoción hacia Dios.

Si uno *está de rodillas en piedras* es símbolo de que ha aceptado cierto castigo, o está haciendo penitencia y por lo tanto hace rectificación por alguna falta de equilibrio en su temperamento, volición y emociones.

Si a uno le dieran *un golpe fuerte en las rodillas*, es símbolo de que los mundos superiores le están diciendo que baje al nivel de renunciación, que renuncie su propia volición y que deje que se haga la voluntad de Dios.

Si uno está *de rodillas en lodo* o si está *fregando un piso* de rodillas, es símbolo de que está aprendiendo humildad.

Si uno está *doblándose de rodillas en una iglesia*, es símbolo de que tiene la necesidad de reconocer mediación por medio de las Presencias Sagradas del cielo.

Si uno está *haciendo una reverencia* a una persona en el mundo físico, es símbolo de que está aceptando que la persona está más desarrollada que uno, y que en lo futuro debe aceptar sin duda la inspiración espiritual de aquel.

Si uno *está de rodillas en escaleras* o en un reclinatorio, ha empezado a subir la escalera de iluminación con obediencia y reverencia. Si uno está rezando de rodillas es símbolo de que está realizando oración de la cuarta dimensión en los claustros devocionales del cielo.

Si uno sueña que está *rezando en una iglesia* o en un templo en el mundo físico, es símbolo de que está trabajando para que se exprese más reverencia en los lugares físicos de religión y adoración.

Si uno está *rezando de rodillas con otros*, es símbolo de oración mediativa.

Una persona con *las rodillas para dentro*, o sea patizambo, es símbolo de ver a una persona que tiene una timidez emocional interior y una agresión emocional exterior; también símbolo de un temperamento retraído.

Una persona con las *rodillas para fuera*, o con las piernas arqueadas, es símbolo de que aquel que está viendo tiene curativa percepción psíquica basada en antiguos poderes primales.

Soñar con *rodillas que están derechas*, alineadas con los tobillos y las caderas, es símbolo de un alineamiento balanceado entre las primeras y segundas axis polaridades del cuerpo; la persona que se ve en el sueño tiene tendencia a ser menos flexible a la volición de otros.

Cuando el alma de una persona quiere dirigirla hacia una vida espiritual en vez de una vida religiosa, *el Morador Religioso* de la creencia anterior, o el origen de la vórtice de adoración, sale para desafiar telepáticamente a la persona por el nivel de su reverencia y rezos, las rodillas. Así, podrían literalmente tirar de rodillas a la persona o podría sufrir daño físico en una o dos rodillas para que el futuro discípulo pueda examinar su intención y dedicación.

Si un discípulo recibiera *un golpe ligero o fuerte* o un accidente en las rodillas, indica que debe inmediatamente rezar y seguir "rezando sin cesar" hasta que lo que trata de decirle se descubra. Tal incidente es un aviso de inspiración del alma y gracia.

Si un discípulo es sincero en su dedicación a un nuevo origen de vórtice o lugar de instrucción espiritual, y que verdaderamente desea un grado más elevado de desarrollo que se encuentre en el origen de vórtice, debe rezar profundamente y sinceramente de rodillas. Se puede decir la siguiente oración mantrámica de vez en cuando de rodillas para ayudar al discípulo a dedicar de nuevo su servicio en la Luz.

Padre, que sea Tu Voluntad.
Que el pasado esté resuelto.
Y que "Los muertos entierren sus muertos".
Y en nombre de Jesucristo,
que yo sea instruído, dirigido
e inspirado, para que mejor pueda
buscar Te, discernir Te y servir Te.

"Confortad a las manos cansadas, roborad las vacilantes rodillas" (Isaías 35:3)
Las rodillas son las partes de renuncia del cuerpo. Rezar de rodillas afecta la llama de reverencia del corazón. Las rodillas reciben todos los temores en el pensamiento y las emociones; así, lo que causa debilidad de las rodillas es el registro de temores en esta vida y en muchas otras vidas. Rezar reverentemente de rodillas es la manera más directa para vencer el miedo en cualquier nivel. Por lo tanto, si el discípulo rezara de rodillas para que se quiten sus temores, se curará de ellos.

Extrema debilidad de las rodillas puede ser causada por el recuerdo doloroso de susto, dolor o pérdida. Aprensión e inseguridad, especialmente relacionadas con seguridad física y material, causan hipersensibilidad de las rodillas. Oración reverente, sincera y fervorosa establece de nuevo el ritmo de manifestación y afirma de nuevo la propia fe en todos los niveles.

"Venid, adoremos y postrémonos; arrodillémonos delante de Jehová nuestro hacedor". (Salmo 95:6) Rezar de rodillas es la primera fase del trabajo jerárquico. Cuando los hombres rezan con el mismo propósito de bien para muchos, han empezado su primera armonización en meditación.

"Hincábase de rodillas tres veces al día y oraba, y confesaba delante de su Dios". (Daniel 6:10) Cuando el discípulo o iniciado reza reverentemente tres veces al día, expresa el fíat de amor y trata de manifestar el ritmo de los primeros tres fíats, la Voluntad de Dios, la Vida del Padre y la Luz de Cristo.

SANGRE

Sangre es una combinación de éter, prana, akásia, y energía. Sangre es un ego vesículo fluídico, que permite al ego quedarse fluídico y flexible dentro de un cuerpo de carne en el mundo de gravedad. La energía etérica en el cuerpo etérico menor, el latido del corazón, los puntos del pulso del cuerpo, las células, las arterias, los músculos, las glándulas y los órganos del cuerpo todos son utilizados según la intensidad mental y de la voluntad del ego. La sangre como un agente fluídico, es un campo fotográfico que registra las emociones y los pensamientos impresionables del hombre.

La condición de la sangre en un estado de salud está bajo la dirección de una volición del ego. En caso de que un ego sea apático o indiferente a las corrientes de vida y fuerza vital que soporta la sangre, uno será anémico y lánguido. En caso de que el ego viva demasiado adelante del tiempo, el resultado es la presión arterial alta. En caso de que uno resista la vida, viviendo demasiado en el pasado, rehusando a dar rienda suelta a la corriente de la vida por medio de la sangre, el resultado es la presion arterial baja, tensión, presión emocional y mental.

El plasma cósmico o eter pránico que soportan la corriente sanguínea del hombre buscan convertir los procesos de energía de la célula de vida y la vida funcional dentro de la sangre, en inteligencia pránica y, consecuentemente, utilizar los procesos más vitales de la sangre para la acción de una mente más elevada.

El plasma cósmico en la sangre que mantiene los procedimientos del ego de la sangre es una sustancia espiritual coagulante. La influencia de la expresión física del ego y la karma del ego no pueden utilizar completamente la cósmica sustancia del plasma en la sangre. Transfusiones de plasma físico de la sangre no se entrometen en el ego superior. Transfusiones ordinarias de sangre contienan las imágenes prototípicas o impresiones kármicas al que da la sangre en transfusión. Cuando uno recibe una transfusión de sangre, incorpora temporalmente las fotografías de identidad de la persona que da la sangre. Con frecuencia, aunque el tipo de sangre puede ser correcto, si las impresiones en la sangre que representan aquel que da la sangre están llenas de tonalidades disonantes o falta de armonía que no están de acuerdo con aquel que recibe la sangre, el resultado es que el paciente puede sufrir una fiebre violenta debido a la falta de asimilar la transmisión del ego en la sangre. Se requiere cuarenta y ocho horas para dominar cualquier efecto disonante que se recibe en una transfusión de sangre.

Uno puede sentir en sueños que está recibiendo una transfusión de sangre. Esto no quiere decir una previsión o profecía de una transfusión actual de sangre; en su sentido positivo significa que uno está siendo reforzado con un rejuvenecimiento más elevado de la cósmica fuerza vital.

Uno puede encontrar su propia identificación con los niveles kármicos de humanidad en su tipo de sangre. El tipo de sangre que uno tiene determina el tipo de karma de humanidad que está buscando para dominarlo.

En un sueño cuando la *sangre se derrama de una herida*, esto indica que uno está siendo purificado de impresiones prototípicas impuras manifestadas en la sangre. Una impresión prototípica contiene una impresión de la vida anterior o la personalidad, también el registro de la línea ancestral.

Si uno recibe una *transfusión de sangre* en un sueño indica que ha debilitado la vitalidad de su cuerpo etérico menor que mantiene el registro prototípico y ancestral y está recibiendo ayuda ministerial tanto resucitadora como curativa del cielo.

Cuando una mujer sueña con *menstruación o hemorragia* quiere decir que ella está buscando una purificación y empieza a tener fe en Jesús para que El pueda curarla de cualquier sentido de culpa que tiene por procreación o sexo, tal como El curó el flujo de sangre (San Mateo 9:20). También todas las mujeres que son discípulas del corazón, al empezar sus iniciaciones, se dirigen a Jesús para fuerzas de absolución y castidad.

Ver *prendas manchadas de sangre* o sangre en la prenda de otro en un sueño indica que uno tiene el peligro de estar complicado en una condición desagradable relacionada con actos amorales.

SENOS

Los senos constan de ocho cavidades cerca del átomo indestructible en el centro de la frente. La palabra "seno" tiene una cercana relación con sinuoso, que quiere decir como serpentina.

Soñar con *debilidad de los senos o dolor* en esta área indica que uno está observando la función de los senos etéricamente, o que le están avisando del peligro de la presión astral sobre los senos. Todas las porciones horizontales del cuerpo están sujetas a iniciación de gravedad. Si uno sufre continuamente de presión de los senos, es señal de que de alguna manera está expuesto a bombardeos horizontales astrales, y por lo siguiente sin defensa contra el duro flujo y reflujo de movimiento sub-sensorio.

En anatomía física se describe los senos como cavidades de aire en la calavera abriendose hasta ser cavidades nasales. En anatomía etérica realizada en sueños, el iniciado se da cuenta de que las ocho cavidades del seno son *orbes horizontales y defensores astrales del cuerpo*. Cuando las envolturas etéricas que mantienen los senos están abrumadas por las energías sub-sensorias del mundo astral, el resultado es acción mental inefectiva e irritación en los senos físicos.

Los senos trabajan con acción serpentina para disminuir los fluidos cargados eléctricamente que mantienen los tejidos del cerebro. Los senos tienen relación física y directa con la región del bajo intestino.

Cuando los senos son debilitados y aislados etéricamente, la gravedad más pesada y las presiones atmosféricas los agobian pesadamente, distorcionando su acción.

Iniciación por medio de atmósfera y gravedad es realizada en la vida física y también en sueños. Cuando está soñando, el iniciado aprende cómo transponer en luz las sub-energías físicas que presionan los senos.

Según uno envejece, las vitalidades estimuladas astralmente que mantienen la acción de los senos es aminorada. Los senos empiezan a cargarse con el aspecto eléctrico de gravedad. Las cavidades etéricas de los senos cerca de las sienes y las orejas empiezan a caerse para bajo. Las energías etéricas que mantienen los senos están más expuestas al átomo indestructible en medio de la frente. Hacia fines de la vida, el recuerdo de la acción del alma, ver imágenes y visualizar se tornan más sensibles en la persona que es sumamente desarrollada. En los que están menos desarrollados, la membrana revestida de los senos sufre prolapso físico parcial. Esto acentúa un instinto de recuerdo egotista. Entonces la memoria se concentra en incidentes ancestrales, en vez de eventos espirituales. Para aquellos que están sumamente desarrollados, la disminución de electricidad de gravedad que agobia los senos es una bendición; para los menos desarrollados es una acción limitada que causa preocupación a los viejos.

Cuando sueña que está examinando los senos, con frecuencia uno siente que está flotando en un río que serpentea debajo de un castillo (el cerebro); todo eso es secreto, silencioso. Abrir el significado de la sagrada atmósfera de los senos etéricos que mantienen el fluído sagrado o dorado del cerebro es estar lavado en el fluido celestial de purificación iluminativo.

SIMBOLOS DE ELIMINACION EN SUEÑOS

Si uno sueña que se está sonando la nariz o estornudando, indica que ha entrado en corrientes invertidas del mundo astral, y se ha expuesto al peligro de ataque del mundo obscuro.

Si uno carraspea en un sueño, es símbolo de que está pasando por una iniciación de tensión nerviosa en el átomo de logos de la garganta. Debe tener cuidado en los días después del sueño de hablar sólo con el logos de amor, y con el logos del silencio esperar para hablar en la medida del tiempo.

Arrojar flema de la garganta en un sueño quiere decir que uno está superando los niveles menores de génesis; eliminación de génesis; restricción emocional impuesta por familia o amigos.

Si uno sueña que *está llorando* o si hay lágrimas en su cara, indica que debe estar preparado para un dolor que aproxima o la pérdida de alguien que tiene el poder de herirlo o de causarle dolor.

Si uno *tiene nausea o está vomitando en un sueño*, indica que ha llegado a una situación sin solución en que debe eliminar la amargura y el resentimiento que han sido estimulados por la bilis de sus odios y su hostilidad.

Soñar con *eliminación de intestinos* indica que uno está venciendo y eliminando los recuerdos y condiciones venenosas del pasado.

Inodoros, que se ven tan frecuentemente en sueños de bajo nivel, siempre significan la eliminación de lo que ha pasado de ser útil. Una *taza de retrete* indica que uno se está preparando para eliminar sus actos del pasado.

Soñar que uno está *pasando por una purificación de los intestinos* mientras está parado hasta la cintura en agua es símbolo de que ha tenido una vida Hindú en que esta costumbre está considerada como un ritual sagrado. Esta simbología también puede referirse a la presente vida y le dice al soñador que actualmente está ocupado en purificar la materia manchada en emociones y pensamientos.

Soñar con *eliminación de los riñones* indica que uno no ha usado control de sí mismo y tiene que disciplinar su volición menor.

Cuando un iniciado masculino tiene una *eliminación nocturna* en un sueño, indica que los Angeles Raciales trabajando con Jehová están tratando de mitigar y purificar las compulsiones de propagación que funcionan por medio de él. Cuando estos sueños están acompañados por imágenes sensuales, es símbolo de que todavía tiene que dominar y vencer ciertos grados de lujuria en la naturaleza sexual del iniciado.

Cuando hay erupciones de la piel en la cara o en cualquier parte del cuerpo en un sueño, es símbolo de que uno ha dañado el semblante de sí mismo o la imagen en el cuerpo etérico menor, y que la ardiente y telepática bacteria astral de los mundos sutiles está penetrando su ego. Tales personas sabrán que el Angel de la Guarda le está diciendo que están sujetas a otras personas o condición; que cuando están despiertas, están mermando la confianza en sí mismo y su vitalidad.Uno debe recordar que debe resistir a cualquier persona que quisiera quitar lo magnético de su vitalidad etérica, porque tal acción causa heridas abiertas o lugares penetrables dentro de su cuerpo etérico inferior. Granos que se ven en un sueño denotan cicatrices en el cuerpo etérico causadas por represión y la dificultad.

Si uno naciera *con una marca de nacimiento* en cualquier parte del cuerpo, a veces busca y recibe el significado en sus sueños. Le podrían enseñar en un sueño que una marca de nacimiento *en la mano* puede ser una estigmatización de una acción de una vida anterior de agarrando o tomando. *Una marca de nacimiento en la cara* indica que de alguna manera uno ha estigmatizado su semblante con vanidad o un amor demasiado narcisista de sí mismo.

Todas las marcas de nacimiento son registradas originalmente en el cuerpo etérico del embrión. Son una marca en el cuerpo físico para recordar a uno de un error u omisión que ha causado sufrimiento a otros en vidas anteriores.

Si tiene *operaciones quirúrgicas* en cualquier órgano del cuerpo en un sueño es símbolo de que le han librado a uno de alguna falta mental o algun obstáculo emocional que está obstruyendo el progreso espiritual.

Si le están operando a uno *del bocio*, es que le están amputando la codicia y la envidia de su carácter.

Si uno está teniendo una *operación del conducto de la bilis o del hígado* en un sueño, le están enseñando que los odios o amarguras que llenan su volición emocional ya están bajo control para que pueda poner en acción la volición más elevada en sus emociones.

Si uno está recibiendo *cirugía del bazo en un sueño*, indica que se está preparando para iniciarse en ciertos niveles de memoria y acción ancestrales. También debe prepararse para unas nuevas relaciones a las exigencias de individualidad.

Si uno sueña que están haciendo *cirugía en un órgano sexual*, los ovarios, la matriz o los testículos, es símbolo de que debe estar preparado para ciertas restricciones externas en su expresión sexual, para que sea más moderado y reverente en el acto sexual; tales sueños también pueden significar mutilación de sí mismo en una vida anterior.

Si uno está recibiendo *cirugía en el páncreas*, es símbolo de que ha entrado en una fase correctiva en su desarrollo relacionado con la comprensión de otras personas y sus motivos, y también para poder incorporar otras personas en sus propias emociones.

TALAMO

El signifado arquetípico del tálamo en un sueño se puede interpretar como el *tálamo divino*, la gran estación de nervios por la cual el principio del Padre hace unión con el principio de la Madre Divina en el cerebro del hombre.

El símbolo que con más frecuencia identifica el tálamo divino es el escarabajo de Egipto. La parte inferior del escarabajo representa la consciencia superior e inferior; el aspecto femenino de la Madre Divina. La consciencia inferior representa kali, o el lado obscuro del principio femenino. La consciencia superior representa el principio de la Madre Divina. El principio del Padre que trabaja por la parte superior del símbolo del escarabajo representa el espíritu puro.

Cuando uno sueña con un escarabajo, le están instruyendo en sueños para poder balancear lo alto y lo bajo de los poderes espirituales.

El símbolo del tálamo, esto es el escarabajo, en sueños, producirá en el día manifestaciones vitales de balance espiritual por medio de obras físicas o creaciones.

TOBILLOS

Hay tres etéricos polos de eje en el cuerpo: (1) los tobillos, (2) el área de las rodillas hasta los huesos de la cadera, (3) el área del corazón hasta la corona de la cabeza.

Estos tres polos de eje son los penetrables puntos iniciativos del cuerpo. El primero, o el área de los tobillos, se relaciona con el Jerarca o polos de eje de energía zodiacal dentro de la tierra. Todos los Moradores Satánicos de polaridad, que son los males combinados de los hombres formando una inteligencia malvada, dirigen sus telepatías dentro del primer eje situado en el área de los tobillos. El satánico poder negativo trata de derribar al discípulo y al poder espiritual que él representa. El segundo eje, o el área de las rodillas hasta los huesos de la cadera, se relaciona con el polo de eje del Padre en el centro de la tierra. Si el discípulo fuera irreverente o crítico hacia la devoción de otros, es el recipiente, por las rodillas, de telepatías del cuerpo sombreado o Morador de Religiones. Si el discípulo ha retenido una partícula de irreverencia hacia el sexo, recibirá por los muslos, telepatías de los Moradores de Generación. El tercer eje, el área del corazón hasta la corona de la cabeza, se relaciona al polo de eje de Cristo en el centro de la tierra. Cuando uno está fuera de armonía con su corazón, gracia del alma y átomos tríadas mentales, y tiene un fragmento de duda en su consciencia acerca del Cristo, durante ciertas pruebas iniciativas recibirá telepatías materialistas y satánicas atacando sus creencias y acciones espirituales.

Los tobillos están sumergidos en una zona horizontal de energía de fuerza que constan de contracorrientes entre magnetismo astral y gravedad terrenal. Mientras que el hombre ocupa un cuerpo físico, sus tobillos estarán sujetos a esta zona horizontal de energía de doble acción entre gravedad terrenal y magnetismo astral. El dominio de estas dobles contracorrientes por los tobillos o el primer polo de eje etérico, que se relaciona al polo de eje Jerarcal dentro de la tierra, lo permitirá eventualmente obtener poderes de polaridad relacionados con las polaridades de la tierra y últimamente dirigir los dobles poderes Jerarcales hasta perfeccionados poderes andrógenos. Cuando el hombre por fin ha dominado las corrientes dobles, estará en armonía con Jesús, y Satanás estará quebrantado debajo de sus pies. (Romanos 16:20)

Si una persona sufre una herida a su tobillo o tobillos, esto indica un desequilibrio entre el cuerpo etérico menor y la voluntad emocional, y también un desequilibrio entre el cuerpo emocional y el pensamiento. Por ejemplo, una mente con prejuicio, una mente crítica, o falta de comprensión relacionada a la justicia en el mundo, causará que una persona sea subjetivamente propensa a accidentes de los tobillos.

Comúnmente se piensa que una vida espiritual es una vida protegida. ¿Cómo puede uno explicar los accidentes que tenga, como un tobillo herido o roto?

En acción diurna cuando uno tiene un accidente en el tobillo, se ha expuesto a resistir las fuerzas de gravedad. Está luchando con estas fuerzas para que pueda obtener un alcance etérico más grande de flexibilidad y un alcance etérico más amplio de acción de polaridad para el futuro.

LOS TOBILLOS Y LOS MORADORES DE POLARIDAD

Los tobillos son los receptores y distribuidores de todas las dobles fuerzas, energías y poderes. Hay cinco tipos de Moradores de Polaridad que pueden penetrar el tobillo eje etérico: (1) Continente Moradores de Polaridad, (2) Nación Moradores de Polaridad, (3) Ciudad Moradores de Polaridad, (4) Comunidad Moradores de Polaridad, (5) Ambiente

Moradores de Polaridad. Los Moradores de Polaridad de Nación, Ciudad, Comunidad, y Ambiente pueden penetrar el tobillo eje etérico de cualquier persona o discípulo que tiene que hacer una obra específica espiritual para el mundo. Tal ataque ocurre en raras ocasiones cuando el tiempo es propicio y es parte de la iniciación del discípulo antes de su dedicación para una obra más importante que está dirigida a una esfera más grande de realización.

Continente Morador de Polaridad. Se logran los poderes espirituales paso a paso. Todas las personas que son sumamente desarrolladas o espirituales tienen que luchar contra fuerzas poco conocidas de los mundos invisibles. Tal como hay ganancias y pérdidas en las grandes batallas y guerras en el mundo físico, igual el discípulo dedicado debe luchar contra las atacantes fuerzas de la obscuridad; y, paso a paso, debe ganar, fortificar y fortalecer lo que es y lo que él significa en el mundo. Cuando uno demuestra que está listo y maduro para asumir reponsabilidades más grandes, las acciones ateístas y maliciosas y los conceptos materialistas del hombre se mueven contra él en la forma de un Continente Morador de Polaridad — una aparición hecha después de años y épocas. Cada vez que uno lucha contra la acción de un Morador intensificado y lo domina, ha hecho un apoyo más grande en Luz, no solo para él mismo, sino para el mundo.

Hay un Continente Morador de Polaridad para cada continente en la tierra. Los Continente Moradores de Polaridad trabajan en o con órbitas de polaridad que se relacionan con las fuerzas sutiles y satánicas en las capas interiores de la tierra. Como se nutran por una arteria de negación, los Continente Moradores de Polaridad son los moradores que están más cerca de Satán. Cuando un discípulo ha llegado a cierta fase de desarrollo, y está listo para adquirir poderes de discípulo más grandes, lo impugna un Continente Morador de Polaridad. Para el discípulo esta iniciación no tiene menores aspectos; tiene que ver con una acción mayor. El Continente Morador de Polaridad trabaja para destruir la luz de un iniciado, y por lo tanto puede poner en peligro su vida. Cuando esta iniciación ocurre en lugares arbolados, montañosos o virginales, el Continente Morador de Polaridad es ayudado por ciertas fuerzas sutiles que parecen al dios Pan, y que atacan al punto vulnerable de equilibrio, los tobillos del discípulo, literalmente queriendo echarlo de la vereda. En algunos casos, el iniciado puede llegar a ser víctima de un accidente en su tobillo o sus tobillos. Un iniciado que sufre una herida en un tobillo no sufre mucho, comparado con algunos que mueren en tales iniciaciones. Se puede decir que aquel que pierda la vida tiene una muerte de mártir, y en alguna vida futura ganará gracia para sostener obras de poder espiritual.

Un ataque de un Continente Morador de Polaridad puede ocurrir más que una vez en la vida de un iniciado avanzado, pero tales ataques sólo ocurren justo antes de una buena obra más grande, en que el iniciado influenciará a un gran número de gente en vez de una minoría. La persona avanzada y dedicada, quien ha pasado con éxito sus pruebas iniciativas con el Continente Morador de Polaridad, producirá una armonía etérica más positiva y sostenida, e incorporará un alcance etérico más amplio, así llegando a ser más calificado para trabajar visiblemente e invisiblemente en todas partes de la tierra. Tal iniciado puede quedar en un lugar y todavía poder comunicar, por telepatía, con cualquier continente en el mundo.

Comunidad Morador de Polaridad. Las maldades y los negativos pensamientos masivos combinados, y los poderes y principados de la obscuridad que trabajaban por medio de ellos, afectan telepáticamente las mentes inciertas y vacilantes de personas, siendo la causa de que gran número de ellos tengan duda sobre sus creencias y su fe. Estas telepatías malignas penetran a la gente por medio de la área de los tobillos. Un Comunidad Morador de Polaridad se compone de los males combinados y también de las creencias ateistas y materialistas de una comunidad. El Comunidad Morador de Polaridad cuestiona telepáticamente la creencia espiritual y la fe de un estudiante o futuro iniciado. Cuando el aspirante a iniciado se da cuenta de que con demasiada frecuencia está comparando sus creencias espirituales con criterias ateistas y materialistas, es porque está recibiendo olas de duda que manda telepáticamente el Morador de Comunidad. La expresión "aferrarse a un principio" está tomada de está acción telepática dirigida contra el eje etérico o la área penetrable de los tobillos.

Muchas veces un Comunidad Morador de Polaridad puede tratar de desafiar a un iniciado y debilitar y agotarlo con telepatías negativas, especialmente cuando la fe del discípulo aún no ha llegado a ser una parte completamante funcionante y manifestante de su expresión. Estas telepatías negativas pueden ser la causa de que el iniciado se sienta sólo y sin apoyo en su vida espiritual. Cuando ocurre tal desafío telepático, el discípulo debe reafirmar sus creencias, establecer de nuevo su fe y dedicarse de nuevo a la Luz; y debe buscar la ayuda de los Angeles de la Guarda de la comunidad, ya que estos ángeles representan la gracia y lo bueno de la comunidad.

Después de que su primer período de gracia ha sido realizado, un iniciado se entera de que dedicación sola no basta, porque debe continuamente adoptar una actitud firme y constantemente reafirmar su fe para que pueda traer al mundo obras de Luz vitales y vivientes. Si el discípulo se sostiene en la Luz de Cristo, y se mantiene firme por la Luz y el Cristo, callará las telepatías del Morador de Comunidad. Cada vez que la fe es reafirmada y la creencia es aclarada, la fe y las creencias de un iniciado son reforzadas. Es especialmente importante que uno llegue a saber que estas telepatías del Morador no vienen de él mismo sino que son de una acción combinada de innumerables incredulidades y no creyentes en la comunidad. Jesús no pudo producir sus milagros en Su propia comunidad de Nazaret por la incredulidad de su comunidad. El discípulo también debe estar enterado de que él puede sostener siempre lo que él es, lo que él sabe y lo que él puede ser en la Voluntad de Dios.

Un iniciado puede ser enviado espiritualmente a una nueva comunidad para empezar una nueva fase de trabajo espiritual. Toda la gran cantidad de pensamientos ateistas y materialistas entrarán contra lo que él representa en la Luz. De esta manera está expuesto a un desafío del Morador por medio del eje de los tobillos. Aunque pueda que esto no resulte en un accidente, afectará al iniciado en la forma de duda de sí mismo sobre su mérito, su ministerio y su propósito. Tal iniciado debe luchar con este Morador o combinado anticristo de comunidad con sostener y mantener lo que es con renovado vigor y fuerza. Con frecuencia el iniciado sentirá que está luchando contra una fuerza ciega y sin sentido; pero si está enterado de que es una inteligencia tangible que quiere impedir sus obras de Luz y socorros ministeriales, se protegerá contra esta inteligencia maligna que quisiera debilitar el éter esencial que sostiene su pensamiento. Cada vez que el iniciado recibe un desafío como este hará una nueva alineación para confirmar y reafirmar lo que él cree y lo que él tiene para dar al mundo — y llegará a ser más firme en lo que él es y en lo que él sabe. Al sostener la Luz hará un servicio a la comunidad, porque parte de su trabajo es agitar y cambiar las costumbres cristalizadas que tiene la comunidad en pensamiento y acción. Y de esto la comunidad recibirá, durante un período de tiempo, beneficio y gracia curativa.

Mantram que se sugiere para dominar telepatía de Comunidad Morador de Polaridad:

> Reafirmo mi creencia
> y adopto una actitud firme
> en la Luz del Cristo.
> Estoy apoyado y sostenido
> en la poderosa Voluntad de Dios.

Buscando la ayuda de los Angeles de la Guarda de la comunidad, se puede decir:

> Si es la Voluntad del Padre,
> que los Angeles de la Guarda de esta comunidad
> acalle el inicuo trabajo de la obscuridad.
> Y que yo me mantenga en la Luz del Cristo.

Si alguna negación telepática afectara al eje de la polaridad de los tobillos, se puede invocar el Angel de Luminosidad lo mismo que el Angel de la Guarda de la comunidad. Por ejemplo:

> Si es la Voluntad del Padre
> que mi Angel de Luminosidad venga a mí
> para protegerme
> y defenderme contra daño
> en esta experiencia del Morador.

Pequeños accidentes en los tobillos son a veces aviso de que uno está fuera de alineamiento con su equilibrio espiritual; y que debe tratar de investigar sus pensamientos y los motivos en sus acciones.

Soñar que uno está recibiendo *un golpe en los tobillos* revela que alguna fuerza subvertida está tratando de tropezarlo para que pierda su serenidad espiritual.

Soñar que *los tobillos de uno están encadenados* indica que está encarcelado, limitado y reprimido.

Si uno viera el símbolo de las *alas de Mercurio* al nivel del tobillo le asegura al soñador libertad en vuelo nocturno.

Si uno *lleva zapatos con la parte de arriba* llegando al nivel de sus tobillos, esto indica que está siendo demagnetizado por medio de corrientes negativas que afectan los atomos de sus pies, y que le están impidiendo recibir el beneficio de corrientes curativas que suben para arriba por sus pies; también que está pensando pensamientos anticuados relacionados con progreso.

Pararse en agua hasta los tobillos significa que uno necesita más valor, para que pueda entrar mas profundamente en las aguas purificantes, y así sentir la curación y la purificación de los ríos puros de la vida; indica falta de decisión y timidez.

Ver a uno con los *tobillos rotos* infiere un martirio con persecución.

Si los tobillos parecen ser fuertes, equilibrados y derechos en un sueño, significa que uno ha obtenido el puro aplomo espiritual, se ha aferrado a un principio y no estará influenciado.

Romper los tobillos en un sueño indica que uno ha sido desafiado por un morador sutil que trata de derrumbar su recta posición espiritual. Las consecuencias espirituales de tal iniciación son equanimidad, aplomo, seguridad de sí mismo y confianza.

En cierta postura de meditación *tobillos cruzados* forman una mudra o un encerramiento de prana para poder cargar las varias chakras o puertas del alma con más elevadas frecuencias de energía. Los tobillos cruzados también protegen a uno contra corrientes astrales que son demasiado cargadas físicamente, de otra persona. Uno debe poner el tobillo derecho sobre el tobillo izquierdo para sostener un punto positivo de aislamiento.

UTERO O MATRIZ

El útero es *símbolo de la matriz de nacimiento*. Examinar en sueños el símbolo de la matriz es unirse con el principio de la madre y calcular la actitud en relación con la concepción. La matriz es un recipiente como lo es el corazón, y se relaciona con el corazón. Soñar que la están operando quirúrgicamente y que tiene peligro de perder el útero revela que una tiene miedo de ser mutilada. La pérdida de poder del útero en una mujer indica que de alguna manera en una vida anterior, ha dejado de responder completamente a sacrificarse con el nacimiento de sus hijos.

Cada órgano del cuerpo es una copia exacta de un órgano etérico en el cuerpo etérico. Si se lleva a cabo cirugía física en cualquier órgano, el órgano etérico quedará intacto y así reservará el equilibrio etérico del fluir entre todos los órganos. Por lo tanto, si la actitud espiritual es reverente hacia el nacimiento por la matriz, uno se separa del aspecto sagrado de dar vida como es simbolizado por la matriz.

La experiencia en sueños es una tercera parte de estudiar y evaluar la propia naturaleza, también una tercera parte es instrucción en relación con la mente, y una tercera parte es participación en servir la luz en la noche. En la examinación uno se ve como es. Con la instrucción de sueños le dicen como puede corregir o balancear su vida. Por medio de verdadera participación o experiencia en sueños uno retiene el poder de la acción que se manifiesta en sueños y lo reproduce en el mundo exterior o físico.

Tanto en el hombre como en la mujer se usan los órganos genitales en sueños como símbolos de la propia actitud de uno hacia castidad y falta de castidad. El don más sagrado de la vida en el plano físico que nos da Dios es el uso del Sexo. Cuando se abusa o profana la naturaleza sexual, es presentada exteriormente en la noche por quelle o la subconsciencia.

En la vida espiritual, la instrucción en sueños empieza con la actitud de uno hacía el sexo. Si hay algun átomo de lujuria en la naturaleza de uno, es enfrentado con sus tendencias lujuriosas en la experiencia en sueños. Esto ocurre en el nivel quimérico astral y grotesco de acción en sueños, donde se recapitula y se manifiesta las distorciones en su propia naturaleza. Uno despierta de sueños que examinan la lujuria con una sensación de indignidad. Con el tiempo se decide a usar su cuerpo como receptáculo de pureza y amor. En el mundo físico o despierto, con frecuencia aquél que parece tener una vida sexual casta o controlada tiene que comprender su propio sexo cohibido frustrado o suprimido en su fluir biológico de la vida. Con más frecuencia, la hipocresía sexual ha sido causada por falta de sacrificio en vidas anteriores.

La acción monitora de quelle de la noche, o el inconsciente superior, trata de enseñar a uno las santidades de todas las funciones del cuerpo.

La censora acción de quelle del subconsciente inferior en la noche revela las flaquezas kármicas y desconocidas de uno por los sueños. El guía de quelle o el lado del inconsciente superior de quelle demuestra al soñador como corregir y aceptar la vida en su aspecto más elevado de reverencia y amor.

¿Los hombres nunca dejarán de usar la función de los sueños? La respuesta es No; la función de los sueños es vital y necesaria para el estado de consciencia despierta. La actitud verdadera y correcta hacia los sueños produce un incesante exceso vital que es necesario para la sobrevivencia espiritual del ego, el cuerpo, las emociones, la mente y el espíritu. En los sueños y en la orientación de los sueños y su instrucción se puede encontrar el flujo creativo, vital y comunicable de Dios hablando en todas las acciones, humanas y divinas.

VESICULA BILIAR

La vesícula biliar física y etérica lleva el peso emocional de decepción y amargura. En sueños es el símbolo de amargura o resistencia, de la falta de responder al amor, de ser frustrado en las emociones, de contener el movimiento interior entre el amor y siendo amado.

Si uno sueña con la vesícula biliar, le están enseñando la necesidad de investigar su inclinación a la amargura, a la resistencia sutil dentro de su naturaleza emocional. Debe prepararse para las iniciaciones de humildad y así obtener la humildad. A veces se percibe un sueño de esta naturaleza como una parábola o una alegoría. El que sueña podría caminar en lodo, en agua lodosa; podría ver colores de verde manchado o de cieno astral. En tales sueños su alma le está previniendo que debe aprender a perdonar "setenta veces más siete". También le están enseñando que está poniendo un obstáculo o una piedra contra su propio progreso.

Toda la curación nocturna que ha de manifestarse en el día empieza en el equivalente etérico del cuerpo físico. El alma usa las simbologías de sueño para recordar a uno que debe rectificar sus actos, sus emociones y sus pensamientos. Cuando uno responde a la dirección simbólica, la curación empieza en el equivalente etérico del cuerpo físico.

También se abren las puertas físicas, y recibirá ayuda curativa en los mundos físicos y espirituales.

SÍMBOLOS DE ENFERMEDADES FÍSICOS

ALTA PRESION ARTERIAL — Falta de control de sí mismo. Presión de otras personas.
ANEMIA — Recuerdo de desdicha en el matrimonio.
ARTRITIS — Represión.
BAZO (Enfermedad del) — Separación de la Imagen del Padre.
BOCIO — Avaricia.
CALCULOS BILIARES — Sacrificio involuntario.
CANCER — Trastorno de la célula sagrada en el centro del átomo sagrado del corazón.
CONDICIONES DEL HIGADO — Frustración emocional.
CONDICIONES DEL RIÑON — Falta de compartición; sobreobstinado.
CONDICIONES RECTALES — Orgullo.
DIABETES — Eliminando el recuerdo del poder del alma.
ENFERMEDAD DEL TUETANO DE LOS HUESOS — Karma más pesada que lo usual debido a parentesco consanguíneo y matrimonio entre parientes más allá de la tercera generación.
ESTREÑIMIENTO — Falta de cooperación.
FIEBRES — Temor, prisa, impaciencia.
HEMORRAGIA CEREBRAL — Consciencia demasiado pesada.
ICTERICIA — Frustración del deseo.
LEUCEMIA — Temor de parientes y parentescos consanguíneos.
MUCOSA EN EL CUERPO — Compulsiones sin resolver.
OIDO DEFECTUOSO — Terco, desobediente.
    Sordera — Apegos mal dirigidos; retirando la dirección del alma.
ORGANOS DEFORMADOS — Uno está fuera de alineamiento.
PULMONES — (Enfermedad crónica de) — Prejuicio racial, falta de caridad, intolerancia, temor de asociación con otros.
    Pulmonía — Falta de asimilar imagenes raciales.
SENO — Complaciencia y orgullo egoísta.
TIFOIDEA — Vieja condición maligna de karma que se disuelve con fuego del cuerpo.
TUBERCULOSIS — Deseo de libertad de la raza: venciendo aversiones raciales.
TUMORES — Sentido falso de la importancia de sí mismo exageradamente ambicioso.
VISTA DEFECTUOSA — Egocéntrico.
    Ceguera — Muchas vidas de prejuicio testarudo.
    Cataratas y tumores del ojo — Un deseo de tener; fuera de tiempo.

Capítulo 14

SIMBOLOS DE ALIMENTOS

Al final del día, hay algo más que poner el reloj y cerrar las cortinas; el salir del tiempo de la Luz del alma y la alegría de volver a la vida del alma, a la paz del alma.

Los alimentos que se ven en sueños y visiones se pueden aplicar a muchos aspectos de la iniciación. *El significado más importante de los alimentos pertenece al alimento del sacramento del Altar de la Sagrada Comunión.* A veces los alimentos en sueños son símbolo de que se está ofreciendo una lección como comida espiritual.

Soñar que se comen alimentos en un sueño indica una de las cosas siguientes: (1) Alimento espiritual; (2) enseñanza del paladar; (3) necesidad de ciertos nutrimentos en la comida que se come cuando uno está despierto; (4) evaluación de avaricia o glotonería; (5) símbolo para determinar localización y colocación en vidas anteriores. Ejemplo: Si uno ve una fruta tropical en un sueño indica que se está revelando una localización de una vida anterior; fruta tropical, como papaya, denota que uno se ha puesto en contacto con un recuerdo de Lemuria, ya que la papaya es una fruta de Lemuria.

Alimento, Tibio — Mimar; confortar.

Alimento, Caliente — Aprender demasiado agresivamente.

Alimentos, Dulces — Indulgencias; codicia de obesidad por la comida.

Alimentos, Sin condimentar — Ideas disparatadas.

Alimento, Derramado — Incapaz de digestionar lecciones.

Alimento, Cocinando — Preparando para el sacramento. Cocinando pan — Preparando para el pan del sacramento.

Alimento, Incapaz de preparar — Reconociendo que uno es inadecuado.

ACELGA — Necesidad vital de vitamina A.

AGUACATE — Aceite curativo del espíritu. Arbol del Aguacate — el curador con gracia de unción. El aguacate es la fruta femenina del oriente. Granada es la fruta masculina del oriente. El aguacate es relativo al principio de María. Su textura aceitosa significa el aceite de paz curativa por medio de amor tierno y untado. La granada es una fruta de pasión. Se relaciona a la pasión del dolor de la cruz y al poder del sacrificio de sangre de Nuestro Señor.

ALCACHOFAS — Un evento ordinario; un vegetal formado como rosa con espinas significando disciplina en niveles mundanos.

ARROZ — Recordar la China.

Arroz silvestre — recobrar el recuerdo del Indio Occidental.

AVES DE CORRAL — Doméstico; átomo de familia.

Pollo — una joven.

Gallina — una vieja entrometida.

Gallo cantando — traicionero de Nuestro Señor.

AZUCAR — Indulgencia.

BEBIDAS —

Café — Hospitalidad; dar energía; el que estimula; producir pensamientos activos; estimula la glándula pituitaria y la glándula suprarrenal; un alimento psíquico.

Leche — (vea leche) recibir los misterios menores; también una seña de poder de la Madre Divina.

Té, taza de — Símbolo de chismes; símbolo de la curación de separación. Una tetera también es símbolo de chismes.

BERRO — Purificar el éter en la sangre.

CALABACIN — Unirse con el éter lunar.

CALABACITA — Desarrollarse con la luna.

CALABAZA — Símbolo de otoño.

CAMOTE — Satisfacer soportes hogareños. Proteger.

CARNE — Sacrificio de animal; investigar el matar como pecado; también significa el estudio de instrucción espiritual más avanzada.

CEBOLLAS — Lágrimas

CHIRIVIA — Disciplina y sacrificio para vencer inflexibilidad.

CHOCOLATE — Indulgencia.

COCO — Primitivo.

COL — Necesidad de Calcio.

COL RIZADA — Necesidad vital de Vitamina A y calcio.

COLIFLOR — Una transformación ordinaria o mundana.

CREMA — Indulgencia.

ESCAROLA — Ayuda curativa para la matriz etérica de los ojos.

ESPAGUETI — Abandonarse a apetito sensible.

ESPARRAGOS — Purificación y curación de los riñones.

ESPECIES — (Vea hierbas).

ESPINACA — Buscar obediencia.

FRUTAS — Las frutas que son injertadas por el hombre, como la toronja y el griñón, se usan como símbolos en sueños para indicar que uno se ha quitado del origen primero de ideas originales, y está siendo dividido mentalmente por corrientes de ideas contrarias. También se puede usar la fruta como un símbolo alegórico de tentación, o la comida de la fruta prohibida y lograr conocimientos prohibidos. Frutas maduras en el árbol simbolizan gracia. Frutas verdes simbolizan gracia que se tiene que ganar. Frutas secas indican azúcar etérico, condensado y solar, que ayuda a la sangre y la digestión.

Aceitunas — símbolo de Getsemaní.

Albaricoques — símbolo de las primeras frutas, dando ciertas bendiciones, en el mes del solsticio de verano.

Arándanos — símbolo de maná espiritual; una fruta de Lemuria.

Arándanos agrios — símbolo de yerbas amargas; sacrificio.

Cerezas — símbolo de felicidad.

Ciruelas — Símbolo de alegría en un estado maduro; recuerdo de una vida oriental.

Ciruela pasa — símbolo de frugalidad; una mesa frugal.

Frambuesas — un compensador para quien tome demasiada proteína.

Frambuesas — premios.

Fresas — un toque matinal de rocío nocturno o una bendición.

Granada (vea Aguacate)

Grosellas — símbolo de un deseo tonto.

Jitomates — un néctar para los flojos.

Limones — astringente y curativo.

Mandarinas — un niño fresco que estimula a los viejos.

Manzanas — gravedad.

Melocotones — gracia; señal doméstica de gracia.

Melón — fuego lunar.

Melón dulce — símbolo de premios.

Naranjas — símbolo de iniciación de vellón dorado, o ganando el premio del alma.

Nísperos — símbolo de limpieza en el otoño y premios.

Papaya — sanación de la matriz etérica del útero; purificando venenos astrales.

Pasa de Corinto — pasas rojas inglesas — necesidad de vitamina C para los que comen demasiado hidrato de carbono.

Piña — símbolo de la corona de la salud.

Plátanos — símbolo de que están investigando el núcleo interno.

Sandía — humanidad; la colocación más bella de la luna.

Toronja — símbolo de un híbrido, o que no le premian completamente.

Uvas — símbolo de la cosecha; de un sacramento de redención.

Variedad de gayuba — símbolo de esfuerzos y premios.

Viñeda — símbolo de vida germinal, o ensanchando la vida en todas las sustancias.

Zarzamoras — símbolo de un astringente.

GRANOS — En el estudio de granos en sueños, uno se da cuenta de los Angeles Agrarios, del fuego mineral dentro del grano, y del principio de almacenar en la naturaleza y en el hombre.

El tipo de grano indica local o localización que pertenece a vidas anteriores, o podría significar local y localización en la presente acción de polaridad. Ver o comer centeno y cebada en un sueño significa los países de Arabia, Syria y Hebrón. Se puede identificar a Irlanda y Escocia por los símbolos de centeno y avena. Arroz indicaría China, India o cualquier país de Asia Oriental. Trigo en un sueño o visión simboliza un país occidental donde el trigo predomina para hacer el pan.

Cosechar granos indica que uno está listo para trabajar en temporada. Sembrar granos significa que uno sirve desinteresadamente; sin embargo, esto no indica que recogerá la cosecha.

Comer pan recién hecho en un sueño es símbolo de sustento espiritual del Altar de la Sagrada Comunión, bendecido por Su Hijo; también es la señal de que le están dando de comer en la medida correcta de tiempo para sacar beneficio por las labores y los esfuerzos hechos.

Machacar o pisar grano indica que le están pidiendo que sirva en trabajos humildes, para que otros puedan comer.

Ver muchos sacos o bolsas de grano significa que le advierten que sea frugal, que guarde para una escasez que viene.

Ver grano en un campo en flor indica que uno está listo para una cosecha de gracia.

Ver una mazorca indica que uno está desarrollando un oído interno.

Comer cualquier grano seco, como lentejas, indica que uno está pasando por un período de apuros, y tiene que contar con alimentos que contienen un gran porcentaje de fuego mineral para sostener el cuerpo físico.

Comer comida sobrante en un sueño significa que le están nutriendo con ideas sobrantes de religiones viejas o anticuadas.

Alforjón — cosechar lo bueno.

Cebada — curar la matriz etérica de los pulmones.

Embrión de trigo — unirse con los Angeles de la Siembra.

Frijóles de soya — sobrevivencia.

Harina de avena — ser robusto.

Harina de maíz — trabajar con diligencia; memorias africanas.

Harina de trigo — ser hospitalario.

Lentejas — ayunar.

Pan (ver Pan) — aceptar sacrificio; comodidad.

Tapioca — depender de falta de sustancia.

GUISANTES — Abrir un secreto.

HABICHUELAS — Todas las habichuelas contienen fuego mineral que es necesario para una memoria y mente estables. Habichuelas que se ven o se comen en un sueño indican que el cuerpo etérico necesita fuego mineral.

HABICHUELAS VERDES — Trepar o formar.

HIERBAS Y CONDIMENTOS (Como símbolos en sueños y para el paladar etérico en la salud.)

Toda salud empieza en el cuerpo etérico. Cada órgano y cada célula del cuerpo físico tiene su jefe supremo o un homólogo etérico. En sueños le enseñan a uno los alimentos, la hierba o el condimento necesario para proteger y aislar cualquier procedimiento del cuerpo físico. Si un órgano es débil o debilitado por agotamiento psíquico, el correspondiente órgano físico estará débil o deteriorado. Así se enferma el cuerpo físico.

En sueños uno debe advertir a sí mismo de estas correspondencias simbólicas, para que se pueda volver a cargar y estimular el cuerpo etérico con la variedad de socorros otorgados por Dios que se recogerá del mundo de las plantas.

Todas las hierbas trabajan con las energías etéricas del cuerpo etérico menor. Auxilios herbales, cuando se toman con la idea de que son auxilios etéricos para fortalecer, nutrir y balancear el cuerpo físico, deben usarse con moderación y con reverencia.

Cuando uno está completamente enterado de que la verdadera química empieza en el reino espiritual de curación, el Gran Médico enviará a Sus ángeles para dirigirlo a la hierba que contiene la esencia que podrá renovar su vitalidad de la vida.

Cuando uno recibe la dirección para desarrollar su paladar selectivo, comprenderá que los ángeles pueden dirigirlo en sueños a un dispensario piadoso que le dará vigor y salud.

Todas las hierbas y semillas desarrollan el paladar selectivo. En el refinamiento y sensibilidad que se desarrolla en la vida espiritual, uno debe hacer caso al paladar selectivo que lo dirige a los verdaderos y puros recursos de las vitalidades que dan vida y que mantienen su vida espiritual.

Achicoria — para curar la matriz etérica sobre los riñones, sobre el hígado.

Ajo — para exorcizar espíritus del mal; separando el plexus solar.

Albahaca — para protección psíquica contra la obscuridad; una hierba para vencer negatividad y la obscuridad sutil.

Alcaravea — curador de los procedimientos etéricos de la saliva en la boca y los procedimientos digestivos en el molde etérico del estómago; limpiador de los canales intestinales. La vibración en una semilla de alcaravea quita las toxinas psíquicas en la sangre, las venas y el sistema que soporta la región abdominal.

Anís — curación para la saliva.

Arnica — para el temor centrado en las emociones, y que afecta los músculos.

Candelaria — para curación del plexus solar.

Canela — para la curación de la mente menor, y para reducir las energías psíquicas de la mente menor; para vencer psiquismo.

Cardamomo — para curación de ofensas del corazón o del amor; también curación de ventrículos del corazón.

Clavos — para neutralizar el hablar duro o para hablar con verdad; curación del átomo etérico de la garganta; servicio.

Comino — para deslices y faltas de resolución; para debilidad del páncreas.

Dulce — para el alivio de temor y timidez emocional, afectando la glándula etérica suprarrenal.

Eneldo — para suavizar una volición dura; para hospitalidad; asentar el estómago.

Especias — para apoyo de valor, afectando los centros etéricos de los oídos, senos y los ojos.

Estragón — intestinos; para la curación de la cubierta etérica batista que soporta la vitalidad intestinal.

Gengibre (fresco) — para ampliar reverencia femenina; curación de ovarios y matriz.

Hierbabuena — para neutralizar.

Hinojo — para paz y pureza, afectando la purificación glandular.

Hoja de laurel — una bendición de los santos.

Limón — purificador etérico de la sangre; de-personalizador del ego.

Macis — para las corrientes de los nervios etéricos de la espina.

Manzanilla — para la curación angelical; curación de los ojos; para paz curativa.

Mejorana — para la curación de debilidades de la tiroidea; para vencer orgullo del ego y egotismo.

Menta — para la curación de los que no tienen disciplina; para la curación del esófago etérico.

Miel — para curación del cuerpo etérico; fortalece la energía solar dentro del cuerpo etérico menor.

Mirra — para curación de atrocidad, de debilidades rectales; para desarrollar renunciación.

Moscada — para vencer arrogancia material y para abrir la glándula pineal; en el plano físico, se debe usar con moderación.

Mostaza — para vencer debilidad de marea de la luna que ocurre cuando la luna está obscura; la alegría de la semilla de mostaza.

Orégano — para curar los apoyos etéricos del sistema muscular.

Orozuz — recuerdo Egipcio; para circulación; para las narices.

Páprika — para los nervios espinales etéricos o canales de energía de los nadis; para estimular y para purificar.

Perejil — encerramiento etérico de la pituitaria; balancear el exceso de depresiones emocionales; también para fijar la circulación etérica en los riñones.

Pimienta — preservativo para el cuerpo de los muertos y para el estómago de los vivos.

Pimienta (negra) — para volver a cargar.

Pimienta de chile — para soltar los procedimientos etéricos del calcio, curando los pigmentos de raíz del pelo, y también las uñas de las manos y de los pies, para que magnetismo pueda fluir libremente de las manos; afecta la matriz etérica de la glándula tiroides, dando resonancia y expansión al sonido de la voz; también un tónico para el cuerpo etérico menor, circulando los canales de energía del cuerpo etérico menor. Pimienta de chile es un alimento solar. Después de la miel, da más soporte al cuerpo etérico menor que cualquier otro alimento.

Pimiento — estimulador del paladar; da de comer al cerebro.

Quelpo — para el alivio de impotencia; para la curación etérica de esperma y óvulo.

Rábano picante — Matriz pituitaria y etérica; descansar y ensanchar.

Romero — para el cerebro etérico; para iluminación; para fomentar reverencia.

Sal — para atraer a los santos y su protección durante la luna nueva y la luna llena; para curar la matriz etérica de los riñones; para limpiar, purificar y proteger contra la obscuridad.

Salsa, caliente — actitudes demasiado intelectualizadas hacia la instrucción, deseando estimulación en vez de sabiduría; deseo de esconder una situación irreal; satisfaciendo el paladar sensitivo.

Salvia — para sabiduría para vencer supresión y enfermedades crónicas como artritis, enfermedades de los huesos y del hígado; aplicar volición.

Tomillo — para la glándula timo y protección para el plexus solar.

Valeriana — contra quimeras astrales y psíquicas; curación para nervios y bazo.

Vinagre — lograr equilibrio de alkalinidad y lograr controlar los procedimientos de energía en el sistema digestivo.

Walteria — para caridad, tolerancia y para aislar la matriz etérica de los pulmones.

Yodo — para la vitalidad etérica en las glándulas y sistema linfático.

HONGOS — Símbolo psíquico de desarrollo astral inferior; exposición psíquica a peligros para el soñador. Hongo venenoso — símbolo de desarrollo de negación.

HUEVOS — Fertilidad; embarazo; un gran huevo cósmico o un nuevo comienzo en creación.

LECHE — Verdades espirituales en sus primeras fases.

LECHUGA — Tener tacto e intuición.

LENTEJAS — Recibir poderes proféticos por medio de los sueños; una iniciación de Daniel.

LEVADURA — Aumentar la fe, la mente y los poderes.

MACARRONES — Fijarse en apetitos enormes.

MAIZ — Cosechar; el oído interior se abrirá; cierto nivel de sensación que el Padre puede usar al dirigir.

Mazorcas — nuevos proyectos y personas; clariaudiencia.

Semilla de maíz (sembrando) — empezar nueva cosecha.

MANTEQUILLA — Crema de esfuerzo o premios.

Demasiada mantequilla — indulgencia.

MELAZA — Estar metido en error.

MIEL (vea Hierbas)

NABO SUECO — Luchar.

NABOS — Disciplinar.

NUECES — Todas las nueces contienen fuego mineral etérico saludable para la mente y se necesita para los huesos, las células y el cerebro.

Almendras — fuego mineral más puro.

Nogal americano — fuego mineral pesado dominado por el planeta Saturno.

Macadamia — fuego mineral, lunar y etérico.

Pacanas — fuego mineral más pesado domidado por Venus.

Nuez — fuego mineral relajante dominado por Júpiter.

OSTIONES — Símbolo de un retraído en busca de la perla de su alma.

PAN — El sacramento del cuerpo de Nuestro Señor.

Pan de gengibre — indulgencia.

Todos los panes dulces — indulgencia.

PASTEL — Indulgencia.

Pastel de boda — iniciación de la novia y el novio por el Cristo.

PATO — Flotador astral; migrante.

PAPAS — Estar empobrecido; también el símbolo de necesidad de minerales terrenales.

Papa chica — degradación del ego.

Papa grande — deseo de autoridad.

PAPAYA (vea Frutas) — Las semillas de papaya simbolizan remediando la matriz etérica del estómago e intestino superior.

PAVO — Símbolo de otoño.

PEPINO — Recuerdo de lujo egipcio al comer.

PEZ — Símbolo de un iniciado de Cristo.

PUERCO — Símbolo de avaricia.

PUERRO — Estar purificado.

QUESO — Los premios por el esfuerzo.

QUIMBOMBO — Estar purificado.

RABANOS — Estar purificado.

REMOLACHA — Indica necesidad de hierro.
TALLARINES — Recuerdo Chino.
VAINILLA — Indulgencia.
VINAGRE (vea Hierbas) — Purificar.
ZANAHORIAS — Necesidad de vitamina A, también de éter mineral.

ALEGORÍAS QUE USAN LOS ANGELES PLANETARIOS

El *viñedo* es el símbolo de la vida germinal, o la vida aumentando en todas las sustancias.

El *seto* es símbolo del factor de tiempo por el cual el hombre crea. El seto impone ciertas restricciones por la ley de causa y efecto, una ley que se impone en cada cosa hecha por el hombre.

El símbolo de la *torre* es la dominación, o sabiduría de previsión que se da a aquellos que lo recibirán; así, están más desarrollados que otros hombres, logrando autoridad.

La *prensa de uvas* es símbolo de extrayendo la esencia de sustancias o circunstancias; bendecir cuando hay dolor, o gracia cuando uno hace un esfuerzo; la cosecha como resultado de acción. A pesar de los abusos de la ley de Dios que hace el hombre, aún recibe gracia *si o cuando* hace el esfuerzo de pisar la prensa de uvas; cosechará la fruta de eso.

Cuando se sembró el viñedo, Dios había establecido la vida germinal para la tierra.

Cuando se hizo el seto, estableció leyes para proteger al hombre contra la destrucción de sí mismo.

Cuando se creó la torre, le dió al hombre la manera de elevarse, de vencer.

Cuando se puso en acción la prensa de uvas, mostró al hombre las frutas de la cosecha que se proporcionó con su propio esfuerzo.

Capítulo 15

SIMBOLOS GEOMETRICOS, ALFABETICOS Y NUMERICOS

El ocaso del día es la ascensión de la estrella de mi alma. Oh almas que trabajáis como yo trabajo, respondamos a la llamada y a la música con alegría.

Desde el comienzo de la entrada del hombre en el mundo de gravedad, la simbología geométrica ha sido durante las etapas y los años la manera de recobrar su memoria de los estados celestiales dentro de los mundos del cielo.

Cuando una persona no comprende el significado oculto en los símbolos que se ve en telepatía espiritual, en los sueños y en meditación, está ciega y sorda a lo que le está diciendo el alma y a lo que trata de interpretarle. Los símbolos geométricos que se ven en telepatía espiritual, en sueños y en meditación están alineados con el Mundo de los Querubines, ya que se reciben todos los símbolos geométricos por medio de ellos.

Para mejor comprender los símbolos como parte del vocabulario del alma, uno debe familiarizarse con el siguiente resumen que contiene símbolos clave o de mayor raíces.

El alma, el yo superior y los poderes de Mediación usan constantemente los símbolos geométricos. Para abrir y descubrir la clave etérica dentro de las experiencias telepáticas espirituales y de los sueños y en meditación, uno debe buscar la muestra y la forma que identifican el símbolo. Por ejemplo, si ve un árbol en un sueño, el árbol toma el símbolo de la línea vertical.

La instrucción telepática por este símbolo tendría relación con la necesidad de uno de alinearse verdaderamente para poder pensar verticalmente y usar la volición con desinterés. El árbol también indicaría que uno está entrando en una disciplina para lograr una vida sin pasión, es decir, el calmar de los átomos sensibles.

Todos los símbolos geométricos están bajo el mando de los Querubines quienes inician al hombre en los procedimientos matemáticos en el uso de plasmas de la mente o akasia.

Los Angeles Serafines inician al hombre en las técnicas de la luz, por las cuales se pone en contacto con las ideas arquetípicas dadas por la Mente de Cristo.

Los Angeles Serafines dirigen a la mente del hombre hasta las seis dimensiones o la puerta al Tercer Cielo, donde lo inician los Arcángeles en la luz arquetípica y los arquetonos bajo el mando del Espíritu Sagrado.

TRIANGULO INVERTIDO — Secreto; obscuridad; sendero de la izquierda; pervertido; misterio; principio femenino; naturaleza mística.

TRIANGULO O TRIADA — Consciencia trascendental; consciencia pura; acción perfeccionada; mediación.

CRUZ — Prueba iniciatoria — renunciación; tomando una carga; dominio de las fuerzas cósmicas.

ESTRELLA DE SEIS PUNTAS — Materia y espíritu armonizados; unión de emoción y pensamiento; polaridades masculina y femenina combinadas; poder de transubstanciación.

CIRCULO — Sol físico; individual o ego; el alma; protección; lo eterno. Tres círculos que tienen relación con tres fases de comprensión que llegan a balancearse.

CIRCULO CON UN PUNTO EN MEDIO — El yo eterno; el Cristo por dentro; el sol invisible; ayuda de los Angeles Celestiales; protección de los Arcángeles.

BARRA HORIZONTAL — Corrientes magnéticas del mundo astral; construcción astral; indecisión emocional; oposición de personas; reino animal.

CUADRO — Karma; mundo abstracto; fundación; cuatro cuerpos; obstáculos; cuatro dimensiones o planos.

CUADRO CON UN PUNTO EN MEDIO — Liberación de karma.

ESTRELLA DE CINCO PUNTAS — La comunicación del estigma sagrado entre discípulos; elevación de los sentidos; telepatía; el centro de mando entre las cejas.

ESPIRAL — Amor; liberación desde los cuerpos inferiores hasta la consciencia superior; iniciación del fénix; liberación de karma.

ESTRELLA DE OCHO PUNTAS — JESUS.

RECTANGULO — La forma del hombre; la iniciación por formas y objetos; la puerta; una nueva experiencia; conociendo al Maestro.

LINEA VERTICAL — Alineamiento; la volición; unidad; pensamiento vertical; disciplina.

MEDIA LUNA — El tiempo de una semana; cuerpo etérico menor; polaridad femenina; iniciación en manifestación.

UN TRIANGULO ARRIBA DE UN TRIANGULO INVERTIDO — Manifestación; alineamiento dimensional; mando de los elementos; conocimiento de las fuerzas de la Naturaleza; comunión con los Reinos de los Angeles; poder para entrar al interior de la tierra etéricamente.

SIMBOLOS ALFABETICOS Y NUMERICOS

Todas las letras y los números tienen una potencialidad positiva y negativa en energía. Si una persona está sumamente desarrollada, usa los valores más elevados y los grados más altos de las letras y de los números. Cuando una persona es menos desarrollada, expresa el valor tonal negativo en las vocales y las consonantes.

Todas las vocales contienen potencialidad espiritual. Todas las consonantes contienen energías de acción física. En los símbolos de sueños que tienen números o letras, las vocales son A E I O U Y.

Cuando se sueña con números, uno debe sumarlos. Por ejemplo, si se ve el número 356 en un sueño — 3 más 5 más 6 es un total de 14. Catorce es dominado por Neptuno. El número 14 también puede indicar un período de 14 días.

Uno debe calcular lo que se dice en un sueño numérico al considerar los símbolos acompañantes que están conectados con los números. Si sumara los números 1 y 4, esto indicaría el quinto mes, o Mayo, o podría indicar el quinto día de la semana, Viernes.

A 1 Volición, la volición superior, Espíritu
B 2 Análisis, separación, juzgar, benévolo
C 3 Trinidad, consciencia, Luz, sabiduría, el alma, Angeles de la Guarda
D 4 Karma, sacrificio, el constructor, querubín
E 5 Mente, ciencia, transición
F 6 Servicio, afección, amor, curación, pureza
G 7 Iniciación, la llave, ritual espiritual, Angeles Registradores
H 8 Dominio de lo astral. Protección en sueños
I 9 Arcángeles, autoridad religiosa
J 1 Acción, volición de sí mismo
K 2 Compartiendo, explorando, pionero
L 3 Consciencia de amor, ingenuidad, timidez
M 4 Hogar, casa, gerente
N 5 Nervioso, inseguridad, negativo, tensión
O 6 Sexo, deseo de amor, noviazgo
P 7 Intuición, socios, legalidad, cirugía
Q 8 Conocimiento interno o desconocido relacionado con las presiones astrales y psíquicas que se recibe de la *octava esfera*
R 9 Fuerza, presión, terquedad, tradición, karma de familia, condición de los pulmones
S 1 Principio, disolviendo, entrada
T 2 Prueba, verdad, confianza, truco, indecisión
U 3 Rendición, pasividad, soltando
V 4 Conclusión de cosas materiales, realización
W 5 Victoria en la mente, mente científica
X 6 Lo raro, el que estorba, sutileza sexual, telepatía sutil
Y 7 Pacto, intuición en cosas por venir, sueños raros
Z 8 Mal, fuerza más obscura, la fuerza retirando, electricidad útil

NUMEROS DINAMICOS

10 — Energías de jerarquía.
11 — Dominio físico
12 — Discipulado
13 — Discípulo invisible; los ángeles; poderes sagrados
14 — Neptuno; poderes imaginativos
17 — Iniciado terrestre
19 — El poder de manifestación física y espiritual
20 — Iniciado de la luna; poderes místicos
21 — Iniciado del sol
22 — Dominio espiritual
32 — Iniciado
33 — Iniciado más elevado

NUMEROS SUTILES O DE NEGACION

Estos números son determinadores kármicos.

15 — Negación psíquica
16 — Hace un cuerpo eléctrico para negaciones maliciosas
18 — Magia sub-elemental
30 — Rayo de Judas; traición

LOS TONOS NUMERICOS POR MEDIO DEL SISTEMA SOLAR

10 — Saturno
11 — Urano
12 — Mercurio
13 — Sol
14 — Neptuno
15 — Venus
16 — Marte
17 — La Tierra
18 — Pluto
19 — Júpiter
20 — La Luna
21 — Sol Invisible

Capítulo 16

SIMBOLOS VARIOS

Esta noche, con la ayuda de mi ángel, contaré mis bendiciones, y mañana mis obras estarán ungidas. Que mi Angel de la Guarda de mañana vaya conmigo hasta la plaza del mercado, y que yo sienta su presencia en mis oraciones.

ABACO — El Angel Registrador.

ABANICO — Ser purificado; escrudiñar, depurar y enfriar una atmósfera acalorada que es emocional o mental.

ACEITE — Aceite puro indica que uno debe tener gratitud por el aceite de unción. Petróleo crudo indica que uno ha investigado las capas interiores de la tierra. En sueños el iniciado llega a saber que el petróleo es el aliento líquido y prana para el átomo inmenso que está en el centro de la tierra.

SIMBOLOS DE AGUA

Agua es el símbolo de iniciación emocional y astral. Bañando, cayendo en el agua, etc.

Agua brava — Tormenta de los sentidos, previniendo a uno de acción adversa, y de deudas kármicas que ha de encontrar.

Agua clara — Purificación.

Agua color café — Decepción.

Agua debajo de la casa — Una condición emocional del átomo familiar que no se ha resuelto y está minando la seguridad de personas en la familia.

Agua hasta el sobaco — Curación del cuerpo.

Agua lodosa — Enredo, escándalo.

Agua negra — Siniestro, culpa, muerte.

Agua obscura, lodo en sótano — encontrando imagenes kármicas en la subconsciencia inferior; culpa en el nivel del subconsciente; un tiempo de alma árida, marea baja del alma.

Barco pequeño en la distancia — El discípulo va a encontrar al Maestro.

Caminando sobre agua — Milagros; levitación, proyección astral.

Cascada de agua — Poder espiritual.

Corriente de agua — Una corriente consciente de vida de uno que se mueve hacia el océano de vida entera.

Estanque de agua clara — El Primer Cielo; matriz de nacimiento.

Estanque, pequeño, rectangular — Purificación del cuerpo físico.

Lago — Combinando emociones.

Jarro de agua — Sacramento de purificación; hospitalidad.

Montando o moviendo sobre agua — Protección en vuelo nocturno sobre los planos astrales; señal de victoria sobre lo astral.

Océano — Darse cuenta de los origenes de la vida.

Río — Humanidad.

Taza de agua — Ser el discípulo del Maestro.

Taza de agua en platillo, derramada — falta de seguridad; fracaso como discípulo.

AGUJA — Símbolo del centro de las cejas. Pasar por el ojo de una aguja en un sueño indica que uno se ha liberado con éxito del cuerpo físico al vuelo nocturno. Soñar con la aguja como afilado y penetrante indica que uno debe fijarse en sus palabras y en lo que dice; también enmendar sus costumbres.

AIRE — Soñar con aire claro o puro indica que uno ha logrado un nivel de renuncia a cosas espirituales; significa libertad, esperanza. Sentir falta de aliento en sueños indica que uno se ha quedado horas extras en los planos interiores.

AJEDREZ — La ética real; reglas para el camino real.

ALBAHACA — Una hierba para vencer negatividad y la obscuridad sutil.

ALBERCA — Matriz de nacimiento o fuente de nacimiento. Todas las almas entran la matriz de nacimiento antes de volver al mundo para reencarnar. La alberca de matriz de nacimiento es un intenso color índigo y se puede ver en la noche cuando uno está observando los procedimientos del regreso de su alma a la tierra. También una alberca angelical de curación en que las vibraciones angelicales purifican y cauterizan heridas de karma que transforman gradualmente la luz del alma. Soñar que uno está sumergido en una alberca para bautizo es símbolo de que está siendo recibido por el Cristo, ya que Jesús fue recibido y penetrado por el Cristo cuando lo bautizó Juan el Bautista. Ver una alberca con agua limosa y estancada indica que uno está en un estado de pasión y dolor manchados. Uno debe alejarse del cieno astral en su sensualidad para evitar tales sueños.

AMULETO — Protección. También, un amuleto que se recibe en un sueño puede ser un verdadero don del Maestro. El amuleto no tiene que reproducirse en el mundo físico, ya que se ha puesto en acción en los planos etéricos, proporcionando así protección poco común contra las fuerzas del mal.

ANTIGUEDAD — Una condición o relación pasada de moda; también puede ser un objeto para abrir el recuerdo de reencarnación.

ARENA — Inutilidad. Una montaña de arena indica que uno está en peligro de que le consuma lo que él mismo ha hecho; sueños puestos en irrealidad; situaciónes que no duran; una situación sofocante; símbolo de tiempo. Tierra arenosa bajo una casa — "casa hecha en arena no puede durar". Tempestad de arena, desgracias y tribulaciónes. Camino arenoso, el principio de una nueva fase. Olas rompiéndose sobre arena, corrientes astrales. Arena movediza, aviso de peligro por estar hundido en una situación. Caminando en arena profunda, inutilidad.

ARCO IRIS — Indica protección de santos durante el vuelo nocturno y durante la acción diurna. Ver un arco iris es saber que uno es protegido de los santos.

ARO — Un aro de fuego indica un desafío que lleva peligro; una prueba por fuego. Un aro de metal indica que uno ha sido rodeado y disciplinado.

AROMAS DE PERFUMES

Jasmín — un aroma que dan los muertos ascendidos para despertar recuerdos nostálgicos de lo bueno; una seña del Amado.

Lavanda — curación de un santo para la paz.

Rosa — curación para inestabilidad emocional, y para el centro del corazón.

Esencias y fragancias santas, como el clavel, la magnolia, el pino, el madroño, la violeta, la flor del campo, la madreselva, son ayudas del Angel Deva enviadas por los santos.

Todas las flores con aromas nocivos que se ven en sueños son destructoras de la paz, recordando a uno de su propia inercia y peligro de decadencia del alma.

Perfume, almizcle — atraer fuerzas astrales; expansión psíquica; sensualidad.

ASCENSOR — Vuelo nocturno. Soñar que uno está bajando dentro de la tierra en un ascensor, y sabe que no debe abrir la puerta porque criaturas extrañas están afuera, indica que uno tiene peligro de que lo expongan a elementos aterradores en el mundo astral; también indica que uno está dando libertad pasivamente al exceso de la mente subconsciente. Si el elevador está subiendo, indica que uno está ascendiendo hasta los planos más altos de consciencia durante la instrucción de la noche.

ASPIRADORA — Purificación de un átomo familiar.

ATAUD — Símbolo de muerte a la vieja vida. Un ataúd con joyas indica gracia.

SIMBOLOS ATLETICOS

Badminton — Estudio en intriga e intercambio de réplicas.

Básketbol — Evaluación sexual.

Beisbol — Ritual de ley moralista.

Billar — Un juego de técnicas de poder cinético.

Cazar — Naturaleza despiadada revelada.

Corriendo — Volición.

Deporte submarino — Investigar los laberintos astrales.

Escondite — Delusión de sí mismo.

Esquiar — Habilidades en vuelo nocturno.

Fútbol — Memoria del Indio de Oeste de Atlántida.

Golf — El juego de evaluación de sí mismo.

Juegos con armas — Tendencias violentas.

Juegos de guerra — Investigando la belicosidad propia.

Jujitsu — Memoria asiática de actitudes agresivas.

Justar — Recuerdo de actitudes y acciones medievales.

Karate — Disciplina de la volición y el uso del fluido akásico en el cuerpo como es usado contra la obscuridad.

Montar a caballo — Unirse con el reino animal para el progreso.

Nadar — Esfuerzo.

Patinaje sobre hielo — Aviso que debe aprovechar la medida del tiempo debido a gracia.

Planeando en el aire — Técnicas de vuelo nocturno.

Reina mora — Actitud de niño hacía el juego de la vida.

Saltando en paracaídas — Volver al mundo físico después de vuelo nocturno.

Salto con pértiga — Dominar un obstáculo.

Tenis — Combatir el adversario.

Tiro a pichones de barro — Símbolo de inclinación atávica de matar o destruir.

Tiro con arco — Determinación.

AUTO — Cuerpo etérico superior. Cualquier vehículo significa cuerpo etérico superior. Un auto viejo quiere decir ideas anticuadas. Mujer vieja trata de entrar en auto del soñador — mujer vieja representa el pasado. Si niegan a llevar a uno como pasajero, es que ha pasado la prueba y ha vencido la carga del pasado kármico.

AVION — El cuerpo etérico superior.

AZOTAR — Persecución de sí mismo o que le persiguen por llevar la luz. Contacto sadístico, satánico.

BAILE — Evaluación emocional de la noche interior de las mareas rítmicas de la vida sexual de uno; también una lección en la necesidad de observar ritmos en la vida espiritual.

BALSA — Cruzando la materialidad hasta lo espiritual o desde lo físico hasta los planos internos. También preparación para el último viaje en la vida física hasta la muerte.

BARAJA — Fuerzas psíquicas y mágicas.

BARCOS — Símbolo de un santuario o un ambiente como un medio para obtener la vida espiritual; también una manera de pasar sobre el mundo astral y entrar en la vida espiritual. El capitán del barco puede indicar un ángel o un Maestro quien es la fuerza protectora y directora que guía a uno sobre los tumultos astrales, para que pueda entrar en los recintos espirituales de instrucción más elevada. Un raco o buque viejo significa métodos anticuados o pasados de moda para llegar a Dios. Un barco que está hundiendo quiere decir que uno ha llegado al final.

BASCULA — Los Angeles Registradores pesan a uno para saber su gracia o karma. Símbolo de justicia dada en la Sala de Juicio.

BATALLA — Indica que le están acondicionando a uno en el uso de su volición. Estar implicado en una batalla de guerra indica que uno está en medio de karma que se relaciona con las masas.

BAUL — Recuerdos familiares. Si pierde un baúl cuando va de viaje indica que uno ha perdido el contacto con sus recuerdos o gracia de vidas anteriores que apoyan su creencia en sus prójimos. Un baúl en un desván indica herencia de la familia de uno o de un pariente. Un baúl en el ropero indica que uno siente verguenza por un pariente o sus familiares.

BIBLIA, VIEJA, DESBARATANDOSE — Conceptos religiosos o sagrados necesitan reformarse, nuevos soportes.

BICICLETA — Uso de la volición inferior. Viajar en una bicicleta en un sueño significa que uno está estudiando su nivel de progreso humano.

BISAGRA — Comprender la causa apoyando y sosteniendo la instrucción de uno.

BOLSO — Símbolo de gracia. Perder su bolso, ver a un ladrón robándolo, es que le están enseñando a uno que está jugando o aventurando con su gracia y tiene el peligro de perderla. Uno se reune con su gracia y así evita sueños aterradores como estos, con mantener vivo continuamente un fluir de gratitud y agradecimiento por Dios y sus bendiciones y su creación.

BOMBA — Indica que uno se está uniendo con la pulsación del mundo o el gran murmullo, y que los puntos del pulso en el cuerpo, los canales etéricos de energía en su cuerpo etérico y las corrientes astrales, están siendo regenerados.

BORDADO — Estar cosiendo o creando la tapicería de la propia prenda espiritual.

BOSQUE — El laberinto de uno mismo; también ponerse en contacto con una instrucción de Rishi, de un gurú de bosque o Maestro — le están diciendo que está entrando en una forma de consciencia retirada.

BOSTEZANDO — Bostezando constantemente significa que uno ha agotado un sobrante de energía en el cuerpo etérico menor y tiene que usar alientos pránicos para volver a cargarlo. Los infantes y los niños hacen esto automáticamente. Conforme uno se desarrolla espiritualmente, aprende a cargar de nuevo el cuerpo etérico con alientos pránicos. En las universidades de la noche uno aprende a usar las técnicas de prana cósmica para que siempre pueda tener una reserva de energía ajustada a su necesidad en el uso de asociación magnética. Para que tengan éxito, todos los curanderos tienen que iniciarse en el uso de cargar de nuevo el cuerpo etérico con recargos cósmicos de aliento pránico.

BOTON — Seguridad; protección.

BRIDGE (JUEGO DE BARAJAS) — Fuerzas de persuación; uso de la mente astuta.

BUFON (vea Payaso) — También se relaciona con uno que ha cultivado ingenio, para distraer a otros del conocimiento de su propio aturdimiento y sufrimiento. En un sueño un bufón significa que uno debe ponerse sobre aviso y ser menos artificial en su manera de pensar.

BULBO — Vida eterna; inmortalidad. Un bulbo en flor indica primavera.

BURBUJA — Delusiones astrales causadas por un corazón enamorado, amor de sí mismo, vaciedad. Las caras que se ven en una burbuja son entidades astrales flotando alrededor de una persona con tendencias de medium.

CABALLERO, BLANCO — Un protector o un Ser Guardián sobre un iniciado.

CABALLEROS — Poderes kármicos en el tablero de ajedrez de la vida.

CABELLO — Virilidad. Si es frondoso, indica buena salud del cuerpo etérico menor. Si es seco, grasoso, basto, demasiado grueso indica deformidad del cuerpo etérico menor. Cabello seco indica demasiada timidez e hipersensibilidad. Cabello grasoso indica terquedad. Cabello basto y grueso indica hostilidad y agresividad. El color del pelo en un sueño indica el grado de génesis. Pelo ticiano indica tendencias astrales en una persona que está enterada de lo racial. Cuando un soñador masculino ve una mujer rubia indica la tentadora. Cuando una mujer ve un hombre rubio indica un mensajero de Dios. Cabello color café, negro o castaño visto en su sueño se relaciona con lo siguiente: Café, génesis de sí mismo; negro, génesis tribal; castaño, génesis superior de sí mismo. Cabello frondoso en la piel indica tendencias de génesis tribal en la persona vista. Se ven estilos extraños de pelo en formas astrales en la noche como cabellera extravagante, sin peinarse. Pelo anaranjado es un color astral elemental. Greñas indican flojera e informalidad. Pelo trenzado en muchas trenzas indica demasiado entusiasmo. Siempre se ve el cabello angelical como lleno de luz pránica. Soñar que ve el cabello de un ángel en luz luminosa es recibir una bendición de vitalidad.

CACTUS — Un milagro.

CAJA — Cuadrada — estar confinado, encerrado o aprisionado; karma; Rectangular — ataúd o la muerte. Redonda — matriz.

CAJA REGISTRADORA — Aprendiendo la ley de administración o la venta de todo para conocer al Maestro.

CALAVERA — La muerte.

CALDERA — Un crisol de purificación; recuerdo de martirio en vida pasada.

CALIZ — Alma; sacramento bajo Cristo; iniciación del símbolo del corazón.

CAMINANDO — Un acto de la volición.

CAMION — Símbolo de una persona que debe relacionarse con las cosas prácticas de sentido común de las necesidades de la tierra. Si uno está viajando en un camión, está avanzando lentamente en su progreso espiritual.

CANDADO — Símbolo de reforzamiento, seguridad, de garantía contra los bandidos de la obscuridad.

CANDELABRO, DE CRISTAL O VIDRIO — Aislamiento del mundo superior astral. Siete candeleros — iniciación en los siete planos astrales y el uso de la volición; elevarse arriba de lo astral hasta las Esferas de Luz o el Segundo Cielo.

CANTO RODADO — Masa inmovil de energía; fuente de energía; potenciales espirituales sin explotar; lo que no está manifestado. Si está en el camino de uno, significa un obstáculo kármico que tiene que vencer.

CAÑA O CARRIZO — Disciplina. Caña de bambú significa la presencia del Maestro o Bodhisatvas. El Maestro está cerca. Esté preparado para iniciación.

CARAS — Angelicales, estudio de los ángeles; astral, exposición a las sutilezas existentes de entidades terrestres; también investigación de los planos elementales del mundo astral, viendo las formas astrales que nunca han nacido en el mundo físico. Ver los semblantes divinos en un sueño es unirse con la instrucción del Bodhisatva y darse cuenta de semblantes y presencias celestiales. Uno debe haberse movido sobre los tumultos del mundo astral para unirse con los santos semblantes.

CARDO — Dirección para mantenerse firme en tiempo de indecisión.

CARNADA — Una trampa o una prueba; si la carnada está en un anzuelo para atrapar un pez, indica que uno debe prepararse para encontrarse con el gran Pescador (Jesús).

CARROZA — Poderes de levitación bajo la bendición de Elías.

CARRUAJE — Indica transportación espiritual ganada con gracia de vidas pasadas.

CARTON — No es sustancial, terreno inseguro.

CARTON DE EMBALAJE — El estudio de forma, o la investigación de maya (materia) y las causas dentro de forma.

CASA — Una casa con una atmósfera agradable o aura doméstica vista en un sueño indica aprobación espiritual de esfuerzo de uno de hacer la vida más agradable para otros. También una marca de gracia y garantía de que uno irá a organizar su casa personal. Una casa habitada por más de una persona indica que está calculando sus relaciones en el átomo de la familia con que él está asociado en el mundo físico. Una casa que tiene uno o más pisos se relaciona con los cuerpos del soñador. Por ejemplo, el sótano representa la mente subconsciente. Sueños con pisos bajos siempre tienen relación con vieja karma de génesis tribal o de familia. El primer piso se relaciona con los contactos diarios en el mundo físico; también con la vida consciente exterior u objetiva, y con su manera de pensar en el plano físico. El segundo piso se relaciona con la individualidad o el ego, tal como piensa que es; también se relaciona con sus vanidades secretas y el uso de la volición. El tercer piso se relaciona con la mente y su funcionamiento como vehículo de la consciencia superior. El desván se relaciona con el orgullo y con los recursos ocultos que se han de ver, y que se originan con los poderes del alma. Si uno está en una casa repetidamente que le es familiar, eso significa que está examinando sus propias emociones y sus deseos, o que está buscando su verdadero yo que habita en el recinto del alma.

Soñar con una casa produce nostalgia en la consciencia despierta. Para anhelar conocer a sí mismo y añorar unirse con lo real, uno sueña repetidamente con una casa que tiene habitaciones que todavía no están identificadas ni exploradas. En estos sueños uno sabe que estas habitaciones existen y siempre está buscando la puerta o entrada por donde podrá entrar y habitar, y así ensancharse.

Una casa de varios pisos que necesita ascensor puede significar que uno está explorando las muchas mansiones del cielo o los planos del Primer Cielo y el Segundo Cielo. En estos sueños por lo general le acompaña a uno una presencia que puede ser un ángel, un servidor nocturno o un Maestro. En algunos casos le puede acompañar más que una presencia, especialmente si va a subir más arriba en la casa. Esto es una bendición de gracia en vuelo nocturno.

Una casa también puede representar los cuatro cuerpos: el físico, el etérico, el emocional y el mental. Los balcones significan regiones encima del mundo astral; dominación de dramas de iniciación. Los balcones o entresuelos representan instrucción especializada en la noche a través de la cual se adquieren técnicas, habilidades y dones espirituales para poder aumentar el límite de tiempo de su instrucción; para poder ser mediador en el mundo físico; y entrar y salir con libertad en el Primer y Segundo Cielos. Debe tener vehículos extremadamente sueltos cuando despierto para dominar estas técnicas espirituales. Con el tiempo, tales iniciados son libres para entrar y salir del cuerpo estando despiertos. Sólo uno que ha recibido estas habilidades especializadas bajo la dirección de un Maestro puede tener libertad de tiempo aumentado en vuelo nocturno.

Estar en una casa de Dios o una iglesia en una visión nocturna o en sueños significa que el soñador está visitando el Segundo Cielo o los recintos de la Sala de Sabiduría que se llama Shambala. Uno examina su propia adoración en la Gran Sala de Sacramentos donde todas las religiones están unidas y armonizadas. En iniciación nocturna del Segundo Cielo uno se da cuenta de lo que es el verdadero sacramento y también aprende que la adoración en la tierra es sólo una sombra de la verdadera adoración en el cielo. Cuando uno viaja en la noche a la Sala de Sacramentos del Segundo Cielo, se da cuenta de que todas las religiones son grupos necesarios interconectados, que los hombres pueden cumplir sus pactos del alma con Dios.

Un sótano representa la mente subconsciente; karma restante que todavía tiene que resolverse. Uno baja al sótano en un sueño nocturno preparándose para encontrar vieja karma en la vida exterior o externa. También se da cuenta de algo de sus propios defectos o culpas en planos como sótano en la noche. Se le abren las áridas cámaras del subconsciente para que pueda acondicionarse para los angustiosos procedimientos que se exigen para resolver karma. Cualquier lugar secreto y obscuro que emana atmósferas de repulsión, dolor y sofocación en sueños se relaciona con la resistencia de salir de la oscuridad del lado oculto de su naturaleza.

Soñar con el techo de una casa y saltar del techo indica que uno está volviendo al cuerpo físico demasiado repentinamente. Sentir que uno ha estado cayendo inmediatemente antes de despertar siempre indica que uno necesita instrucción para que pueda tener un regreso sin esfuerzo al cuerpo físico al despertar. Sentir que uno es severamente sacudido o está temblando antes de despertar es causado por un regreso precipitado al cuerpo físico; ya que el cordón plateado está demasiado tirante, causa un tirón o sacudida al cuerpo físico.

El color de la casa es importante en un sueño. Una casa color de rosa indica amor y protección en la escena doméstica de la consciencia despierta. Una casa blanca indica estabilidad, reconocimiento público, pureza en la perspectiva de ambientes hogareños. Una casa color café representa prosperidad material; una casa roja, peligro; casa azul, seguridad mental; casa sin pintar, falta de administración. Una casa de piedras indica que uno está seguro en su confianza. Una casa de ladrillos indica que uno es administrador o pastor de su vida física y doméstica. Una casa de remolque simboliza que uno está viviendo como planta de aire sin raíces emocionalmente ni mentalmente.

Subdivisión de casas indica que uno tiene una falta de consciencia de hogar y que la seguridad del átomo familiar está trascendiendo.

El pórtico de una casa en un sueño significa un plano temporal, dando una nueva vista; también indica una invitación para entrar y explorar. Estar en una entrada frente a la puerta principal de la casa significa que uno todavía tiene que ser aceptado como discípulo. Soñar con una persona acercándose al pórtico significa un evento nuevo o inesperado en la vida de la persona. Una casa quemándose significa consumación, purificación, renunciación.

La chimenea de la casa indica el alma de la casa. El hogar en la casa indica el Angel de la Guarda cuidando la casa. Un fuego en el hogar indica que la vida en el cuerpo, o en la casa, está funcionando como una fuerza viviente. La ventana en la casa indica que uno tiene visión limitada influenciada y controlada por situaciones domésticas. Si uno ve por una ventana quiere decir que tiene el principio de realidad. Una casa sin ventanas indica que uno está absorto en sí mismo, que ve materialistamente sólo con los planos físicos.

SIMBOLOS DE CASA

Almohada — Símbolo de seguridad, soporte; si es muy suave, es símbolo de sensualidad.

Campana de la cena — Indica que tiene que corregir la medida del tiempo en la vida doméstica.

Campanas de la puerta — Esté preparado para encontrar al invitado especial o el Cristo. En lo negativo, esté preparado para un mensaje de muerte.

Comedor — Símbolo de hospitalidad; de asociación con el átomo familiar; también de la Ultima Cena de Nuestro Señor.

Cuarto de baño — indica que uno está en el estado de limpiar y eliminar.

Escoba — Devolver la vitalidad.

Fonógrafo — Símbolo de registros guardados o directivas telepáticas esperando para entrar en la mente exterior.

Lavadora — Dar a otro la tarea de organizar los asuntos de uno.

Lino — Sábanas, fundas de almohadas, colchas — todas indican que uno está preparandose para comodidad, confort. Si están limpias, indica pureza. Cuando manchadas, indica enfermdedad.

Papel de empapelar — Cubierta. El tipo y el dibujo indican el reflejo del ego de uno; también revela deseos ocultos.

Radio — Símbolo del centro del corazón, de ser receptivo.

Recámara — Una escena conyugal relacionada con las actitudes sexuales de uno; también una escena de retirada de los clamores del día. Recuerdo de recámaras de su niñez — un deseo de regresar a la seguridad. Recámaras desordenadas indican responsablidad emocional. Recámaras que están fragantes, limpias, ordenadas indican que la actitud de uno está balanceada en relación con la vida, la muerte y el nacimiento.

Refrigeradora — Recordatorio para guardarse en hielo o quedarse calmado o que no sea impulsivo.

Sacudidor — Negando a aceptar evidencia superficial como siendo la verdad.

Sala de Estar — Indica un lugar especial para asociarse con personas amadas.

Sala de recibo — Símbolo de prestigio, apariencias para engañar o engatusar.

Teléfono — Un aviso para que esté listo para conversación con los planos interiores; también símbolo de telepatía.

Televisión — Instrucción del Maestro.

Trapeador — Confrontarse con asuntos con fuerza e industria.

Una vasija para cocer — Aviso para fijarse en la dieta y la salud.

Vajilla de plata — Símbolo de etiqueta, refinamiento, lujo.

CASCOS DE CABALLO — Símbolo de Satán, una fuerza satánica o uno que tiene poderes mesmerianos.

CASUCHA — Símbolo de pobreza espiritual. Una advertencia de que uno debe abrir su fe a la pureza del cuerpo, de las emociones, el corazón y la mente. Un símbolo de temor que significa que uno no ha usado su gracia sabiamente. Cualquier forma de suciedad, porquería o desorden que se ve en una casa en sueños es una advertencia de que uno debe guardar disciplina en todos los niveles.

CAVERNA — Matriz; la puerta del corazón; también el hogar interior del iniciado. Tocando los archivos. Caverna girando significa contacto con la gran corriente del sonido y los planos celestiales.

CAYADO O BACULO DE PASTOR — Indica que uno ha llegado a estar bajo la dirección de Jesús.

CERCA — Protección, aislamiento; también significa la limitación de uno dentro de un área de encierro. Blanca, protección; vieja, abuso de privilegio; de ladrillo, protección materialista; de madera, protección por la Naturaleza.

CERRADURA — Símbolo de hacer todo seguro. Sentir pánico en un sueño, muestra al soñador que ha descuidado el aspecto espiritual de su naturaleza que da protección. Sentir que han dado vuelta a la llave en un sueño indica que le aseguran a uno que está protegido. Soñar con ladrones que rompen una cerradura indica que le están enseñando a uno que ha dejado de usar precauciones ordinarias contra las fuerzas de la obscuridad. Estas precauciones son oraciones, confianza en Dios, buena administración.

Encontrar a un ladrón abriendo la cerradura indica que uno debe fijarse en su propia falta de responsabilidad. El ladrón es en realidad su propia naturaleza baja que trata de robar de sus verdaderos atributos elevados que protegen la casa de su espíritu.

CESPED, VERDE — Prados curativos, paz; secos significan rechazo, también una fuerza vital muerta.

CETRO — Una vara de realeza, espiritual y física. Símbolo de prestigio. Sueños cautivadores a veces ponen al que sueña en la situación de poder o autoridad. Estos reflejos egoístas ocurren justo antes de que ha de empezar un ciclo de degradación y humildad en la vida espiritual.

CIELO, AZUL CLARO — Claridad de mente. Una bendición del cielo. Símbolo de levitación y vuelo nocturno.

CINTURON — Deseo de que le mantengan. Cinturón de lujo o con joyas — cinto de la vida; gracia; protección.

CLAVO — Símbolo de Jesús crucificado.

COLCHON — Estar acostado en un colchón en la noche indica que uno todavía está ligado mentalmente a su cuerpo etérico menor y su cuerpo físico en la noche y se cree físico y no espiritual. Símbolos de sueños de bajo grado en que uno se cree totalmente físico, sin reconocer que tiene un cuerpo más fino, ocurren en los sueños de los que no están iniciados. Con el tiempo, uno sabrá que tiene otros cuerpos aparte del cuerpo físico y de gravedad de la tierra. Algunos son como niños que agarran un manto como símbolo de protección en la noche. Estas personas agarran sus símbolos fijados y físicos de seguridad. Así sus sueños están llenos de símbolos que están más orientados materialistamente. Entre más fino es del cuerpo en sueños, lo más sensibles, éticos y bellos son los símbolos realizados en la noche.

COLEGIO — Sueños de colegios o universidades significan las escuelas nocturnas en el Segundo Cielo o Esferas de Luz, o niveles de iniciación de los sueños; también Sala de Aprendizaje en el Primer cielo.

COLINA — El lugar alto de exaltación; indica una necesidad de subir y hacer un esfuerzo en el buen camino.

COLUMNA — Honradez; persona o condición honrada; sabiduría; un soporte; también un Maestro en la Sala de Aprendizaje; un iniciado incorruptible; un profesor, un gurú o un Maestro.

COMPRAR — Una lección en cambio de energías.

CONCHA — Oído interno; la corriente de sonido eterno.

CORTINA, COLOR DE ROSA — Iniciación emocional; un velo emocional sobre los ojos; una mente mística velando la realidad.

CORTINA, DE ENCAJE — Cuerpo etérico; símbolo de la protección de la Madre Divina.

CORTINA, DE FORO — Una acción o drama nueva en la vida.

COSIENDO — Industria del Sacerdocio Nocturno. Remendar las prendas de éter. Si uno está cosiendo una prenda demuestra que está haciendo su prenda espiritual durante los sistemas iniciativos.

CRUZ, DORADA — Indica poder del alma por medio de renunciación. Una cruz vista en llamas indica una prueba ardiente para consumir los negativos de sensualidad. La cruz de Gólgota significa sacrificio y resurrección. La Cruz de Jesús crucificado revela un contacto de alma con el Jesús crucificado, dando poder de resurrección.

CRUZ EN UNA FORMA HUMANA — Indica un santo. Una cruz que se ve en luz significa sacrificio glorificado.

CUERDA — La cuerda Bracmana que llevan los Brahamanas; un lazo entre personas en el camino. Si la cuerda no está amarrada, indica libertad condicional; llevada como collar indica santidad completa. Si es llevada en la mano izquierda, indica castigo; en la mano derecha, el principio de iniciación de la volición. Si es llevada alrededor de la cintura, indica depresión monástica.

CUERDECILLA — Uno debe estar sobre aviso para resolver todos los asuntos pendientes o cumplir sus promesas.

CUERNO — El sonido de concha indica evocando la Hostia. Un cuerno derramándose indica abundancia. Si está vacío uno tiene que merecer para asegurar prosperidad.

DADOS — Una acción de fatalidad usando energías cinéticas; creencia en fatalismo; un aviso para que uno no pierda su destino en el juego.

DESCALZO — Humildad.

DESIERTO — Para la erradicación del egotismo, se encuentra una de las más grandes inicaciones de polaridad de las cuales hay cuatro: desierto, océano, montaña, ciudad.

DESTROZANDO LOS TERRENOS DE UNA ESCUELA — Eliminando viejas costumbres debilitantes, para que uno pueda lograr una actitud nueva hacia instrucción espiritual.

DROGAS — Pervertidos satánicos; irrealidad; buscando una salida de la realidad; advertencia que debe dominar su deseo por embriaguez o excitación.

DULCE — Indulgencia; necesidad de disciplina.

EDIFICIO, DE MARMOL — Símbolo de iniciación de Venus. Una estrella arriba de la Sala de Sabiduría indica una luz Venusiana soportando la Sala de Sabiduría.

EDIFICIO, INCOMPLETO — Algo que todavía tiene que resolver.

EMBARAZO — Sentir que una está embarazada indica que una se está preparando para dar a luz a un nuevo yo o al yo verdadero. Tener miedo al embarazo en un sueño indica que una es irresponsable con la vida espiritual y las disciplinas resultantes.

ENANO — Un producto accesorio de sub-génesis causado por muchas vidas de perversión. Un enano es el resultado de karma que se hizo por una opinión elevada de sí mismo. Ver un enano en un sueño es símbolo de que le están empujando para atrás en la escala de génesis.

ENMENDAR O ZURCIR — Enmendar o zurcir cualquier prenda o cualquier objeto físico indica que uno acepta emprender la tarea de volver sobre sus pasos. La prenda u objeto en el sueño que se usa como símbolo tiene la clave de lo que uno está enmendando. Si está reparando una prenda de vestir, indica que está trabajando para revivicar uno de sus cuerpos o vehículos. Si está zurciendo sus calcetines, significa que debe enmendar sus acciónes de volición. Si está reparando algo en una casa o edificio, indica que está rehaciendo las apariencias y personalidad de su mundo exterior.

ESCALERA — Ascensión espiritual a los mundos superiores; también representa kundalini. Elevarse a niveles de consciencia más altos. Subir a través de la volición de uno mismo hacia la luz. Subir una escalera en el lado izquierdo de un edificio indica que uno tiene peligro de entrar en el camino de la izquierda. Subir una escalera en el lado derecho indica que uno está entrando en los poderes iniciativos del camino de la derecha. Caminar en una escalera central indica que uno ha entrado en el camino de los Maestros. Esto es el centro dorado dirigiendo al iniciado directamente al Cristo.

ESCALON — Tres escalones indican que le están iniciando en las tres iniciaciónes más grandes: espíritu, alma y mente.

ESCARABAJO — Símbolo de balance de quelle, o los principios de madre y padre unidos en la base del cráneo.

ESCENARIO — Iniciación en nuevos poderes espirituales y expresión espiritual; ser explotado por los mundos más elevados como un actor en el escenario de la vida. Su aspecto más inferior es cuando una acción de quimera es expresada en el escenario y que uno es un actor malo y está confuso, y está representando un acto negativo en la obra de la vida. Ver una obra en el escenario significa que uno debe enterarse de lo que la obra está diciendo referente a su propia karma y costumbres. También uno podrá acumular importantes indicios de experiencias de vidas anteriores. Uno debe buscar la clave de sueños que revela lo que fueron esas vidas.

ESCRITURA — Contacto con el Angel de Registro de uno.

ESCRITORIO — Contacto con los Angeles Registradores.

ESCUELA — Sala de Aprendizaje, universidad de la noche. Un aviso de que uno debe dedicarse a instrucción en el día y en la noche. Las dos facetas de instrucción — obediencia y disciplina — son necesarias en el mundo despierto y de sueños.

ESPADA O CUCHILLO — Indica la lengua que hiere al hablar. Mantenida hacia arriba en la mano indica la espada del Espíritu de la Verdad. Una espada penetrando la tierra representa guerra. Una espada en agua representa inestabilidad. Una espada ardiente indica la prueba ardiente o el consumir la maldad.

ESPEJO — Uno encuentra los espejos en la Sala de Juicio en sueños. Aquí se ve tal como aparece a otros. En los aspectos más profundos de iniciación estos espejos en la Sala de Juicio le revelará el lado erróneo de su registro del alma kármica. En la noche uno llega a ser su propio juez y jurado en la Sala de Juicio. Sin embargo, aunque no está enterado de esto, siempre le acompaña su Angel Registrador quien le permite ver sólo lo que se relaciona con su lección corriente. Antes de que uno pueda obtener el poder de alma de conocimiento en sueños, debe entrar en los recintos con espejos en la Sala de Juicio. A veces uno está expuesto aquí a una cadena de vidas anteriores, para que pueda incorporar su significado dentro de su mente en la vida del presente. La Sala del Juicio se encuentra en la Sala de Aprendizaje.

Cuando acepta lo que el espejo le revela, está purificado. Así recibe sabiduría para contenerse y perdonar.

ESQUELETO — Investigación de orígenes y la muerte.

ESTANTES — Altaplanicies o niveles de consciencia en los planos astrales. También símbolo de apoyo para los registros akásicos que se han de ver en el cuarto plano del mundo astral. Estantes viejos indican las catacumbas o la manera de enterrar a los primeros Cristianos.

ESTRELLA — Le están enseñando a uno sus orígenes eternos y uniéndose con su propia estrella directa. Una estrella de cinco puntas indica el centro de mando entre las cejas.

FARO — Un faro o una torre en una visión indica que uno se ha puesto en contacto con la protección de un Santo Elevado. Una de estos Santos es Santa Bárbara.

FERETRO (vacío o de madera) — quiere decir la muerte al yo inferior; también temor de la muerte física.

FIESTA — Un cónclave de iniciados se reunen en la noche para cambiar vitalidades espirituales. Una ocasión para alegría y reconocimiento sagrado de personas con átomos iguales que se asocian. Una celebración o festival de personajes exaltados. Una fiesta estridente con influencia sexual indica que uno está condesciendo sus poderes del alma por medio del uso de sus sentidos más bajos. Un carnaval indica que uno está vendiendo sus poderes espirituales a los mal agradecidos, y que están diciendo que no debe dar su perla de sabiduría a los canallas ni a los insensibles.

FLORERO — Símbolo de "quelle" o la subconsciencia superior e inferior. Florero roto — una herida o daño hecho al fluir entre la mente subconsciente y objetiva. Símbolo de la matriz humana de nacimiento. El principio femenino. Si hay flores en el florero, es símbolo de fertilidad. Si el florero es de vidrio corriente, indica esterilidad o que no puede concebir.

FLORERO ROTO — Indica que uno ha dañado su cuerpo etérico y está en peligro de intrusión por la obscuridad.

FRENO, DE CABALLO — Disciplina; le previenen para que cuide su manera de hablar.

FUEGO — Purificación, iniciación. Si está controlado, uno está protegido durante purificación. Si está fuera de control, le están previniendo de resultados violentos debido al odio. También indica enfermedad con fiebre.

FUEGOS ARTIFICIALES — Símbolo de ideas encendidas.

FUENTE — Maestra.

FUNERAL — Preparación para calcular la muerte como una necesidad; también instrucción para fortalecer a uno contra el miedo de la muerte. En algunos casos, soñar con un funeral puede ser profético, preparando a uno para su propia muerte y también puede ser símbolo de que uno está aprendiendo los rituales de la muerte y su significado como ayuda al alma en el estado de muerte.

GRANIZO — Temerosa situación kármica que será menos severa y se resolverá.

GRASA EN EL SUELO — Fundación incierta y manchada; aviso para controlar las emociones descuidadas. Demasiado aceite en la piel significa naturaleza parásita y sensual. Una persona con un cutis demasiado grasoso indica una persona hostil y atávica.

GUSANOS — Símbolo de observar un equilibrio de la Naturaleza por medio de la vida bacteriana.

HELADO — Símbolo de indulgencia, de querer todas las cosas agradables. Los Maestros usan el helado en símbolos de sueños para prevenir al discípulo que está rindiendo con demasiada frecuencia a la naturaleza sensual.

HIELO — Una condición congelada; limitación. Si ve en un sueño hielo en una cosa creciente, como un árbol o una planta, indica que no está usando la sustancia de la vida libremente. Estar en un lugar de hielo rodeado por hielo indica que uno tiene que deshielar sus emociones. Caminar sobre hielo indica que uno ha disminuido su progreso. El soñador debe estar preparado para deshielarse y dejar que el Hijo de la Vida lo caliente, para que pueda fluir dentro de la vida única.

HILO — Símbolo de la industria nocturna de uno al remendar o tejer la tapicería de la divinidad. También denota que le están llevando a uno por una indicación del significado que se busca.

HIPNOSIS — Se puede hipnotizar a uno durante el sueño cuando su karma lo lleva a ciertas regiones del mundo astral. Aquí encuentra los falsos gurús que obran bajo la dirección de satanás. Amor de sí mismo, el abuso de poder espiritual atraerá a uno hasta las cavernas satánicas del bajo mundo astral. Los gurús obscuros o hermanos sombreados usan los poderes hipnóticos, mesméricos para trasponer la volición de una persona egotista hasta una poderosa decepción de sí mismo de autosuficiencia. Egomaníacos que trastornan al mundo se han puesto bajo las ordenes hipnóticas sutiles del bajo mundo astral. El cuento alegórico de Fausto que vende su alma a Mefistófeles es una alegoría verdadera que está basada en el deseo del hombre de ser más grande que Dios.

El hipnotismo en los planos físicos tiene resultados negativos en la vida de los sueños y en el estado de soñar. Si uno se somete a la hipnosis en el plano físico se trastorna y se separa de su propio fluir de sueños simbólicos. Uno que está sometido al hipnosis estando despierto está bajo los símbolos de sueños del que da las ordenes y las sugestiones por medio de hipnosis. Estas personas sueñan en el sentido simbólico desorganizado. Por lo tanto, estando dormidos, no reciben ningún desahogo. Símbolos de sueños mixtos provocados por ordenes humanos en vez de ordenes del alma producen muestras incoherentes de pensamiento para el día. Símbolos verdaderos y claros de sueños producen una acción de mente y pensamiento mantenido por volición pura y verdadera. Hipnosis en sueños o estando despierto trastorna el fluir puro en la simbología de los sueños. Las sugestibles elevadas recibidas por los mantrams y ayudas meditativas no se entrometen en la volición del soñador. Con decir mantrams uno puede preparar el campo para dormir, para que pueda entrar en el sueño más profundo o el cuarto velo de sueño donde realiza la consciencia de más elevada dimensión. Una experiencia ordenada de dormir produce una vida exterior ordenada.

Cada persona es sagrada para Dios. Uno debe dormir sabiendo que él es una partícula de consciencia necesaria que forma la consciencia suprema. Es necesario para Dios que cada partícula de consciencia sea una consciencia libre y sin inhibiciones. Tal como la consciencia despierta de cada día debe aumentar el estado de superconsciencia de uno, también el sueño nocturno debe proporcionar instrucción, conocimiento y existencia.

Cuando las habilidades de la noche y el día son iguales, uno ya no es impelido. Uno está libre para morar dentro de luz eterna, que se hace igual en el día que en la noche.

No deje que ningun hombre quite su volición ni tuerza su consciencia. Magnifique su mente por la visión interna fijada en Dios. Y tendrá sueños de paz, de alegría, de realización. Sus virtudes son contadas en la noche, para que sus obras del día puedan dar un medio para realización en la luz.

HOMBRE NEGRO — Si un caucásico sueña con un hombre negro, significa un cambio completo de ambiente, negocio, residencia, un cambio de condiciones.

HORIZONTE DE UNA GRAN CIUDAD — Viaje nocturno. El que sueña está incorporando el contenido de cierta ciudad, alistandose para ayudar la gente en esa ciudad. Curar a una ciudad es la ambición más importante en vuelo nocturno.

HOSPITAL — Investigación nocturna dentro de los recintos de curación. Indica que uno se está preparando para servir o curar en la noche. También puede ser un símbolo profético relacionado con la necesidad de cuidar el cuerpo.

HOTEL — Estado de consciencia transitorio o temporaneo; indica que se siente desorientado y desplazado.

IDIOTA — Símbolo de que uno está al margen de ser desequilibrado. Una advertencia de que debe fijar la mente y la volición de Dios.

IMBECIL — Un resultado kármico deforme causado por voluntad incorrecta y rebelión. En los planos astrales bajos en la vida de los sueños con frecuencia uno ve personas deformes y malformadas que le avisan que los poderes de la mente, cuando son abusados, producen distorción y deformidad.

JABON — Purificar. La necesidad de purificar.

JOVEN — Soñar con un jovencito indica que uno se ha puesto en contacto con Krishna quien le enseñará a ser un pescador de las almas de los hombres. En este sueño se le ve cerca de un océano. Es posible que uno encuentre a Jesús cuando joven en un sueño similar. Con este sueño sabe que está bajo la dirección y cuidado del Cristo. También está abriendo lo que se llama en las enseñanzas de los Rishi el *Buddhi* que se encuentra directamente sobre la séptima chakra. El principio de Buddhi proporciona a uno intuición divina, la discriminación más elevada. Unirse con Buddhi es siempre tener a la mano la respuesta de la pregunta que le hacen a uno por lo que se refiere a la ley y la vida espirituales.

LABERINTO — Un laberinto en los planos astrales. Si uno está desorganizado emocionalmente en acción diurna, se encuentra en el laberinto astral. Encuentra los espejos de quimera o espejismos de repetición astral. Los símbolos son distorcionados en magnificación desigual. Uno despierta de tales sueños exhausto, con un sentido de futilidad. Soñar que uno trata de tomar un tren, o que está haciendo las maletas, y nunca puede alcanzar el tren, o que está corriendo para tomar el tren cuando está saliendo — este es un sueño astral de laberinto causado por desorganización emocional.

LATIGO — Símbolo de Satanás; también del mayal que usaron los Faraones. En un sueño un mayal indica que uno ha de realizar el aspecto más pesado de su karma.

LAZO — Dominación de corrientes eléctricas y magnéticas; símbolo de yang y yin o la polaridad masculina y femenina — lado izquierdo, femenino; lado derecho, masculino; también iniciación de la volición. Cuando está atado, significa protección; cuando suelto, significa que uno ha perdido su protección. En lo positivo, cuando atado significa que está obrando en el nivel de dualidad; cuando el hilo está jalado, uno ha logrado androginidad.

LIBRO, ABIERTO — Registro akásico; registro de alma; contacto con el Angel de la Guarda. Habitación grande llena de libros significa investigación de los registros akásicos durante el sueño.

LLAVE — Cuando uno ve una llave en un sueño o en meditación es seña de que ha llegado al umbral de la puerta. Si hace el esfuerzo, encontrará la puerta que tiene la cerradura. Una llave también puede significar que uno ha encontrado la causa y la solución de su problema. La llave es un símbolo que el Maestro usa con frecuencia para significar que el discípulo está listo.

LLAVES — Ver varias llaves significa que uno está abriendo más que una dimensión simultáneamente. Debe estar preparado para muchas pruebas iniciativas en perspectiva. Por medio de tales iniciaciones uno abre perspectivas para conocimientos más grandes. Llaves también representan la apertura de los misterios.

LODO — Calumnia, escándalo, persecución; estar cubierto de lodo es estar en una situación kármica de mancha y desdicha. También un escándalo con resultados desagradables.

MACABRO — Un símbolo macabro o semblante de muerte indica que uno ha caído víctima de sus temores y que debe orar para vencer superstición innecesaria y pavor. Los Angeles de la Muerte usan los símbolos macabros para advertir pérdida, muerte y desastre.

MAESTRO — Soñar con la voz de un hombre o con un hombre que está ayudando a uno de una manera rara y significante debe avisar a uno que está bajo la dirección de un maestro. Sin embargo, uno debe pedir que tales voces de la noche sean voces de luz bajo el Cristo. Un iniciado conoce la voz de su Maestro y la recuerda en la noche.

MANTEL — Si está manchado, quiere decir profanación del santuario; blanco puro indica santificación bajo el Cristo.

MANZANILLA — Para paz curativa.

MARTILLO — Un martillo de carpintero representa José, el padre de Jesús. Un martillo de hogar representa la necesidad de corregir una situación de familia que ha sido descuidada. En un sueño si se usa un martillo para martillar — como en un yunque — es que está formando y moldeando la propia agresividad hasta tener flexibilidad.

MATAR — Soñar con matar es prueba de tendencias latentes que son hostiles, agresivas y peligrosas para la paz exterior.

MATRIMONIO — Indica que están iniciando a uno para que pueda unirse con su yo superior. Encontrar al novio en la noche indica que uno está bajo la bendición de Jesucristo. Ser novia en la noche es hacer unión con el yo superior. El símbolo de matrimonio es el símbolo más poderoso de todos los símbolos, porque es una seguridad de que uno verdaderamente ha entrado al camino de luz. Negar el matrimonio, tener velos o prendas manchados o rotos, estar en un ambiente desarreglado indica que uno está profanando sus poderes del alma y atrasando la boda o unión con Dios. Mientras uno está en un cuerpo terrenal sus sueños tratarán de llevarlo dentro de las muchas puertas y corredores de iniciación. La simbología del matrimonio defina el estado de desarrollo de uno y su actitud hacia la vida espiritual. Nacimiento, muerte y matrimonio — se usan estos tres símbolos una y otra vez en la vida del iniciado para definir su colocación en el plan divino del progreso de su alma.

MAZO — Símbolo de que karma está lista para ser invocada; alguna disciplina para rectificar la karma que se requiere del discípulo. Soñar con el martillo o mazo de hierro de Tor indica que el mundo necesita una depuración, una lección, con una gran catástrofe como maremotos, erupciones volcánicas, inundaciones, plagas. Como los hombres ya llegan a final de la edad materialista de kali yuga, aquellos que están en armonía con la acción del alma del mundo verán en sueños el mazo o el martillo de Tor.

MESA, CUADRADA — Karma personal y de familia.

MESA, RECTANGULO, CON MANTEL BLANCO — El cuerpo o la forma del Señor; un "ágape" o banquete de amor en la noche con el Cristo.

MESA, REDONDA — Reuniendo discípulos; instrucción en los mundos elevados; intimidad sagrada; instrucción en la noche.

MIRADA MALICIOSA — Si en un sueño le miran a uno maliciosamente o se burlan de uno en la noche y le hacen sentir que está sujeto a humillación satánica, uno debe examinar su ambiente relacionado con sus asociaciones llenas de culpabilidad.

MISIL — Dejando el cuerpo en la noche.

MONEDAS, DE ORO — El esplendor del alma en el cuerpo etérico superior.

MONEDAS, DE PLATA — El poder de la luna; cuerpo etérico menor; la ley de ganar y gastar; asuntos mundanos; corriente negativa de la mente de Judas.

MONJE — Símbolo de renunciación o adoración. Un monje con hábito color café que se ve en sueños indica división en grupos espirituales, sociedades o fraternidades. El monje café es un agente encapuchado, divisivo y astral, que sólo aparece cuando un grupo está listo para ser iniciado y examinado. Un monje de blanco indica un Hermano Blanco. Los Hermanos Blancos trabajan con los muertos ascendidos y con los que no han ascendido. El hábito del monje en la tierra fue inspirado por los hábitos de los Hermanos Blancos. Este hábito es una copia de los que llevaban los Hermanos Blancos en el Primer Cielo. Un hábito azul menos la capucha indica un hermano de los Claustros de Iluminati. Estos Claustros están bajo la dirección e influencia de San Lucas, el apóstol. Uno ve un monje en un sueño con hábito azul cuando ha llegado a estar bajo los monitores de los Iluminati. Después de eso empezará un verdadero trabajo de creación para Dios. Todo los Hermanos de Iluminati con hábito azul han sido artesanos o creadores en la tierra. Ellos inspiran a los hombres en la tierra a crear y a servir a Dios.

Cuando uno se ve como monje o monja en sueños, significa que ha tenido una vida claustrada en una vida anterior. Después de este sueño uno puede examinar las razónes por las cuales tiene actitudes saludables o insalubres hacia religión, sexo o la capacidad de compartir. Si no ha cumplido sus votos, será rebelde en una de estas cosas. Si ha sido verdaderamente devoto, se unirá con estos poderes en la presente vida.

MONTAÑA — Energía primitiva; energía sin usar que uno ha de tomar para sí mismo y vencerla; poder espiritual de potencialidad que será manifestado; también una subida o ascensión o esfuerzo que se ha de hacer para obtener poderes espirituales. Ver las Himalayas en la noche, o una montaña cubierta de nieve indica que uno se está comunicando con los grandes Maestros que dominan la mentalidad creativa y los poderes del alma del hombre. Si está esquiando en una montaña indica que está aprendiendo las técnicas de la consciencia de entrar y salir o los procedimientos de vuelo nocturno.

MOTOR — Ver un motor en un sueño indica que uno se está uniendo con las funciones de su corazón. Si el motor necesita reparación, le están dirigiendo para que se fije en sus afectos, su amor y su perdonar. Si se pone en contacto con la mecánica del motor del pulso en sueños se acelerará el ascenso nocturno de uno y lo unirá con el motor superior o el murmullo audible de la corriente de la vida que mantiene toda cosa viviente en este mundo y en todos los mundos.

MUJER NEGRA — Si un caucásico sueña con una mujer negra significa la clave a un cambio completo de actitudes.

MUÑECA ROTA — Significa que uno ha perdido sus ilusiones; también que se está preparando para investigar y evaluar de nuevo sus ideales; le están diciendo que ha terminado su veneración de ídolos.

NIEVE — Energía o materia congelada. Una situación sin solución. La muerte. El final de productividad. Nieve en una montaña indica contacto con los Maestros de los montes Himalaya.

NIÑO-NIÑO — Representa la edad espiritual de uno; también representa necesidad de expresar ternura; nacimiento de un niño significa nacimiento al yo superior. Entrega de un niño significa ser una partera para el nacimiento del yo superior de otra persona. Soñar que uno acepta un niño quiere decir que está aceptando el nacimiento al yo superior. Rehusar a tomar un infante para criarlo en un sueño significa que uno está resistiendo nacimiento al yo superior, y por lo tanto está rehusando la responsabilidad de la vida espiritual.

NIÑOS — Soñar con niños repetidamente quiere decir que uno ha comenzado su servicio nocturno y está encontrando novicios del buen camino mientras está dormido.

OBRA TEATRAL — Una obra representa una vida anterior en que uno, como el primer actor, está representando una vida anterior en la Sala de Registros donde uno encuentra ciertos aspectos de sus registros akásicos. La Sala de Registros está situada en la Sala de Sabiduría donde uno ve representados los dramas de las grandes civilizaciones y ve el papel que él ha representado en los años pasados.

OLORES — Olores y fragancias son importantes en los sueños. Olores desagradables representan espíritus sin cuerpo, ondas satánicas, poderes de la obscuridad desagradables, malvados y manipulativos. Se reciben las fragancias agradables en sueños por el aspecto más elevado del olfato. Si se pone en contacto con las presencias santas en la noche estará curado y se sanará en el cuerpo etérico y así recibirá una bendición de felicidad en consciencia. (Vea símbolos de flores)

ORO — Poder espiritual; reservas espirituales; recompensa desde el nivel del alma.

ORTIGA — Una lección amarga.

PALO ROTO — Persona con una naturaleza frágil; inflexible; deshecho por la vida o por karma.

PAN — Sustancia de la vida; sacramento. Si lo da una persona, esto es el pan de la vida como intermediario curativo.

PANADERO — Indica una persona quien es mediador para el pan de Dios, o uno que prepara y ofrece el sacramento.

PANTALLA — Una red de ventana indica que le están protegiendo a uno contra intrusión astral. Una pantalla de televisión demuestra que uno se está poniendo en contacto con instrucción proyectada de arquetipo. Ciertos iniciados visualizan una pantalla entre las cejas en contemplación y así permiten que aparezcan las ideas, pensamientos y pictografías proyectadas de los Maestros.

PANTANO — Revela que uno está atrapado en una acción astral, limosa y estancada. También indica la culpa atávica reunida en la subconsciencia inferior. Ver un pantano en un sueño con árboles cortados en el pantano indica culpa de sangre o el recuerdo de haber matado en una vida anterior.

PARAGUAS — Instrucción bajo un verdadero Maestro o gurú. Cuando el paraguas está abierto, es símbolo de protección de un Maestro. Cuando está cerrado, uno todavía es novicio e ignora la presencia del Maestro.

PARAGUAS, DORADO, ABIERTO, AL REVES — Buen tiempo y bastantes provisiónes.

PARAGUAS, NEGRO — Un gurú astral o negro mesmerizando las facultades mentales del soñador.

PARED DE PIEDRA — Indica una fortaleza contra negación. Un seto de parras o plantas indica que uno tiene un ambiente cultivado y aislado que es necesario para su presente estado de desarrollo.

PARED, VERDE — El mundo astral superior; la región de energía de clorofila del mundo astral. Curación de enfermedades astrales causadas por el uso desconocido de energía psíquica.

PASTILLAS PARA DORMIR — Soñar con una persona que está tomando pastillas para dormir significa que esa persona no hará frente a las cosas; es un evasionista.

PAYASO — Encararse con un payaso en un sueño indica que uno siente que es una figura que tiene compasión de sí mismo. Los Querubines usan el símbolo del payaso para decirle al soñador que está negando a reconocer la realidad. Ser payaso en un sueño indica que uno siente que ha sido engañado o que lo han puesto en ridículo.

PELOTA — Aprender a jugar el juego. Superar la competición. El uso de la voluntad con ética.

PERFUME, FLORAL — Significa abrir la presión psíquica sobre la glándula pituitaria y abrir la glándula pineal, y así obtener visión espiritual.

PERIODICO — Alguna forma de atención pública será enfocada en el que sueña, o él debe ponerse sobre aviso de un evento de interés público. Siempre se usa un periódico como una manera de profetizar en sueños. Uno debe pedir a su Angel de la Guarda que le lea lo que se ha proyectado en la pantalla de su consciencia de sueños.

PIZARRA — El registro akásico.

PLANEADOR — Vuelo nocturno sin esfuerzo por un iniciado experto.

PLOMERIA — Símbolo de la mente subconsciente colectiva funcionando en una unidad familiar o átomo de familia. También indica la mente física. Están avisando a uno del sistema de los riñones y las funciones de eliminación del cuerpo.

PLUMA — Indica que uno está recibiendo el registro disminuido de sus encarnaciones pasadas; también es una promesa de talento creativo en escritura. Le están recordando a uno que algunos iniciados pueden recibir la palabra escrita con más poder que la palabra hablada, mientras que algunos sólo pueden aprender por medio de la palabra hablada. Cuando uno se está desarrollando y combina el aspecto sabio de la palabra escrita con la palabra hablada que procede del Espíritu Santo, llega a ser un apóstol de epístola por Dios.

PLUMA, BLANCA — Sacrificio. Una pluma con sangre en la punta indica martirio. Una pluma con cañon representa el Angel Registrador quien le dice al soñador que escriba lo que ve y oye en la experiencia de Espíritu Santo.

POLICIA — Un ángel protectivo que representa la ley y la volición de Dios. Ver un policía en un sueño o encontrar la ayuda de uno es gracia. Si un policía le persigue porque ha faltado a la ley, le están recordando que ha ofendido las leyes de Dios y debe esperar alguna confrontación con su karma física y su retribución en su vida física. Si uno recibe una infracción de un policía, la retribución de la karma está cerca y es inevitable.

POZO DE PETROLEO — Indica que uno habrá de sacar los recursos de la tierra para su uso personal. Sin embargo, esto no es una profecía de que uno descubrirá un pozo de petróleo; solamente que recibirá la seguridad de las sustancias soportantes de la tierra.

PRENDEDOR — Un prendedor indica que uno ha recibido un regalo protectivo o un talismán de referencia; admiración de origen amoroso, espiritual o físico. Un prendedor ordinario significa asegurarse.

PRENSA DE UVAS — Siega como resultado de acciones buenas o malas. También símbolo de la preparación de vino nuevo para el sacramento.

PROFESOR — Si está en una silla con los pies fuera del piso significa que el profesor se está preparando para dejar el mundo. Un profesor en una visión con los pies arriba del suelo indica un profesor del plano interior. Un Gurú o un Maestro sentado en la posición del loto indica uno que tiene poderes de yoga levitación. Un Maestro sentado en una cueva indica un nuevo mensaje profético. Muchos Bodisatvas sentados en cuevas indican que está viendo los Bodisatvas Santos quienes controlan y mantienen las pruebas iniciatorias en el buen camino.

PROPENSO A CAER — Signifa ser tumbado por la volición rebelde de uno mismo. Ser demasiado egotista invita disciplina de los mundos más elevados. Cuando uno se encuentra en un sueño tumbado boca arriba como un escarabjo, incapaz de voltearse, debe darse cuenta de que ha llegado a estar bajo la supervisión de los Angeles Castigantes para que pueda quitar los humos a su egotismo y corregir su volición ingobernable. Sentirse impotente e inútil en un sueño es un aviso de que uno debe ver a Dios como lo Supremo.

PUENTE — Puente sobre caos; pasaje al Maestro; venciendo el abismo astral.

PUERTA — Jesús; oportunidad para servir el fiat de amor.

PUERTA, DORADA — Instrucción en el plano interior.

RASTRILLO — Administración, tiempo de cosecha.

RELAMPAGO — Indica karma instantánea o justo castigo por malas acciones en el pasado. Soñar con tormentas y relámpagos indica que uno encontrará situaciones incontrolables que son creadas por tensión kármica. Sentir que uno está impelida por una tormenta, es que los monitores de sueños celestiales le están enseñando que las tormentas de los sentidos están intensificadas para que pueda darse cuenta de la Presencia de Dios y de Su protección.

RELOJ — La medida del tiempo; también recuerdo del Angel Registrador. Manecillas del reloj que marcan el tiempo están revelando la medida del tiempo de un evento. Las manecillas que marcan las tres se relacionan con un tercer día, una tercera semana, un tercer mes o un tercer año, etc.

RELOJ DE PULSERA — Medida del tiempo. Un aviso de que uno debe fijarse en la medida del tiempo. Manecillas en un reloj que anotan cierta hora indica un tiempo o período que es importante para el soñador. Cualquier número puede significar un día, una semana, un mes o un año.

REMENDANDO — En este sueño le recuerdan a uno que no puede poner un pedazo de tela en una prenda nueva ni usar prácticas ni fórmulas viejas para una situación nueva. Este símbolo también puede estar diciendo al que sueña que debe enmendarse o reconciliarse con aquellos que ha ofendido.

ROCA O PIEDRA — Poder latente perteneciente a asuntos pequeños; recuerdo de leyes antiguas de justo castigo de apedrear. También símbolo de que uno tiene el peligro de atropezar contra una piedra, o algún asunto que es penoso. Una casa, un castillo o un edificio de piedra representa dependencia principal en leyes etéricas.

ROLLO DE MANUSCRITO — Lectura de los registros de gracia. Podría ser los registros del alma del mundo o de la vida de uno mismo. Un rollo que se ve en la luz indica que uno va a ser creador unido con los registros de gracia de la humanidad. Utilizar los rollos de Luz es ponerse en contacto con los mundos del arquetipo.

ROMERO — Una ofrenda de paz.

ROPA —

Abrigo — protección y aislamiento.

Abrigo de piel (deshilachado) — abuso de conversación o verbo.

Abrigo de piel (en tiempo de calor) — fuera de temporada; poco práctico; cuerpo etérico menor demasiado cargado; agotamiento psíquico.

Abrigo de piel (viejo) — símbolo de ideas religiosas o políticas fuera de moda y gastadas.

Abrigo, grande — tradicional; en la defensa contra ideas nuevas.

Aretes, diamantes — gracia al escuchar la verdad; oído interior.

Bata de baño — aviso de debilidad física o de salud.

   Hábito de monje o monja — memoria de una vida en monasterio.

Bolsa para prendas — cuerpo físico.

Calcetines — progreso de mundo en el plano físico.

   Calcetines color añil — telepatía de los Maestros, asegurando al discípulo de su progreso.

Camisón de noche — prenda etérica superior.

Chaleco blanco — peto espiritual; escudo de aislamiento.

Chaqueta, cubierta de piedras de muchos colores — cuerpo emocional o astral superior; chaqueta de José.

Collar — símbolo de realeza espiritual; también de poderes espirituales raros.

Estola — un manto; protección.

Guantes — servicio; aviso para tener tacto.

   Guantes blancos — manos limpias y puras.

Medias, gris — pensamientos deprimidos debido al hecho de no usar la volición.

Pañuelo — curación; vehículo magnético para curar lo imposible.

Pañuelo blanco — soñador espiritual tendrá pequeños milagros de curación.

Prenda de vestir, a rayas — cambio o transición de una naturaleza espiritual.

   Prenda blanca o gris — indecisión debido a karma.

Ropa, color café — demasiado materialista.

Sandalia — indica deseo de servir como discípulo. Si se lleva con dificultad o indecisión indica pies renuentes, o algún conflicto poco claro.

Sombrero — un maestro.

   Sombrero negro — un gurú obscuro.

   Sombrero de encaje — maestro de espiritualidad.

   Sombrero blanco de cocinero — maestro de dieta y salud.

Suéter — protección del cuerpo etérico menor.

   Suéter blanco — aislamiento espiritual.

Traje, azul obscuro — dominado por Saturno; significa una reducción en desarrollo y más disciplina; con olores, quiere decir que el cuerpo físico necesita purificación.

Uniforme blanco — un ayudante invisible o curandero de la noche.

Uniforme de soldado — un ángel de Marte ayudando a una persona que está en peligro.

Vestido de novia (mujer que lleva) — iniciación de la polaridad femenina que se une con la polaridad masculina para que sea una novia de Cristo.

Zapatillas, raso, color de rosa — amor puro; verdadero progreso devocional.

Zapatos, blancos (vea Pies) — espiritual, intención pura de dedicación. Perder los zapatos en un sueño es un aviso de que debe tener cuidado de no perder el camino espiritual y el progreso resultante.

RUEDA — La rueda de karma o el imán de ecuación atrayendo al hombre de nuevo al nacimiento para que pueda resolver sus acciones imperfectas o injustas. También símbolo de las "chakras". La chakra número uno en el cuerpo etérico comienza en la base de la espina dorsal y contiene el fuego kundalini rizado que espera para elevarse a la corona de la cabeza, para que uno pueda ser iluminado espiritualmente. Su aspecto negativo es la lujuria. El sentido de olfato se relaciona con esta rueda. La segunda rueda o chakra está colocada a lo largo del canal espinal etérico directamente arriba del hueso pélvico. Su función es mantener el impulso de propagación sexual en la vida biológica. Esto funciona por los sistemas gónada y ovaria de hombres y mujeres. Uno purifica esta rueda o chakra alzando la fuerza vital que está centrado en ella, hasta el corazón, que desarrolla un ojas o gran fuerza espiritual en creaciones. El aspecto negativo de esta chakra es ira. El sentido que se relaciona con ella es el del paladar; su elemento es agua. La tercera rueda o chakra se realaciona con el área entre el ombligo y justo debajo del corazón. Esto es el centro del plexo solar y pertenece a la vista o visión debido al fuego del sol acumulado en esta área o chakra. El aspecto negativo de este centro es avaricia, ambición. El elemento es fuego; el sentido que tiene correlación con él es vista. La cuarta chakra está centrada en el corazón. Esto es el centro del tacto o de empatía producida por amor desinteresado. Su aspecto negativo es engaño. Su elemento es aire; el sentido que tiene correlación que él es el tacto. La quinta rueda o chakra está centrada en medio del cuello justo debajo del hueco de la garganta. Este es el gran centro "Nadam" donde se puede poner en contacto con el Murmullo Divino. Esta rueda es la rueda del verbo. Cuando se dice una mantra, como So Hum, se abre esta chakra. Al pronunciar el Hum sagrado uno se libra de karma. El elemento que se relaciona con esta chakra es éter. El sentido que se relaciona es oído. El aspecto negativo es envidia, orgullo. La sexta chakra situada entre las cejas es el centro de mando donde uno se combina con la corriente del sonido audible y la consciencia suprema. La mente superconsciente se libra por medio de este centro de mando. El elemento que tiene correlación con este centro es la ardiente "akasia" andrógena de la luna y el sol que trabajan con las corrientes vitales de prana. Cuando uno abre esta chakra, vence los aspectos dobles de su naturaleza y se une con El Supremo. El aspecto negativo de esta chakra es sugestión hipnótica o el abuso de la voluntad. En su aspecto más elevado uno usa percepción extrasensorial más elevada. La séptima chakra es la rueda o centro del gran AUM, o el loto de mil pétalos. Esto también es el centro de éxtasis de bendiciones supremas. Su elemento es espíritu puro. Su centro es la glándula pineal. El sentido que se relaciona es presciencia o consciencia de Cristo. Su aspecto negativo es ateísmo. En la gran chakra AUM colocada sobre la pulsación del alma centrada sobre la corona de la cabeza, uno se une por medio de su yo superior con el El Supremo o Dios.

SALAMANDRA — Representa riesgo de incendio. Cuando uno ve una salamandra en sueños indica que estará protegido por los Angeles de Salamandra quienes son los ángeles guardianes sobre el fuego en la tierra.

SEDUCIENDO — Si en un sueño le están seduciendo o tentando para que salga del camino de moralidad y espiritualidad, es que la Madre Divina le está preveniendo que vendrán provocaciones relacionadas con sexo y posesión.

SETO — Protección; si uno está dentro del seto significa limitación negativa.

SIERRA — Símbolo de los grandes Carpinteros, Jesús y José. Símbolo de uno de los apóstoles quien fue serrado en dos por los infieles; también símbolo de uno que está aprendiendo el arte del dominio de construcción espiritual. Se ha de dividir o partir en dos su aspecto negativo; tentación. Una sierra roja obscura indica eliminar agresión. Una sierra azul fuerte significa eliminar confusión mental. También se puede usar como símbolo profético de amputación o cirugía.

SILLA — Soporte. Profesor en una silla quiere decir que él ha muerto o que va a morir. Una persona en una silla significa que no usa la volición.

SOFA — El cuerpo etérico menor dormido.

SOL — Comunicándose con el Cristo. Investigando el centro interior de la tierra.

SUETER — Símbolo de la prenda espiritual o el peto superhumeral.

TABACO — Polvo psíquico echado en los ojos de uno que busca excitación psíquica. Estar fumando indica que uno está complaciendo sus sentidos con el uso de poderes psíquicos y mesmerianos. El uso de tabaco estando despierto produce una mente psíquica y demasiado cargada.

TAPETE — Símbolo del cuerpo etérico inferior de uno. Si está sentado en un tapete, uno está recordando métodos de vida anteriores de meditación. Estar de rodillas en un tapete revela que uno ha tenido contacto con costumbres de Islam en una vida anterior. Resbalar o caer en un tapete es una advertencia de que uno debe cuidar de sus humores y temperamentos relacionados con la costumbre de esclavitud del cuerpo. Ver un tapete como colgante en la pared es una advertencia de que uno debe estar sobre aviso, para que no sea víctima de aquellos que tratan de abusar de su confianza. Ver una alfombra de rezar en la pared es estar comunicando con una mandála que demuestra su comunión del alma y su unión con el Maestro.

TAU — La Cruz de Egipto. Indica viejos poderes egipcios.

TAZA DE AGUA — Discipulado; llamado por Cristo.

TAZA DE TE — Símbolo de chismes.

TAZA ROTA — Caída de un discípulo, o fracaso como discípulo del Maestro.

TAZON — Pila bautismal; el tazón para mendigar; gracia; purificación; receptáculo del amor de uno; hospitalidad; símbolo de la madre; símbolo de la matriz y de seguridad y protección.

TEATRO — Soñar con un teatro o la galería de un teatro signifa que uno es un observador en esta noche de sueños.

TECHO — Símbolo de la mente, de cubierta para el cuerpo mental de uno. Si en buena condición, indica estabilidad mental. Si necesita reparación, indica que uno debe calmar su mente omnisciente o mente en Cristo. Un techo también es el símbolo para el Padre Nuestro quien es la cubierta para todo, tanto el padre físico como el Padre Divino.

TELA — Yardas de tela indican el cordón plateado. Retazos de tela indican que uno debe reparar el cordón plateado y el cuerpo etérico.

TELEFONO — Símbolo de telepatía; comunicación telepática. Soñar con un teléfono que está sonando — un aviso que le graban en la memoria.

TELESQUI — Símbolo de lograr cierto impulso para vuelo nocturno y para estar sirviendo.

TENTADORA — Cuando un hombre sueña con una tentadora o con una prostituta, le están advirtiendo que le va a tentar cuando está despierto referente a cualquier lujuria que queda en su carácter.

TERREMOTO — El Espíritu Santo; advertencia de que el mundo de uno se pondrá al revés, y que el concepto feliz que uno ha tenido se acabará. También ser librado de maldad o debilidad.

TETERA — Chismes.

TIERRA — Arada recientemente, indica que uno está trabajando con la Naturaleza para fructificar la tierra. Tierra erosionada indica que uno ha sembrado su semilla en tierra estéril. Tierra mojada o lodo indica que uno debe librarse de una situación desagradable en salud de la mente, en morales. Tierra es el símbolo de la madre tierra o la Naturaleza, un aspecto de la Madre Divina.

TORMENTA — Fuerzas cósmicas toman posesión de la vida de uno e imponen castigos y correcciones. Una tormenta en el mar indica que uno ha abierto una corriente astral fuera de tiempo y está en peligro físicamente.

TORRE — Símbolo de dominio de vista o sabiduría de visión dada a los que quieren recibirlo; así su desarrollo es más elevado que el de otros, ganando autoridad. Percepción de un profesor o un Maestro.

TRAILLA — Soñar que uno está refrenado por una persona física, o que su libertad está amenazada.

TREN — Vuelo nocturno. Estar frustrado al tomar un tren indica que uno tiene que aclarar sus pensamientos antes de dormir con usar mantrams. Todos los sueños de tránsito se relacionan con las técnicas de vuelo nocturno.

TRUENO — Símbolo de justo castigo o reacción debido a las acciones apresuradas o imprudentes de uno.

TUNEL — Moviendose fuera de gravedad con la ayuda del cordón plateado. En vuelo nocturno, todos sueñan con este túnel y llegan a su final donde encuentran luz y sonido y alegría.

VARILLA — Símbolo de disciplina, la espina dorsal y el poder de medir y calcular. También símbolo de una voluntad honrada.

VEHICULO, MOVIENDO — Cuerpo de vuelo nocturno.

VELO — Símbolo del velo de perdón de la Madre Divina que ella coloca sobre sus hijos reacios. También símbolo de los velos de sueño — hay siete: el primero o más bajo es el grotesco; el segundo, el velo de fantasía; el tercero, el velo de desear; el cuarto, el velo de registro akásico; el quinto, el velo iniciativo de observar y participar; el sexto, el velo de felicidad, profecía; el séptimo, iluminación espiritual, iniciación por medio de los santos.

VENTANA — Protección contra las fuerzas astrales.

VIAJANDO — Empezando a viajar en una estación de ferrocarril grande significa que uno se está preparando para una extensión más profunda de viaje nocturno, y por lo tanto está armonizando con los recursos de la central eléctrica. Los agentes de estación son los ángeles y el boletero es el ángel que decide cuanto tiempo uno puede quedarse en su vuelo nocturno. El despachador de equipaje que chequea el equipaje indica que uno debe dejar sus problemas terrenales del día en las manos del ángel en la noche, para que pueda viajar ligero y libre.

VIDRIO—Aislamiento del bajo mundo astral. Cuando uno está encerrado en vidrio, está aislado de las bajas corrientes astrales. Ventana o vidrio indica protección; también viendo y recibiendo conocimientos del plano astral sin consecuencias kármicas.

VIDRIO, RECEPTACULO — "Una taza de agua fría en mi nombre". Uno está recibiendo gracia desde más allá de los planos del mundo astral.

VIDRIO, ROTO — El final. Lupa significa salir de la mente baja; rompiendo las barreras de la mente baja y los sentidos magnificados.

VIENTO — Viento en el desierto representa castigo durante iniciación. Viento en la cima de una montaña indica una purificación puesta en acción por el Maestro. Viento en una tormenta indica purificación en masa de corrientes astrales o culpabilidades manchadas. El viento de Serafín que sopla mientras escora, o como manda el espíritu, produce la purificación sagrada en la vida espiritual de uno. Uno escucha el viento de Serafín por la corriente del sonido audible entre las cejas estando despierto o dormido. Esto llega a ser una música inundando el ser de uno con un éxtasis divino y una esperanza de exactitud y bienestar.

VIENTO, FRIO — Un símbolo siniestro de la muerte a los deseos de uno que no tienen el apoyo de la verdadera ley de ser. También una sensación de frío durante meditación indica que un muerto sin ascender o una entidad ligada a esta vida está cerca. Se conoce una verdadera presencia del cielo por su efusión, sus brillantes emanaciones y su alegría.

VIÑEDO — El sacramento. Trabajadores en el viñedo indican aquellos que son iniciados y discípulos, los que sirven en la noche y auxiliares curativos en la noche.

Capítulo 17

EL INICIADO

Que se combinen todas las oraciones que se pronuncian esta noche
por la Gloria de Dios. Que la sagrada meditación produzca el milagro
que se necesita para los auxilios del día venidero.

La Voluntad de Dios intenta llevar al hombre a capacidad dimensional más grande. Resistir a Dios pone en cortocircuito o blasfemia el Espíritu Santo. El Espíritu Santo es el agente arquetonal y urgente del sonido de Dios que mueve sobre la mente, las emociones y el alma del hombre como un enorme viento impulsando para arriba.

Las órdenes elevadas de inteligencia, vistas y sin ver, trabajan en mediación para animar a los hombres a ver más allá de los sentidos, más allá del espacio, más allá del tiempo, y más allá del perspectivo limitado de uno mismo. El Espíritu Santo inspira al hombre a desprenderse de las frustraciones limitadas de información de los sentidos.

Se necesita valor único y muy especial para mover más allá de la quimera de la información menor de los sentidos hasta la información o confirmación espiritual. Valor y modestia de sí mismo son los dos atributos más valiosos del iniciado espiritual.

El Espíritu Santo suena el tono para que los hombres estén conmovidos en tiempos aceptables. Bajo la Voluntad de Dios, el hombre responde y se conmueve. Cristo revela cuando el hombre se madura. Caridad bajo el Cristo ve al hombre aún en el estado de maduración, de elevación, de ascendencia. Todos ascenderán bajo El que vino a elevar a los hombres y a traer la Luz.

El Espíritu Santo como Ser y Consolador es conocido por el Padre y por Jesús como "el Espíritu de la Verdad". El Espíritu Santo, que trabaja con el Murmullo de Alfa y los Tonos de Omega de la tierra, anima a toda cosa viviente con el Verbo o el Espíritu de la Verdad.

El Espíritu Santo como el Espíritu de la Verdad está al mando de ecuación. Sus sonidos de áurico tono vibracional pueden borrar o manifestar. La Voluntad de Dios usa el sonido del Espíritu Santo para renovar a los hombres y para reducirlos.

Actualmente el sonido del Espíritu Santo está produciendo una nueva carisma en el mundo. El hombre existe en un estado de caos, para que pueda abrir los átomos eternos de su mente superior, y estar así más cerca de Dios.

Las almas que son espiritualmente sensibles conocen la acción del Espíritu Santo y responden según sus aptitudes espirituales. Las personas negativas responden con irritación, disolución, y rebelión.

El tono del Espíritu Santo no cesará hasta que todos estén rectificados bajo la voluntad de Dios. Cuando el Espíritu Santo trabaja con los tonos resurgentes de la renovación del hombre, se puede decir que uno cae en las manos del Dios viviente. Por eso dice en las Escrituras, "Horrenda cosa es caer en las manos del Dios vivo". (Hebreos 10:31)

Es aterrador cuando se ve que hombres impetuosos se vuelven apacibles por medio de purificación y corrección. Es de verdad pavoroso ver a los hombres atrapados en fuerzas superiores a su propia voluntad y a sus propios deseos.

Los dóciles serán bendecidos en los períodos de Omega del sonido del Espíritu Santo, porque ellos se moverán entre las corrientes de regeneración con alegría, y sus almas cantarán con las músicas de creación. Mientras que las mareas de disolución estén más elevadas, en los corazones de los dóciles o buenos, vendrán los tonos de alegría unidos con el tiempo aceptable de la maravilla y la creación de Dios.

LA TRINIDAD

"Por tanto, id, y doctrinad a todos los gentiles, bautizándolos en el nombre del Padre, y del Hijo, y del Espíritu Santo".

— San Mateo 28:19

Hay aspectos infinitos de la Trinidad. Todas las verdaderas funciones de la Trinidad expresan los principios universales de la Volición, el Verbo y la Ley de Dios.

Nuestro Padre en el Cielo, Su Hijo, Jesucristo y el Espíritu Santo son Mediadores Omniscientes bajo Dios. Estos tres trabajan en acción tríada: el Padre como el que Imagina y el Principio de la Vida; el Hijo, o Jesús, como el Principio de Amor; y el Espíritu Santo como el Poder bajo el Espíritu de Dios. Con la unión de sus átomos eternos, el Padre, el Hijo y el Espíritu Santo trabajan como uno. La ley es verdad en toda mediación, afectando estados de sueños y estados despiertos.

Dios manifiesta su Espíritu con innumerables formas. Todos los Seres y personas tienen identidades individuales. Todos los Seres y personas con vida son expresiones individuales de luz.

Todos los Seres, cuando están armonizados, trabajan en acción tríada para lograr algo en particular para Dios. Jerarquía de Elohim, el Padre y los ángeles trabajaron juntos para crear las formas de los hombres al empezar este sistema de eternidad. Aún trabajan para moldear y formar al hombre, para que pueda llegar a ser un prototipo perfecto en la tierra.

LAS TRÍADAS DIVINAS SON:

TRINIDAD DEL COSMOS: Dios, Cristo, el Espíritu Santo.
TRINIDAD COSMICA: Padre, Hijo y el Espíritu Santo.
TRINIDAD DEL ESPIRITU HUMANO: Jesús, Espíritu Santo, Alma del Hombre.
TRINIDAD DE ELOHIM: Dios, Padre, Jerarquía.
TRINIDAD DE LA FAMILIA SAGRADA: Jesús, María, José.
TRINIDAD ANGELICAL: Arcángeles, Serafines, Querubines.
TRINIDAD DE MANIFESTACION: Padre, Cristo, Jesús.
TRINIDAD DE LA MEDIDA DEL TIEMPO: Padre, Anciano de Días, Melchisedec.
TRINIDAD DE CREACION DEL HOMBRE: Espíritu, Alma, Mente.
TRINIDAD DE ATOMOS ETERNOS: Atomo Eterno Sostenedor, Atomo Indestructible, Atomo del Sagrado Corazón.

TRINIDAD DEL ATOMO FAMILIAR: Padre, Madre, Hijo.
TRINIDAD MORTAL: Nacimiento, Vida, Muerte.

TRINIDAD DE CREACIÓN DEL HOMBRE: ESPÍRITU, ALMA, MENTE

El espíritu del hombre no deja de manifestarse espiritualmente. El alma del hombre no deja de vivir eternamente. La mente del hombre — desde la mañana hasta la noche, desde el nacimiento hasta la muerte, y desde la muerte hasta el nacimiento — sigue creando para Dios. A pesar de divisiones o separaciones, muertes, pruebas, enfermedades, pereza, derrotas o temores, la creación persiste; porque el espíritu es la vida en creación — y la vida del espíritu no conoce muerte ni derrota. El espíritu del hombre pertenece al Espíritu Eterno. Espíritu Eterno en el hombre es creación eterna. Cuando el hombre crea para sí mismo, en realidad está sirviendo a Dios, y eventualmente su creación lo llevará al Uno o al Dios quien crea por medio de él. El alma proyecta firmemente la creación sin manifestarse dentro de la mente del hombre. Cuando uno está listo, manifiesta lo que no está manifestado dentro de las mentes receptivas de otros en el mundo. Igualmente el Espíritu de Dios en el hombre se da a conocer al conocimiento del hombre.

EL FUEGO DEL FENIX Y LA MENTE DEL GENESIS DE SI MISMO

Los Señores de la Mente trabajando con la mentalidad superior de los hombres se llaman Serafines. Si uno está iniciado bajo los Serafines se está preparando para iluminación bajo el Cristo.

Los señores de los Angeles Serafines, percibiendo las pruebas iniciativas del iniciado de una mentalidad superior, se presentan para ayudar y aconsejar aquel que haya dominado las bajas fases de pensamiento sensitivo.

Hay eras o períodos de ilustración para los egos avanzados en el mundo. Durante estos tiempos, los Señores de Serafines de la mente trabajan con ciertos egos, para que puedan dar ideas avanzadas a la humanidad. Estas ideas vienen directamente de los grandes arquetipos y son la salvación para la humanidad. Solamente los hombres que tienen un deseo desinteresado de instrumentalizarse como sirvientes de Dios pueden sostener este aprendizaje tan especial.

Durante la era de génesis de sí mismo que ahora comienza para el hombre, los egos que son espiritualmente avanzados en encarnaciones anteriores son como un núcleo sagrado reunidos en una atmósfera summamente cargada eléctricamente. Aunque continentes los separan, son mentalmente sensibles y moralmente responsables a uno y otro; por medio de unión telepática, su entendimiento con los Elegidos mantiene la ética de la divinidad del hombre.

Los señores Serafines Angelicales pretenden en esta era acelerar una capacidad mental en los hombres, hasta ahora sin usar, para que los hombres que están expuestos a la nueva ciencia de energías físicas podrán absorber y aplicar ávidamente las grandes ideas mentales que acompanan el uso de las dinámicas solares, lunares, oceánicas, árticas e interespaciales.

Los hombres que ahora están en el umbral de una gran época de manifestación, suf-rirán un período de confusión y ocaso emocional. El aumento acelerado de interiorización nublará y obscurecerá ciertos apoyos instintivos que anteriormente fueron apropiados para la era que acaba de pasar y está muriendo. Nuevas y extendidas facultades de la mente, influenciando las emociones de las masas de hombres, provocarán guerras y revoluciones en todos los niveles — guerras para erradicar costumbres, emociones y pensamientos obsoletos.

En este ambiente caótico, los Angeles Serafines están acompañados por los Guerreros Angeles de la Guarda quienes electrifican a los hombres a elevarse y a resistir sus sofocantes estancamientos. Las costumbres de los años caerán; los hombres despertarán para ver con nuevas percepciones una dorada promesa de una vida realizada.

Los Serafines vienen para decir a los hombres: "Levántense; nazcan al poder de creación con la propia mente. Contemplen la jerarquía en su pensamiento. Salgan del fango de la obscuridad; vengan hacia la luz de su mente".

Las más elevadas ideas de génesis de sí mismo vendrán a las masas en la Era de Acuario, y comenzarán a manifestarse exteriormente en el año de 2568. Las más elevadas ideas de génesis de sí mismo en el presente las revelan los iniciados bajo los Serafines. Su luz, que se conoce como el fuego del cielo del Fénix, activa los impulsos de mentalidad de todos aquellos que son atraídos a ellos. Son los Iniciadores o Maha-Matras de su era, que se conocen en el cielo como "los Iniciadores del abrir y cerrar de ojos". Bendito es aquel que ha sido llamado a instrucción bajo el fuego del Fénix.

AUXILIOS INICIATIVOS Y CURATIVOS DE LOS MAESTROS

Se dan innumerables auxilios curativos a todos los iniciados espirituales durante específicas etapas de iniciación. Un iniciado que reconoce los peligros indecisos y las etapas críticas que sufre un iniciado compañero, envía una llamada del alma sobre las etéricas olas de luz. El Maestro más cercano al destino del iniciado es el que responde; ocurren milagros de iluminación y poderes.

Nunca es negada una llamada de un iniciado para otro. El Maestro responde. Pedir a los Maestros es recibir. La curación iniciativa ayuda la entrada en la vida del iniciado receptor a establecer una acción de reciprocidad. El iniciado viene a ser un receptáculo para bendiciones que se esparcen como una red recíproca para aquellos con quien está asociado. Todas las personas que son importantes para el progreso y adelanto del iniciado son tocadas y benditas con la recepción. Esto produce un repositorio acumulado de bendiciones, que se activan como un intenso interés sagrado por el bienestar y prosperidad del iniciado, y regresando a aquel que haya pedido auxilio. Todos son benditos.

El iniciado que pide auxilio, conociendo muy bien el gobierno de poderes y fuerzas iniciativos, comprende que por cada llamada que se hace, el cordón de luz que mantiene mediación se hace más luminoso, más eficaz — y así le exige un paso positivo adelante en dedicación. Su consideración por su compañero iniciado ha abierto un alcance más amplio de exigencia y de acción. Por lo tanto, con cada proceso de nacimiento a las realidades espirituales, debe hacerse más digno para servir y curar con mediación. Con cada manifestación sobre debilidad, comprende que su obligación divina al Maestro y a Dios es una necesidad de continuar en su búsqueda de lo real, de avanzar y dedicarse a la vida espiritual sobretodo.

El iniciado que pregunta sabe que la ética propuesta curativa para ayudar a su iniciado compañero es evocar a los poderes de mediación, porque compromisos personales con una prueba ardiente ofenden la ley espiritual de experiencia individual necesaria. Un discípulo que se compromete demasiado personalmente se encuentra separado del área zonal del proceso iniciativo. Pueden escuchar su llamada, pero su propia bendición recíproca tendrá corto circuito si intenta participar demasiado personalmente en el nacimiento de un discípulo compañero a luz adicional.

La actitud positiva de agradecimiento sin ansias y de gratitud dará auxilio y no será un obstáculo hacia aquel que obtiene la maravillosa ayuda y amor del Maestro durante iniciación.

En iniciación de asociación "co-átomo" con un iniciado compañero, mediación curativa bajo el Maestro es una experiencia única para los dos iniciados. Se logra algo más allá de bendición recíproca. Sin embargo, en el individuo igual que en la iniciación "co-átomo", la ética de mediación es por necesidad impersonal.

LA PROMESA DE SUEÑO

Para mantener el fluir rítmico de instrucción durante los sueños, y la curación y la iniciación vivas y significativas estando despierto, uno debe tener un diario de sueños para fluir afuera y purificar el subconsciente. Un diario de sueños descubre la acción del subconsciente, ayudando que el psique o poder del alma pueda hacer más claras las claves y los símbolos etéricos en sueños.

Uno puede obtener conocimiento de sueños con iniciación nocturna, y así vencer el poder de mentación que es necesario para comprender y utilizar la inteligencia que se encuentra en sueños. Al despertarse, uno debe meditar y contemplar, para que pueda realizar y formular las energías dentro de los dramas de simbología en sueños.

Si uno sueña con una persona angustiada, debe rezar para esa persona durante cinco días al despertarse.

Las etapas progesivas de los sueños son reveladas cuando uno tiene un diario de sueños. Ellas son: (1) los impulsos sexuales latentes y sin dominar; (2) administración de dinero; (3) relaciones y motivos personales; (4) el uso de poderes etéricos; (5) aspectos kármicos de vidas pasadas (6) contacto con los compañeros Divinos, ángeles, Presencias y Maestros; (7) los dramas parabólicos que contienen las claves de los sueños. Así, el fluir de sueños de los símbolos de clave se vuelven inteligibles, abriendo el recuerdo de servicio nocturno — y con esto vendrá el poder de curación en el día y en la noche.

Para vivir una vida entera, uno debe salir de sus apatías de sueños en el día y en la noche, y reconocer que es una entidad consciente en todos los estados, planos y acciones; que no tiene límite como alma, y que es universal como espíritu cósmico. Cuanto más sabe uno de sus sueños, tanto más sabrá de sí mismo como espíritu consciente en la Volición de Dios.

Conocer sueños como una realidad es estar proporcionado como un ser consciente y entero. Uno ya no depende del ocaso de su subconsciente; pero siempre está en el estado del amanecer de su espíritu — observando, viendo, sabiendo, desarrollando.

Para beneficiar del progreso de la noche en los sueños, uno debe tener un efemérides junto a la cama para que pueda determinar el signo del zodíaco en que la luna está activa. Debe anotar en el diario de sus sueños la posición de la luna cuando tiene un sueño. Así podrá tener su diario de sueños al corriente con el fluir progresivo y cósmico del sueño. Todo el mundo es probado y formado emocionalmente, mentalmente y espiritualmente por la acción planetaria y lunar de la noche.

Se debe decir un mantram* antes de dormir para obtener los mejores beneficios de los sueños. Esto sirve como un protectivo mantram de semilla entrando al subconsciente, dando un elevado reforzamiento sugestible. Con esto el soñador podrá recibir intuición, mentación y curación. Cuando se dice un mantram antes de dormir, el Angel de la Guarda y el Angel Registrador trabajan con el soñador en la noche, protegen al que sueña, y le da una investigación más amplia en sueños y una extensión de tiempo más larga por el cual podrá penetrar al mundo de los sueños inofensivamente y espiritualmente.

Uno nunca debe sentir que está separado de las grandes Inteligencias ni de las inteligencias que provee Dios cuando no recuerda sus sueños. Hay períodos en que uno no recuerda sus sueños debido a demasiado enredo externo en los planos físicos.

El Angel Registrador ve que todos los sueños son registrados y retenidos en "quelle". Los recuerdos de sueños negativos son retenidos en la porción inferior subconsciente de "quelle". Los sueños de gracia son retenidos en la porción superior inconsciente de "quelle". Los Angeles Registradores ayudan a cada persona a tener acceso a ciertos recursos de memoria en sueños.

Un porcentaje más grande de pensamientos de pavor y aprensión que provienen del lado instintivo de la naturaleza de uno viene, en realidad, como aviso del Angel Registrador de uno mismo. Además, la esperanza y la fe vienen del Angel Registrador durante los sueños en la noche.

Un soñador sabio es arrullado en la cuna de sabiduría. Se atreve a hacer de sus sueños carne y a manifestarse como creador dentro de la Voluntad de Dios.

Observe sus sueños, y entérese. Observe sus sueños, para que sea un artesano perfecto. Observe sus sueños, y hable con una lengua franca, para que pueda vencer sus temores de muerte y de vida.

El conocer los sueños es ser inmortal. Comprender los sueños es ser libre. Siempre empieze a dormir sin inquietudes, con confianza, con la esperanza de las maravillas de la noche y las glorias de sueño, y siempre guarde cerca de su almohada la esperanza de una buena mañana que proporcionan los ángeles de Dios quienes vigilan el alma en sueños y estando despierto.

FIN

---

* Se puede obtener más información sobre *mantrams antes de dormir* del Ann Ree Colton Foundation, Apartado 2057, Glendale, California 91209.

GLOSARIO

AKASIA — La sustancia vital, pura, vitalizada, suprema y espiritual que usa la consciencia. La luz akásica es luz del alma. El color de akasia es azul añil y se ve con frecuencia en visiones durante la meditación. Eter es la sustancia vital coagulante. Prana es la sustancia vital energetizante en éter. Akasia es una sustancia animadora de consciencia de luz. Se usa la sustancia de akasia en la forma más alta de telepatía espiritual. Cuanto más desarrollado es uno, tanto más akasia tiene en su luz mental y del alma. Uno aspira energía de prana para renovar la fuerza de la vida; medita para aumentar luz akásica en su mente.

AKASICOS, REGISTROS — Registros de vidas anteriores.

ALMA DEL MUNDO — Los impulsos subconscientes superiores e inferiores combinados de toda la vida sensible y consciente de la tierra unidos con el amor de Dios, bajo el mando de El quien es Regente de todas las almas del mundo — Jesús.

ARQUETONO — El Verbo bajo el mando del Espíritu Santo que se usa junto con todos los grandes arquetipos. Cuando suena el arquetono, se aviva el arquetipo con cualquier compulsión que esté lista para ser manifestada. Así un arquetipo queda dormido hasta que suena el arquetono. El Espíritu Santo trabajando con la Voluntad de Dios suena el arquetono, para que las grandes ideas o nuevos impulsos para el hombre puedan entrar al mundo o en la mente del hombre a la medida del tiempo con la Voluntad de Dios.

ARQUETIPO — Anteproyecto original o divino para la mente y los procedimientos para la mente y la vida en la tierra. Los arquetipos superiores trabajan primero como lo que no está manifestado o como el Verbo que todavía no fue hecho carne. Estas compulsiones arquetípicas que son espirituales, creativas y divinas se mueven en olas dentro del mundo por medio de las mentes de los hombres. En cada arquetipo grande hay un arquetono. El Espíritu Santo suena en el arquetono cuando el Verbo divino está listo para entrar en la mente y la vida del hombre.

ARQUETIPOS SUPERIORES — Se relacionan con las ondas vitales superiores que dirigen y cambian la corriente de marea de reencarnación; también determinan la medida del tiempo de la aparición de nuevas ideas en las mentes receptivas de los Elegidos o los Expertos preparándose para nuevas eras en el tiempo y desarrollo.

ASTRAL — Reflecciones planetarias o de estrellas. Lo astral es una acción única, incesante, agitante, reflecionante y movida que produce en el hombre un estado de emoción, ánimo y sensación y pensar inductivos.

ASTRAL, CUERPO — Cuerpo emocional.

ASTRAL, MUNDO — El mundo astral es mantenido por el campo magnético alrededor del mundo. El mundo astral superior es el Primer Cielo. El mundo astral inferior se relaciona con la mente subconsciente del hombre en la muerte y en la vida. El nivel grotesco del mundo astral refleja el cuerpo de pecados de la tierra. Los cuatro planos inferiores del mundo astral son los recipientes de las vibraciones y energías de la luz planetaria. Esta energía sub-planetaria produce un efecto de quimera como espejismo sobre las emociones del hombre en la vida y en la muerte, produciendo efectos de encanto y mesméricos sobre la mente inferior y los sentidos del hombre. En la Biblia el mundo astral se llama "la serpiente". El hombre obra sobre el mundo astral por medio del uso de su voluntad superior y su mente superior.

ATOMO FAMILIAR — Una envoltura etérica cargada físicamente. Padre, madre, e hijos se mantienen unidos por la carga física o líneas de fuerza que han atraído el uno al otro. La carga baja de energía psíquica en un átomo familiar mantiene vivo el recuerdo de deudas del alma entre personas que han nacido en la familia. La gracia del alma combinada de personas nacidas en el átomo familiar es vigilada por un Angel de la Guarda del átomo familiar. Si la gracia es abundante, todas las almas en un átomo familiar progresan. Si el átomo familiar está bien cargado de karma, el resultado es sufrimiento y sacrificio, para que todo pueda eventualmente desarrollar en un grupo de almas humanas.

AURA — El campo de energía alrededor del cuerpo.

BUDDHI — Buddhi es una comprensión enardecida e iluminativa que produce mentación o interpretación de sueños y visiones. Buddhi también pertenece al principio informativo, incitando la mente con profecía.

BUEN HERMANO — Hay trescientos Buenos Hermanos siempre trabajando en la tierra. Su misión es aparecer como un medio de ayuda y socorro cuando todo parece ser imposible. En sus memorias físicas, los Buenos Hermanos casi nunca recuerdan que son Buenos Hermanos; en sus memorias etéricas lo saben, y son obligados a actuar durante períodos de crisis. Cuando hay dificultades, ellos hacen más ligero el camino y siguen adelante, sin pedir nada como recompensa.

CENTRO Q — Igual que Quelle.

CHAKRAS — Los siete vórtices del alma situados sobre los canales espinales del cuerpo etérico.

CUBIERTA EGOTISTA — Eter condensado y electrificado que cubre el ego, haciendo que uno esté unido a la mente inferior que mantiene agresión de sí mismo y firmeza. Se debe disolver esta cáscara con meditación y obras espirituales, para que el ego superior pueda justificarse, y se pueda dar al alma su más completa expresión. Uno no puede librarse de su karma más pesada hasta que disuelva su cáscara egotista.

CEREBRO LUNAR — El cerebro primitivo, abdominal, automático que mantiene la vida instintiva. El centro de videncia situado en el plexo solar.

CIELO, PRIMERO — El Primer Cielo es el mundo astral superior. Cada plano del mundo astral contiene siete regiones. La más baja, o Plano 1, es el plano Grotesco. Plano 2 es Fantasía. Plano 3 es Deseo. En el cuarto plano del mundo astral empieza la acción del Primer Cielo. Aquí uno lee sus registros akásicos y escucha el sonido audible o la música de los cosmos. En el quinto plano del mundo astral, se une con los Maestros, los Santos, y empieza su instrucción nocturna y el trabajo del ministerio nocturno. En el sexto plano del mundo astral, uno entra en la fase profética de los sueños. En el séptimo plano del mundo astral, se pone en contacto con los Bodhisatvas quienes lo preparan para iniciación al Segundo Cielo.

CIELO, SEGUNDO — Los grandes claustros del cielo donde uno encuentra a los Santos más Elevados, los Iluminati y los Grandes Maestros, y recibe instrucción en la Sala de Sabiduría o Shambala. Se inicia a los Expertos en sueños por los siete Logoi planetarios o los Arcángeles sobre los siete planetas. Ellos preparan al experto a hacer unión con el Tercer Cielo.

CIELO, TERCER — El Tercer Cielo es la morada de Jesús y sus apóstoles. Aquí el iniciado y el experto reciben el poder de luz arquetípica directamente por medio de la ayuda del Espíritu de Cristo que reina sobre Jesús.

CORRIENTES DE LUZ — Los rayos bajados de Jerarquía trabajando con los planetas.

CAMPO NEUTRAL — Una atmósfera mental indecisa que invita posesión de una entidad. Un campo neutral es el producto de muchas vidas. Uno crea un campo neutral mental con rehusar a participar en los asuntos responsables de la vida. En la Biblia se describe una mente de campo neutral como "templada". Se dice que personas con tales mentes son "arrojadas" y que son de poco uso para Dios. Poderes de medium usados por una persona con campo neutral a veces son puros, a veces impuros ya que tanto lo obscuro como la luz puede existir a la vez en una mente de campo neutral.

CO-ATOMO — Para ser co-átomo con una persona, uno debe estar en la misma onda de energía que emana de un átomo sagrado, como para estar co-átomo con Jesús uno debe tener un circuito abierto en el átomo de su propio átomo sagrado del corazón hasta el corazón de Jesús. Para estar co-átomo con un instructor o un Maestro uno debe tener un circuito de onda abierta o un grado de luz en sus átomos mentales hasta los átomos mentales de su instructor o Maestro. De esta manera está comunicable telepáticamente con la mente y los pensamientos de su Maestro e instructor, y así recibe una continua corriente de instrucción. Uno puede desarrollar su propia capacidad en asociación co-átomo con meditación y con pensamientos de unidad con toda existencia dada por Dios. Cuando dos personas se reconocen al instante, y tienen una congenialidad absoluta, son co-átomo el uno con el otro. Esto sólo puede pasar cuando uno ha estado con la otra persona en muchas vidas donde las relaciones han sido armoniosas. Cuando Dios se prepara a usar a una persona para obras más grandes, primero le manda un instructor o un Maestro; después le manda una persona en el mundo que está co-átomo con él, para que se pueda consumar y realizar la obra.

CUERPO ETERICO — El doble del cuerpo físico. Está hecho de éter y prana. Su sustancia vital es mantenido por el sol. El aspecto inferior del cuerpo etérico mantiene la vida en el cuerpo físico y la vida de la mente inferior. El aspecto superior del cuerpo etérico mantiene la vida mental espiritual y superior. El cuerpo etérico superior sobrevive la muerte. El cuerpo etérico inferior se disuelve con el cuerpo físico.

CUERPO EMOCIONAL — El cuerpo emocional y el cuerpo astral son uno mismo. En quien está menos desarrollado, las emociones trabajan primitivamente. El cuerpo emocional es una esfera ovoide de sensación. La forma del cuerpo emocional determina que toda sensación positiva o negativa volverá al que la sienta, también que los deseos de una persona se manifestarán inevitablemente. El cuerpo emocional y el núcleo astral trabajan bien unidos. El núcleo astral ardiente mantiene vivas y soporta las sensaciones dentro de las emociones y los deseos.

CUERPO MENTAL — Un campo compuesto de luz. La mente superior se expresa en el cuerpo mental por tres átomos mentales. El aspecto inferior del cuerpo mental, que se llama la mente menor, depende de los rollos de energía psíquica de fuerza heredados de vidas pasadas, de costumbres mentales ancestrales. La mente inferior sirve a las sensaciones físicas, usando instintos de memoria de génesis tribal y de memoria ancestral. Todos los aspirantes espirituales deben acallar los aspectos más atávicos de la mente inferior o mente menor y hacer de ello un socio complementario del yo superior y la mente superior. La mente superior trata de limpiar el camino, para que pueda salir como un instrumento superior en creación. En todas las obras desinteresadas de creación, manda la mente superior.

EFLUVIO — Una inteligible, animada, refleccionante fase de éter, por la cual uno se informa. La videncia sería imposible sin la acción química de efluvio en éter. Efluvio refleja lo que es, y es un instrumento para toda vida pictórica, viva y muerta. Los psíquicos videntes conocen bien la acción versátil y variable de efluvio. Todo lo que toca el hombre deja un efluvio revelador por medio del cual un psíquico puede extender sus sentidos para obtener conocimientos de personas u objetos. Efluvio no es una sustancia permanente, y dura solo de anochecer a anochecer. Eter queda en los ambientes; sin embargo, con el tiempo el efluvio es retirado. Por lo tanto, uno puede estar enterado de señales de éter mucho tiempo después de que una persona ha dejado un ambiente. Pero si efluvio está ausente, no puede penetrar los detalles más íntimos que se relacionan con una persona o un ambiente.

EGO — La individualidad superior mantenida por los pensamientos más elevados de vidas pasadas y de la presente vida.

ENTIDAD — Una persona muerta vinculada con la tierra que persiste en quedar en los planos astrales inferiores.

ETER — La sustancia vital que mantiene toda cosa viviente, que se llama "prana" en el oriente y que algunos en el occidente lo llaman "bioplasma". Eter es una sustancia coagulante, medio gelatinosa y medio flúida. Eter es casi tangible. Lo pueden fotografiar. Eter mantiene acción eléctrica y magnética y otras formas de energía que aún ha de descubrir el hombre.

GENESIS-DE-SI-MISMO — La persona individualista solo interesada en su propio desarrollo. En génesis-de-sí-mismo inferior está absorta en su propio egotismo; en génesis-de-sí-mismo superior reconoce el derecho de cada hombre de llegar a ser una identidad y de relacionarse con la Causa de su ser, o Dios.

GENESIS-DEL-COSMOS — Después de que el hombre haya llegado a la fase de desarrollo perfeccionada de sí mismo, será un hombre de génesis del cosmos. Su cuerpo emocional estará completamente desarrollado y estará en armonía con los átomos de amor de Jesús, el Señor de Amor. Todos los grandes Bodhisatvas del Oriente habían desarrollado completamente sus cuerpos emocionales, y así dieron al hombre la bhakti instrucción de amor. Juan el Amado, el discípulo de Jesús, tenía un cuerpo emocional perfecto y por lo tanto fue el discípulo que más cerca estaba al corazón de Jesús.

GENESIS FAMILIAR — Las personas que dependen de la herencia de mito ancestral como es expresada por medio de una madre y un padre en un átomo familiar. Impulsos de génesis familiar pretenden crear una sociedad copiada de herencia ancestral. De la compulsión del átomo familiar vienen la construcción de iglesias y la creación de sociedades y educación.

GENESIS HUMANO — Igual que Génesis familiar.

GENESIS TRIBAL — Segmentos nómadas o grupos de personas que tienen vínculos de sangre entrelazados sellados en encerramientos tribales. Las personas de génesis tribal, que dependen de leyes etéricas y primitivas, existen cerca de la consciencia tribal y los tabus de sus antepasados.

GURU — Instructor.

INICIADO — Un ego que ha seguido un camino espiritual en vidas anteriores y que le están iniciando en iluminación más elevada y poder espiritual en esta vida, para poder servir al mundo mejor.

INICIADO SOLAR — Está unido al principio informativo. En sus poderes de "psi" es un científico trabajando con el Espíritu de la Verdad.

JERARQUIA — El Elohim, el patrón o los Jefes Supremos zodiacales que ayudan a esta tierra o sistema de eternidad en su desarrollo. Jerarquía usa el poder de imagines o de crear. Enviando sus rayos dentro del sol y la tierra, ayudan al Padre y a Cristo en la creación de la humanidad. Cada Jefe Supremo de Jerarquía es un c o anteproyecto zodiacal del hombre, como Aries, Tauro, etc.

KARMA — La ley de causa y efecto o de sembrar y cosechar.

LOGOS — El sonido audible del Espíritu Santo hablando por medio de inspiración, iluminación y revelación. El centro de logos es entre las cejas.

MAHA-MATRA — Significa Mujer-maestra bajo la Madre Divina.

MANTRAM — El sonido de combinación de palabras para disolver karma, tensión y temor. Un mantram contiene partículas de energía molecular de luz. Un mantram dicho con amor y absoluta creencia es una forma de liberación.

MAYA — El mundo cambiante de energía de gravedad que produce cambio, creando la ilusión en el hombre de que la vida en la tierra es todo.

MEDALLON DEL ALMA — Un vórtice pulsante de luz suprema en constante movimiento alrededor de la cabeza del hombre, manteniendo vivos sus impulsos del alma y compulsiones mentales creativas. El medallón del alma trabaja junto con el latido del corazón en expansión y contracción. En el punto más alto del medallón del alma, directamente arriba de la calavera, hay una acción pulsante y vibratoria. Esta acción pulsante llega a ser el latido del corazón para el cuerpo espiritual después de la muerte. El medallón del alma registra en su orilla exterior las acciones negativas del hombre. Esto se llama el murmullo vibratorio. El murmullo vibratorio del medallón del alma se refleja dentro de la mente inferior. Cada vez que una persona medita debe despejar el campo del murmullo vibratorio y retardarlo.

MEDIADOR — Aquel que hace de sí mismo una arteria divina o conducto para la luz. Un mediador no pide recompensa por sus oraciones mediativas y ayuda sugestible. Sólo pide ser un instrumento perfecto, para que el poder y la Voluntad de Dios pueda correr a través de él — soportando, curando y elevando. Cuando el mediador es sincero y completamente dedicado, no asume la karma de aquellos quienes quiera curar y ayudar. Evita jactancia de sus obras curativas. No pide recompensa personal o física por su ayuda curativa ya que sabe que él es sólo un conducto por medio del cual Dios envía y cura. La técnica más alta que usa el mediador es su uso de Mantrams Angel-a-Angel; porque él sabe, al entregar al que quisiera ayudar a la ayuda sugestible de los ángeles, que el ángel que se encarga de aquel que ha de ser curado sabe con una sabiduría exacta lo que se puede hacer y lo que se hará. Así, en la ayuda angelical y mediativa ocurren milagros — como Dios revela a los ángeles el modo correcto para la curación.

MEDITACION — La meditación es la manera de servicio espiritual más generosa y unreclamante le cual se mantiene impersonalmente envuelta con el karma de aquellos que él sanará ayudará.

MENTACION — Mentación es una astuta consciencia dimensional. Mentación es un don divino ganado por la acción del alma en vidas pasadas. Todas las almas que hayan logrado realización de Dios se unen los unos con los otros por medio del poder de mentación divina.

Mentación es unión cognitiva con los primeros principios centrados en la Voluntd de Dios, la Vida de Dios, la Luz de Dios y el Amor de Dios. Mentación es el don de comprensión acompañado por una imaginada cuarta y quinta visión dimensional. Por medio de mentación uno absorbe la sabiduría de Dios, y la manifiesta en claridad humana y personal. Mentación por medio de sueños activa el poder espiritual en el alma, produciendo acción espiritual en los planos físicos. Si uno tiene mentación, se realizan los sueños en un estado puro o de consciencia suprema. Retención de sueños puros y verdaderos con inferencias del alma es una acción de mentación que produce sensaciones de éxtasis, paz y la aceptación de todo lo que pasa en el mundo físico. El arte espiritual de concentración, contemplación y meditación lleva uno a mentación, por lo cual se siente a gusto en todos los mundos. No hay aprensión en mentación, ya que en mentación uno funciona por la mente de Dios. No hay temor ni frustración en mentación.

MORADOR DEL ATOMO FAMILIAR — El cuerpo sombreado, condensado y negativo de karma familiar desafiando las almas encerradas en un átomo familiar. Los pecados de los padres son sufridos por los hijos por la acción del morador familiar.

NADAM — Sonando el Nombre de Dios.

NADIS PUNTOS O CANALES — Setenta y dos mil estaciones de energía en el cuerpo etérico menor.

OCTAVA ESFERA — El gran abismo donde Satán y sus ángeles obscuros reinan. Uno debe cruzar el tercer abismo u octava esfera cuando se inicia en la mente superior.

OJAS — La fuerza vital sagrada centrada en el libido que se ha de elevar al centro del corazón por medio de pensamientos sagrados durante el acto sexual, así curando y eliminando lujuria.

PRANA — Energía de fuerza vital. Prana es el nivel de energía elevada de éter trabajando simultáneamente con la acción de moldear y formar el efluvio en el éter. La ciencia todavía no ha analizado la energía en la prana superiór. Uno se pone en contacto con prana por medio de la respiración. Por medio de ejercicios cósmicos, yoga, respiración, diciendo mantrams, se puede abrir y librar la fuerza vital de prana para que entre en el cuerpo éterico.

PRO-GENESIS—Cuando los hombres han llegado a ser como Jesús, como es prometido en 1 Juan 3:1-3, serán hombres Pro-génesis con poderes cósmicos de manifestación. Podrán hacer todo, como lo hizo Jesús. Después de Pro-génesis vendrá Todo-génesis en que toda la humanidad estará en paz con nuestro Padre que está en los cielos. Y finalmente los hombres serán hijos de luz con poderes de jerarca. Este período se llama Génesis de uno.

PSIQUICO LUNAR — Uno que está absorto psíquicamente con sus emociones y ve todo con las emociones y sensaciones. Depende de la luz astral lunar y reflectiva para su poderes psíquicos. El psíquico lunar inferior no puede interpretar lo que ve. El psíquico lunar superior ve en parte.

PSIQUICO SOLAR — Igual que iniciado solar.

QUELLE — El subconsciente situado en la base del cráneo. Quelle también tiene un aspecto superior, que se llama la inconsciencia superior.

RISHIS — Sabios antiguos, hombres eruditos e instructores del occidente.

SISTEMA DE ETERNIDAD—Cualquier sistema que tiene un sol, una tierra y planetas. En el universo hay innumerables sistemas de eternidad. Todos nacen y mueren tal como el hombre nace y muere.

SALA DE APRENDIZAJE — Localizada en el séptimo plano del Primer Cielo. Toda iniciación en la Sala de Aprendizaje es preparación para servir como sanador de la noche e iniciado del día. El estudio de los sueños de la noche está bajo la supervisión de los grandes Maestros y los gurús puros en la Sala de Aprendizaje. Todos los aspirantes espirituales son inicados en este precinto del cielo; que ellos pueden rendir un servicio conocido en el mundo.

SALA DE SABIDURIA — Ver Cielo, Segundo.

ACERCA DE LA AUTORA

Durante su vida como una profeta, clarividente y maestra de maestros, Ann Ree Colton interpretó numerosos sueños para sus estudiantes y otros. Ella les hizo conocer sobre el *Ministerio de la Noche*, durante el cual uno puede ayudar a otros, investigar los mundos altos, aprender sobre vidas pasadas y ganar un entendimiento profético sobre los días y años que vendrán. Ella afirmó: "*Los símbolos son el lenguaje del alma. Los símbolos de los sueños, especialmente, son el lenguaje del alma*".

El pase del cuerpo físico de Ann Ree Colton ocurrió el 28 de Junio de 1984 en Glendale, California, resultado de complicaciones que siguieron a un ataque sufrido a la edad de 85 años. Ella nació en Atlanta, Georgia, el 17 de Agosto de 1989, un día de luna nueva; el pase de Ann Ree a mejor vida también ocurrió un día de luna nueva. La danza de su alma en la tierra es el testimonio de su perfecta unión con los sagrados ciclos y la providencia de Dios.

Las cenizas de Ann Ree fueron enterradas bajo el pie derecho de una escultura de María, en el Jardín de María, en el terreno de la Fundación de Niscience en Glendale, California, la cual ella fundó en 1953. La placa de bronce que marca el lugar está engravada con la frase que Ann Ree siempre usó al cerrar sus cartas: "Tú eres amado".

Ann Ree sirvió como maestra de la vida superior por más de sesenta años. Ella fue la autora y co-autora de veintitrés libros sobre temas espirituales, y sus aptitudes espirituales fueron muchas. Ella fue profeta, clarividente, discípula del cosmos, maestra espiritual, curadora, oradora, consejera, artesana creativa, y una muy capaz experta de los misterios interiores.

Las enseñanzas y vida de Ann Ree ejemplifican los versátiles dones disponibles al iniciado espiritual bajo el Cristo. Su legado incluye no solo la memoria de su magnífico y misericordioso espíritu, sus logros espirituales personales, sus libros y creaciones, sino también un camino o método, conocido como el Sistema de Niscience, a través del cual los sinceros buscadores también pueden recobrar e incrementar los tesoros de sus almas.

INDICE

INTERPRETE SUS SUEÑOS

Este importante libro escrito por Ann Ree Colton ingresa al mundo en un tiempo en que están ocurriendo, en ciertos importantes hospitales y universidades, significativos descubrimientos científicos acerca de los sueños y el soñar. Estos descubrimientos están revelando como el cuerpo, las emociones y la mente son afectados por el sueño, por la falta de sueño, por el soñar y el no soñar. Mientras la ciencia está presentando conocimientos valiosos relacionados con los aspectos fisiológicos y psicológicos de los sueños y el soñar, los trabajos de Ann Ree Colton sobre los sueños contribuyen brillantes revelaciones acerca del significado espiritual de los sueños. Su completa y cuidadosa explicación de los varios tipos de sueños y sus símbolos acompañantes hacen de este libro una invalorable fuente de instrucción para las personas que desean aprender lo que sus sueños están tratando de enseñarles.

En sus muchos años de investigación de sueños Ann Ree Colton descubrió que hay siete niveles de sueños; tres niveles menores de sueños que consisten de las acciones reflejadas de los hombres, y cuatro velos más altos que contienen la pura realidad de los dramas espirituales. Ann Ree es reconocida por su interpretación de los aspectos proféticos dentro de ciertos sueños y la recuperación del akasic, o registros de la vida pasada, a través de los sueños. Ella observó de que existe un proceso progresivo en los sueños de uno y una sequencia comunicable en los sueños como una acción iniciatoria en la vida de uno. Una y otra vez ella vió la instrucción sequencial y el aspecto correctivo de los sueños, y también la diferencia entre los sueños psíquicos menores y los sueños espirituales más altos, así como el drama o aspectos míticos en un sueño.

La ciencia de la simbología en los sueños incluye numerosos símbolos o combinaciones de los símbolos. Estos símbolos pueden ser comprendidos por uno que ha recibido el don de la interpretación de sueños. Mientras pocas personas son dotadas con este don, es posible que los individuales perceptivos puedan derivar grandes beneficios de sus sueños a través de la comprensión cognitiva de los diferentes niveles y matices que se encuentran en los símbolos de los sueños. Este libro se convertirá para ellos en una llave atesorada para mejor entender sus sueños, visiones, creatividad inspiracional y experiencias espirituales.

Pintura de la cubierta, titulada "LOS VELOS DE LOS SUEÑOS", por Jonathan Murró

www.ingramcontent.com/pod-product-compliance
Lightning Source LLC
Chambersburg PA
CBHW062059090426
42741CB00015B/3275